高等院校**通识教育**
新形态系列教材

蒲国林 王自红◎主编

赵成丽 叶法林 闫俊凤◎副主编

U0725353

大学生
创新创业基础
大赛案例版

人民邮电出版社

北京

图书在版编目（CIP）数据

大学生创新创业基础：大赛案例版 / 蒲国林，王自
红主编. -- 北京：人民邮电出版社，2025. --（高等院
校通识教育新形态系列教材）. -- ISBN 978-7-115
-66090-9

Ⅰ. G647.38

中国国家版本馆 CIP 数据核字第 202591R50M 号

内 容 提 要

本书对参加创新创业大赛的高校师生和社会创业人士具有较强的指导意义。本书分为 3 篇，共 13
章，其中创新篇包括创新与创新意识、创新思维、创新方法和用 TRIZ 进行创新；创业篇包括创业的前
期准备、创业团队、创业项目的选择与评估、商业模式、创业营销手段、商业计划书和路演准备；大赛
篇包括大学生创新创业大赛和大赛案例分析。每章均以"引导案例"为切入点，中间介绍概念与理论并
穿插讲解大量的创新创业案例，末尾通过"本章练习"帮助大学生巩固相关理论知识。

本书不仅知识讲解全面，而且有大量的案例可供学习、参考，有利于引导大学生树立正确的创新创
业意识，培养大学生创新创业的能力，使大学生合理规划自己的创业梦想。

本书可作为高等院校"大学生创新创业"课程的教材，也可供有志于创新创业的广大社会人士作为
参考书使用。

◆ 主　　编　蒲国林　王自红
　　副 主 编　赵成丽　叶法林　闫俊凤
　　责任编辑　任书征
　　责任印制　陈　犇
◆ 人民邮电出版社出版发行　　北京市丰台区成寿寺路 11 号
　　邮编　100164　　电子邮件　315@ptpress.com.cn
　　网址　https://www.ptpress.com.cn
　　北京鑫丰华彩印有限公司印刷
◆ 开本：787×1092　1/16
　　印张：14.25　　　　　　　　　2025 年 3 月第 1 版
　　字数：307 千字　　　　　　　2025 年 7 月北京第 2 次印刷

定价：54.00 元

读者服务热线：(010)81055256　印装质量热线：(010)81055316
反盗版热线：(010)81055315

在当今快速变化的社会背景下，创新创业已成为推动国家发展、促进社会进步的重要动力。党的二十大报告指出，"必须坚持科技是第一生产力、人才是第一资源、创新是第一动力，深入实施科教兴国战略、人才强国战略、创新驱动发展战略，开辟发展新领域新赛道，不断塑造发展新动能新优势"，这强调了创新在国家发展中的重要性。

为更好地响应党的二十大精神，满足当代大学生对创新创业知识的迫切需求，我们对已出版的《大学生创新创业基础（大赛案例版）》进行了全面修订，在原有基础上，更加注重培养大学生的创新意识和创业能力，以帮助大学生适应新时代的发展需求。

一、修订内容

在修订过程中，我们重点做了以下工作。

（1）创新篇：重新梳理创新理论

创新在我国社会经济发展中发挥着越来越重要的作用。在这一背景下，修订时我们全面梳理了本书的创新理论，以更加简明易懂的方式帮助大学生理解创新理论，培养创新思维。

（2）创业篇：引入人工智能工具辅助创业实践

人工智能正赋能各行各业，推动着人类进入智能时代。修订时我们介绍了人工智能工具在创业实践中的应用，以帮助大学生使用人工智能工具激发创业灵感，提高创业实践效率。

（3）大赛篇：更新大赛案例及赛事信息

鉴于相关政策及创新创业赛事规则的调整，我们对大赛篇相关章节进行了全面修订。不仅补充了最新的赛事信息，而且更新了大赛案例，从案例涉及的产品与服务、商业模式、营销策略、团队组建等方面进行深入剖析，旨在帮助大学生在理论学习和实践的双向互动中提升创新创业能力。

二、内容介绍

本书分为 3 篇：创新篇、创业篇和大赛篇。

（1）创新篇

主要围绕创新与创新意识、创新思维、创新方法和 TRIZ 理论等内容进行介绍。这些内容具有很强的指导性与实用性，不仅可以帮助大学生打破思维定式、找到创新之路，还可以帮助大学生利用所学的创新方法来解决实际问题，对大学生创新能力的培养具有十分重要的指导意义。

（2）创业篇

重点介绍创业的前期准备、创业团队、创业项目的选择与评估、商业模式、创业营销手段、商业计划书、路演准备等内容，旨在为当代大学生在创业过程中可能遇到的问题提供合理的解决方案。

（3）大赛篇

详细介绍目前与大学生相关的重要创新创业大赛——中国国际大学生创新大赛、全国高校商业精英挑战赛、中国创新创业大赛、全国大学生电子商务"创新、创意及创业"挑战赛，分析大赛的参赛要求和参赛指南，并对有代表性的获奖项目进行解读，从而为参赛者提供具有指导性的建议，对大学生创业者来说具有较高的参考价值。为尊重参赛团队，本书未对大赛案例中的内容进行修正，建议大学生仅参考其写作思路。

三、内容特色

本书紧密结合高等院校教学的实际情况与大学生创新创业或参赛的需求，在内容方面进行精心安排。

（1）内容符合创新创业比赛新趋势

本书全面阐述创新意识、创新思维、创新方法等重要内容，目的是增强大学生的创新能力，并引导大学生运用创新视角应对挑战。同时，本书深入探讨创业的相关知识，详细解答创业常见问题，以培养大学生的创业能力。

（2）引导案例与阅读材料丰富

本书含有大量创新创业案例，这些案例生动有趣，具有很强的可读性和参考性。大学生可以在阅读案例的过程中有所感悟，更好地理解相关知识点。

（3）提供实用参赛指导

本书选取第八届中国国际"互联网+"大学生创新创业大赛（现更名为"中国国际大学生创新大赛"）、2023年全国高校商业精英挑战赛、第十三届全国大学生电子商务"创新、创意及创业"挑战赛等比赛的真实获奖项目，并对其进行具体分析，为有意参加相应比赛的大学生提供较为详尽的指导。

四、使用指南

为帮助大学生拓展创新创业知识面，本书以二维码的形式呈现各章重点知识的拓展内容，扫描书中的二维码即可查看。表1为拓展资料清单。

表1　拓展资料清单

拓展资料名称	章	页码
创新意识测评	第1章	17
76个标准解	第4章	52
11种矛盾分离方法	第4章	57
39个通用技术参数的含义	第4章	59
40个发明原理的含义	第4章	60
部分校园级创业孵化园	第5章	77
贝尔宾团队角色测试题目与解析	第6章	105
"互联网+"常见的商业模式	第8章	123
商业计划书示例	第10章	163
财务报表模板	第10章	167
商业计划书范文	第10章	169
路演PPT模板	第11章	177
主体赛事5个赛道相关资料	第12章	185
获奖项目	第12章	190
创新创业竞赛其他赛道参赛要求	第12章	191
市场与竞争详情	第13章	202
营销战略详情	第13章	203
财务规划与投资策略详情	第13章	204
风险管理策略详情	第13章	204
产品与服务	第13章	206
运营策略详情	第13章	207
财务计划	第13章	208
市场痛点分析详情	第13章	209
营销策略详情	第13章	211
融资方案	第13章	212
销售预测	第13章	213
风险与对策详情	第13章	214
策划方案详情	第13章	214

本书配备了编写团队真人出镜录制的慕课视频，在讲解教材内容之余补充了相关知识点，辅助学生开展课余拓展学习，扫描下方二维码即可观看慕课视频。

本书慕课

本书配有丰富的教学资源，包括教学大纲、PPT 等，用书教师可以在人邮教育社区（www.ryjiaoyu.com）搜索并下载本书的相关教学资源，表 2 为教学资源清单。

表2　教学资源清单

教学资源名称	资源数量
教学PPT	1份（13章）
教案	1份（13章）
教学大纲	1份
教学案例库	16个（持续更新）
商业计划书模板	2个
路演PPT模板	2个

本书在进行必要的案例背景介绍时，参考和使用了其团队在大赛中的获奖项目的相关资料，在此谨向这些资料的作者致以诚挚的谢意。

编者
2024 年 11 月

03

06

第6章　创业团队　\\　94

07

第7章　创业项目的选择与评估　\\　107

10

第10章　商业计划书　\\　159

13

第13章　大赛案例分析　\\　199

第 1 章
创新与创新意识

引导案例

牛新惠，作为山西天海泵业有限公司铸造车间的负责人，不仅以其卓越的领导能力和技术实力赢得了业界的广泛认可，还以敢为人先、不断追求创新的精神，引领公司在水泵制造业取得了重大突破。

多年来，牛新惠始终致力于技术创新和工艺改进。在他的带领下，公司不仅保持着稳定的生产效率，还在逐步提升技术水平和市场竞争力。牛新惠最为突出的贡献就是成功将消失模工艺应用在水泵零件铸造中。消失模工艺是一种先进的铸造技术，具有高精度、高效率、低能耗等优点。然而，由于技术难度高、操作复杂，国内在该领域一直处于空白地带。牛新惠带领项目组迎难而上，经过无数次的试验和改进，终于突破技术壁垒，将消失模工艺成功应用于水泵零件铸造中。

这一创新技术的应用，提高了水泵零件的铸造精度和表面质量，极大缩短了生产周期，降低了生产成本。更重要的是，它填补了国内在该领域的空白，为我国水泵制造业的发展做出了重要贡献。

扫一扫

参考答案

讨论

1. 创新的类型有多种，牛新惠将消失模工艺应用于水泵零件铸造中属于哪一种创新类型？

2. 创新的前提是具备创新意识吗？要想实现创新应具备哪些条件？

1.1　认识创新

党的二十大报告指出，"必须坚持科技是第一生产力、人才是第一资源、创新是第一动力"。在不断变革的时代背景下，创新成为引领社会发展的关键力量。创新，意味着打破陈旧的思维桎梏，代表着勇于挑战传统的胆识与魄力，更象征着对未来美好图景的无限向往与不懈追求。

1.1.1　创新的含义及特征

创新一词起源于拉丁语，原本有3层含义：一是更新，二是创造新的事物，三是改变。由此可见，创新可以理解为创造新事物，这些新事物既可以是具体的，也可以是抽象的。简单来说，创新就是根据一定的目的，利用现有资源，运用新的知识或方法，创造出新颖、有价值、前所未有的事物；或者在已有事物的基础上，提出新的见解，做出新的改进。

从创新的含义可以看出，创新是一种独特、具有创造性的实践活动，它具有以下6个方面的特征。

1. 动态性

创新是一个动态的过程。在当前社会条件下，知识水平越高，创新思维能力的水平可能就越高。任何创新活动都不可能是一劳永逸的，只有不断地改进，与时俱进，才能适应时代的发展需求。

2. 普遍性

创新存在于人类活动的所有领域且贯穿人类活动的各个阶段，这就是创新的普遍性。同时，创新能力是每个人都具备的，如果只有少数人具有创新能力，那么许多创新理论就失去了存在的意义。

3. 目的性

创新活动总是围绕需要解决的问题、需要完成的任务而进行，这就是创新的目的性。这一特征贯穿整个创新过程。例如，发明手机的目的是让人们的联络更加方便；发明电灯泡的目的是在夜晚照亮暗处；发明计算机的目的是提高人们的工作效率；等等。

4. 新颖性

创新的本质是求异、求新，即摒弃现有的不合理事物，革除过时的内容，然后创造新事物，这就是创新的新颖性。创新的新颖性分为绝对新颖性和相对新颖性。

例如，自动驾驶技术首次被成功应用于商用车，这属于前所未有的创新成果，改变了交通行业的面貌，这体现的是创新的绝对新颖性；而如果在已有自动驾驶技术的基础上，通过优化算法或引入新的传感器，使得自动驾驶系统能够在更复杂的环境中更安全、更高效地运行，这种创新成果体现的则是创新的相对新颖性。当前，大学生在人工智能、生物技术、新能源等领域所做的创新，绝大部分具有的是相对新颖性。

5. 价值性

创新的价值性可以从创新成果带来的社会价值、经济价值和学术价值3个方面来判断。一般来说，创新成果满足人类社会需要的程度越高，其价值就越高。

6. 高风险性

创新的高风险性是由创新的不确定性决定的。这种不确定性通常包括市场的不确定性、技术的不确定性和经济的不确定性等。一般来说，不确定性越大，创新的风险性就越高。

> **小贴士**
>
> 面对创新的高风险性，当代大学生应当采取综合性策略来应对。首先，大学生需要培养自身的创新思维能力；其次，要勇于跨越学科界限，促进不同领域知识的融合与创新。

1.1.2　创新的类型

创新的类型繁多，可以根据表现形式、层次、创新成果自主性来划分。下面将分别进行介绍。

1. 根据表现形式划分

根据表现形式的不同，创新可以分为知识创新、技术创新、管理创新、服务创新、方法创新及制度创新等。

（1）知识创新。知识创新是将现有知识构成要素进行重新组合或分解，是在现有知识基础上的改进、发展、发明或创造。知识创新是技术创新的基础，是新技术和新发明的根本来源，是促进科技进步和经济增长的革命性力量。

（2）技术创新。技术创新是指生产技术的创新，包括开发新技术和对已有的技术进行创新。技术一般分为自然科学技术和社会科学技术两大类，因此，技术创新也可进一步划分为自然科学技术创新和社会科学技术创新。例如，太阳能光伏技术就是一个典型的自然科学技术创新案例，它通过光电效应将太阳能转化为电能，太阳能不仅清洁无污染，而且储量丰富。

知识创新与技术创新相辅相成，知识创新是技术创新的基础，技术创新是对知识创新的发展。

（3）管理创新。管理创新是指企业在现有资源的基础上，充分发挥员工的积极性和创造性，用一种新的或更经济的方式整合企业资源。具体而言，管理创新不仅体现在岗位设计和工作流程的更新上，还体现在管理思想、管理观念、管理制度、管理机制及管理规范的系统性调整上。

（4）服务创新。服务创新是指通过新设想、新技术提供新的服务方式，使消费者感受到不同于以往的服务模式。服务创新可以涵盖多个方面，包括服务理念、服务内容、服务方式、服务流程及服务技术等的创新。

例如，在金融服务领域，移动支付、在线理财顾问、人工智能客服是当前金融服务创新的热点。新兴技术为金融服务带来了革命性的变革，通过移动支付，消费者可以随时随地完成支付，这大大提高了支付的便捷性和安全性；在线理财顾问利用算法为消费者提供个性化投资策略；人工智能客服为消费者提供24小时不间断的高质量服务。

👁 **阅读材料**　　　　　　　　　　**海底捞超级App**

多年前，海底捞为了提升顾客服务水平，从国外引进了CRM（客户关系管理）系统，然而这套系统采用的是传统的IOE（商业封闭式系统）架构，难以应对门店迅速扩张和互联网高并发流量的挑战。受限于系统性能，营销部门在策划大促活动时也显得束手束脚。尤其是在节假日和高峰时段，随着顾客访问量的激增，现有系统逐渐不堪重负，由于CPU利用率居高不下，一到周末或大促活动就频繁宕机，严重影响了海底捞旗下所有门店的正常运营。

为解决这一难题，海底捞与阿里云合作推出海底捞超级App，这是一款集线上点餐、排号、优惠活动推送、社区互动等多种功能于一体的应用程序，旨在为顾客提供更加便捷、个性化的服务体验。

首先，海底捞超级App采用先进的数据分析技术，精准收集并分析每位顾客的消费习惯和口味偏好，以为其提供更为贴心的服务。每位顾客打开App时，所接收到的菜品推荐、促销活动和达人分享等信息均是根据其个人喜好量身定制的，这种个性化的创新服务让顾客深刻感受到海底捞的细致关怀。

其次，海底捞超级App实现了线上线下业务的无缝对接，顾客可通过App轻松完成座位预订、点餐、付款等操作。这种便捷的服务方式大大减少了顾客在店内的等待时间，提高了其用餐效率。同时，App还提供社区分享、话题分享、会员积分兑换等增值服务，进一步提升了顾客满意度，并为海底捞带来了更多的收益机会。

此外，海底捞超级App借助阿里云的先进技术，实现了"千人千面"的个性化服务。同时，App还集成了短视频分享、智能语音交互等功能和新技术，为顾客提供了更加丰富、有趣的服务体验。

✋ **点评**

海底捞以服务创新为核心，推出海底捞超级App，为顾客带来便捷、个性化的服务体验。通过持续创新，以新的服务来适应顾客新的需求和期望，海底捞在激烈的市场竞争中焕发出新的生机和活力。

（5）方法创新。方法是人们认识问题、分析问题、解决问题的途径、程序和诀窍的总称。方法创新就是将现有方法的构成要素进行分解和重新组合，是在现有方法基础上的改进或发明。

（6）制度创新。制度创新是指人们在现有的生产和生活环境下，创设新的、更能有效激励人们行为的制度或规范体系来实现社会的持续发展。例如，改革考试制度以减轻学生的应试压力，从而使学校更加注重学生的能力培养和素质教育；推行垃圾分类制度以减少垃圾对环境的污染；等等。

企业的制度创新需要企业全体成员群策群力。只有众人一起参与制度的制定、完善与创新，制度才能够最大限度地反映全体成员的利益需求。

2. 根据层次划分

根据层次的不同，创新可以分为原始创新和改进创新两类。

（1）原始创新。原始创新是指通过研究产出前所未有的重人科学发现、技术发明、原理性主导技术等创新成果。原始创新充分体现人类智慧，能够对人类文明进步做出重要贡献。原始创新通常具有首创性、突破性和带动性3个特点。

（2）改进创新。改进，顾名思义就是改变事物的原有情况，使其有所进步。改进创新就是对原有的技术进行改进，如在原有技术上开发新的功能，或使原有技术更加完善等。一般情况下，可以从材质、原理结构或生产技术等方面进行改进创新。

3. 根据创新成果自主性划分

根据创新成果自主性的不同，创新可以分为自主创新和模仿创新两类。

🎯 **小贴士**

对大学生而言，方法创新主要是指在学术研究、项目实践或创新活动中，采用新颖、独特且有效的方式来解决问题或实现目标，如利用社交媒体平台拓宽学习渠道，获取更多的学习资源和经验。

（1）自主创新。自主创新是指摆脱对外部技术的依赖，依靠自身力量通过独立研究获得核心技术并在此基础上实现新产品价值的创新活动。自主创新的成果一般表现为新的科学发现及拥有自主知识产权的技术、产品等。

企业的自主创新是指其为了增强市场竞争力或保持市场领先地位，在产品开发战略上不断研究，在产品结构、性能和生产工艺上不断发明、创造的创新活动。对整个国家来说也是如此，本国拥有的自主知识产权越多，其国际地位就越高，在国际竞争中就越有主动权。

（2）模仿创新。模仿创新是指通过模仿而进行的创新活动，主要包括完全模仿创新、模仿后再创新两种模式。随着人们保护知识产权的意识不断增强和专利制度的不断完善，完全模仿创新已经十分困难。大多数情况下，模仿创新是人们在前人已有创新成果的基础上进行的模仿和改进。

模仿创新具有以下3个特点。

- 积极跟随性。模仿创新的积极跟随性主要体现在技术和市场两个方面。就技术方面而言，模仿创新者不是做新技术的开拓者和率先使用者，而是做有价值新技术的积极追随者和改进者；就市场方面而言，模仿创新者也不会独自去开辟新市场，而是充分利用并进一步完善前人开辟的市场。

> **小贴士**
>
> 对于大学生而言，模仿创新是一种高效且实用的创新路径，因此，大学生可借鉴前人的成功经验，通过模仿创新来规划人生道路。

- 市场开拓性。模仿创新还具有市场开拓性。模仿创新者不仅应该利用前人已开辟的市场，还应该进一步拓展市场。

- 学习积累性。模仿创新者主要通过观察、模仿前人的创新行为，学习前人的成功经验，在模仿中汲取知识，提高自身技能。

1.1.3　成为推动新质生产力发展的创新型人才

在这个科技日新月异的时代，新兴技术已成为生产力革新的重要动力。大学生作为推动新质生产力发展的关键人物，需要不断学习新知识，勇于跨界探索，并善于将创意转化为实际解决方案。接下来，我们将一起探索成为推动新质生产力发展的创新型人才的途径，以便在新时代中稳步前行，紧跟创新潮流。

1. 新质生产力的含义及特点

"新质生产力"这一新词汇，源于对当前经济发展模式的深入思考和探索，是新时代经济发展趋势的体现，代表先进生产力的发展方向。新质生产力是以创新为主导，有别于传统经济增长方式与生产力发展路径，具有高科技、高效能、高质量的特征，符合新发展理念的先进生产力质态。这种生产力质态以创新为核心驱动力，摆脱了以往大量资源消耗和传统增长模式的局限，展现出高科技、高效能、高质量的特征，符合可持续发展的新发展理念。

具体来说，新质生产力具有以下5个特点。

（1）创新驱动性。新质生产力的发展主要依赖于创新驱动，涉及技术创新、管理创新、制度创新等多个方面。通过不断的创新，新质生产力能够挣脱传统生产方式的束缚，实现生产力的跨越式发展。

（2）高科技含量。新质生产力往往与高新技术密切相关，如信息技术、生物技术、新材料技术等。这些技术的应用使得新质生产力在产品质量提升、生产效率提升、资源利用等方面具有显著优势。

（3）高效能。新质生产力通过优化资源配置、提高生产效率，实现高效能的生产。这不仅能够降低生产成本，还能够提高产品质量，满足日益增长的市场需求。

（4）绿色环保。新质生产力注重可持续发展，强调在生产过程中减少污染、降低能耗、提高资源利用率。这有助于保护生态环境，实现经济社会的可持续发展。

（5）智能化。随着人工智能、物联网等技术的不断发展，新质生产力呈现智能化趋势。得益于智能设备和系统的应用，新质生产力能够实现自动化、数字化、网络化生产，从而提高生产效率和质量。

2．新质生产力与创新的关系

新质生产力的核心在于创新，尤其是颠覆性科技创新。没有持续的科技创新活动和成果，就难以孕育出基于新质生产力的新产业、新业态和新商业模式。具体来说，新质生产力与创新之间的关系体现在以下3个方面。

（1）创新是新质生产力的基础和前提。在众多生产力要素中，人的智慧和力量占核心地位，科学技术的发展和应用也越来越依赖人的能力素质和创新能力。新的科学技术的出现改变了劳动力技能结构，还对劳动力素质提出了新的要求，为创新提供了前提条件。新质生产力正是基于这种创新和科技突破，由技术革命性突破、生产要素创新性配置、产业深度转型升级催生的产物。

（2）创新是新质生产力的集中体现和主要标志。创新是推动新质生产力不断发展的动力之源。创新具有目的性、新颖性等特征，这些特征在新质生产力中得到了充分的体现。新质生产力以全要素生产率大幅提升为核心标志，这种提升正是通过创新实现的。创新不仅能够孵化新兴产业模式、经营方式与增长动力，更是培育与发展新质生产力的关键动能所在。

（3）新质生产力与创新相互促进。新质生产力的发展需要创新的推动，而创新也需要新质生产力作为基础和支撑。新质生产力的发展会不断催生新的创新需求，推动创新活动的深入开展。同时，创新成果的转化和应用也会进一步推动新质生产力的发展，形成良性循环。

由此可见，新质生产力与创新之间存在相互依存、相互促进的关系。

3．创新型人才对推动新质生产力发展的作用

在探索新质生产力的发展路径时，不得不强调一种核心驱动力——创新型人才。创新型人才是推动社会进步和产业升级的中坚力量，其在推动新质生产力发展中的作用尤为突出，具体表现在以下4个方面。

（1）科技前沿的引领者

创新型人才具备深厚的专业知识、敏锐的洞察力和强大的实践能力，他们善于捕捉科技发展的前沿动态，勇于突破传统技术的局限。他们通过不断研究、试验和创新，引领技术革新，为新质生产力的发展提供强大的科技支撑。在人工智能、生物科技、新能源等领域，创新型人才的贡献尤为显著，他们的创新成果不仅推动了相关产业的快速发展，也为新质生产力的培育提供了坚实的基础。

（2）产业升级的推动者

在经济结构转型的关键时期，创新型人才通过在技术、管理、市场等多个维度进行创新，推动传统产业改造升级，并催生新兴产业，为新质生产力的发展注入新的活力。例如，在制造业领域，创新型人才通过引入智能制造技术、优化生产流程、提升产品质量等方式，推动了制造业的转型升级，提高了生产效率和市场竞争力。

（3）国际交流与合作的促成者

在全球化的背景下，国际交流与合作已成为推动新质生产力发展的重要途径。创新型人才具备国际化的视野和良好的语言能力，能够积极参与国际交流与合作，引进国外先进的技术和管理经验，同时向国外展示我国的创新成果和实力。这种国际交流与合作有助于促进新质生产力的跨国界发展，提高我国在全球经济中的竞争力。

（4）社会问题的智解者

面对全球化带来的种种挑战，如气候变化、资源短缺、健康危机等，创新型人才运用其独特的洞察力和创造力，设计出创新性解决方案，有效解决了某些社会难题。创新型人才的不断努力不仅能增强社会的韧性，也能为新质生产力的可持续发展指明方向，促进经济增长与社会发展的和谐统一。

4．如何成为创新型人才

国家的强盛离不开创新，而创新则依赖于人才，特别是那些富有开拓性、具有创造能力、能够开创新局面并对社会发展做出创造性贡献的创新型人才。

大学生应当顺应时代潮流，争做创新型人才，而要成为这样的人才，需要具备以下5项关键要素。

（1）健康的体魄和良好的心理素质

创新是一项艰苦的工作，它需要创新者投入大量的时间和精力。长期的工作和反复的实验可能使创新者的身体状况面临考验，创新的困难和问题的复杂性则可能导致创新者承受巨大的心理压力。

因此，对于创新者而言，拥有健康的体魄和良好的心理素质是至关重要的。健康的体魄是创新者能够持续投入创新工作，克服体力上的挑战的基础；而良好的心理素质则能让创新者在面对困难和挫折时保持冷静和坚韧，不被失败击败，持续寻找解决问题的新方法。

（2）强烈的好奇心和求知欲望

古今中外的创新者，几乎都有强烈的好奇心和求知欲望。例如，牛顿好奇苹果为何会下落，发现了万有引力的奥秘；鲁班好奇小草为何如此锋利，仿造其结构发明了锯子；孟德尔好奇植物的形状为何如此多样，总结出了遗传学中的分离定律和独立分配定律。

　　强烈的好奇心和求知欲望能帮助大学生在生活中找出可以创新之处，促使他们去发现和解决问题，由此成长为创新型人才。

👁 **阅读材料**　　**赵方潇：怀揣好奇，探寻自在人生**

　　赵方潇，作为某农业大学经济管理学院的一名优秀学生，始终保持着对未知领域的强烈好奇心和不懈追求。初涉数学建模时，尽管面临诸多挑战，但在好奇心的驱动下，赵方潇毅然决定深入探索这个充满魅力的学科领域。经过两个月的数学建模集训和十余次模拟训练，赵方潇逐渐找到了适合自己的学习节奏，并在这一过程中不断加深对数学建模的理解和应用。

　　在备战数学建模竞赛的最后阶段，赵方潇与队友们相互鼓励、交替休息，共同度过了无数个与星辰为伴、与月亮同行的深夜。这种坚持和热爱不仅让她更加深入地领略了数学建模的魅力，也让她收获了宝贵的团队合作经验。

　　与此同时，赵方潇对创新创业也充满了浓厚兴趣。在大一时，她便加入了创新创业社团，并加入了"蘑语"项目。在这个项目中，她与其他团队成员共同努力，将废弃花生壳通过技术处理后加入制作菌包的材料中，从而实现了蘑菇种植的环保与增收双重目标。尽管项目初期遭遇多次失败，但在赵方潇和其他团队成员的共同努力下，"蘑语"项目最终取得了成功，为解决蘑菇种植环境污染问题和农民增收问题贡献了力量。

　　在不断探索中，赵方潇的好奇心又引导她关注食物经济领域的创新研究，她希望能在这个领域做出自己的贡献。带着这样的好奇心，她选择了以零食快消品在当今社会的发展为背景，开展"食验室"创新创业项目。在这个项目中，她与其他团队成员共同研发出一款深海金枪鱼鱼脆零食。这款零食不仅口感独特、营养丰富，而且符合现代人对健康饮食的追求。产品一经上线，便获得众多消费者的喜爱和认可。赵方潇和团队的努力也得到了业界的广泛赞誉，他们荣获中国国际"互联网+"大学生创新创业大赛全国银奖、湖北省金奖及"挑战杯"中国大学生创业计划竞赛湖北省金奖等多项荣誉。

✍ **点评**

　　本案例生动展现了赵方潇强烈的好奇心与不懈创新的精神，正是这种对未知领域不断探索和追求的精神，让她在学术和创新创业领域都取得了突出成绩。赵方潇的经历为当代大学生树立了榜样，她用自己的行动证明了保持好奇心和持续创新的重要性。只有如此，大学生才能在未来的人生道路上不断突破自我，实现个人价值的最大化。

（3）较高的专业知识水平

创新不是空中楼阁，而是建立在深厚学术基础上的。对于大学生而言，要想成为创新型人才，需要在某一领域或某一方面拥有广博而扎实的知识，有较高的专业知识水平，才能为创新提供有力的理论支撑。

（4）较强的自我学习与探索能力

创新意味着在未知的领域中开疆拓土，在这个过程中，大学生很容易遇到未知的困难，也难以借助现有的知识和理论去解决问题。这就意味着大学生必须有较强的自我学习与探索能力，能独立探索未知的领域，最终实现创新。例如，我国科学家屠呦呦为了研究治疗疟疾的药物，在没有前人成熟经验可供借鉴的情况下，带领团队开展了深入的研究。他们利用现代医学方法进行分析研究，从大量中草药中筛选出青蒿这一抗疟效果最好的品种。屠呦呦的经历充分证明，较强的自我学习与探索能力，能帮助大学生在未知的领域中实现创新，并为社会做出贡献。

（5）良好的沟通合作能力

在当今社会，要想实现创新，单靠一个人的力量是非常困难的。因此，要想成为创新型人才，大学生需要具备良好的沟通与合作能力，依靠集体的力量完成创新。实际上，科学界很多重大的创新都是科研团队集体智慧的结晶。

1.2　创新意识概述

创新意识是人类意识活动中一种积极、富有成果性的表现形式，它是人们进行创造活动的出发点和内在动力。创新意识代表一些社会主体奋斗的目标和价值指向，它能唤醒和发挥社会主体所蕴含的潜在力量。那么，什么是创新意识？创新意识又有哪些特征和价值？

1.2.1　创新意识的含义及基本构成要素

创新意识是指人们根据社会和个体生活的发展需求，产生创造前所未有的事物或观念的动机，以及在创造活动中表现出的意向、愿望和设想。创新意识是形成创造性思维和创造力的前提，其基本构成要素包括创造动机、创造兴趣、创造情感和创造意志4种。

（1）创造动机是创造活动的动力因素，它能推动和激励人们开展并维持创造活动。

（2）创造兴趣是促使人们积极追求新奇事物的一种心理倾向，它能促进创造活动的成功。大学生要想产生创造兴趣，需要克服心理上的惰性，寻根究底，不满足于现状，从而不断开拓新的思维领域和创新空间。

（3）创造情感是引起、推进乃至完成创造活动的心理因素。创造情感也能够促进创造活动的成功。

（4）创造意志是在创造活动中克服困难、冲破阻碍的心理因素。创造意志具有目的性、自制性和顽强性。

1.2.2　创新意识的基本特征

创新意识的基本特征表现为以下4种。

1．新颖性

创新意识可以帮助满足新的社会需求，或用新的方式更好地满足原来的社会需求。也就是说，创新意识就是求新意识，具有新颖性。

2．历史性

创新意识是以提高人们物质生活和精神生活水平为出发点的，很大程度上会受社会历史条件的制约。

3．差异性

人们的创新意识与其自身的社会地位、文化素养、兴趣爱好及环境氛围等因素有关，这些因素对创新意识的产生有重大影响。但这些因素也因人而异，因此，创新意识具有差异性。

4．质疑性

质疑性是创新意识的重要特性，它是贯穿整个创新实践活动的关键特征。大胆质疑不仅是创新意识形成的逻辑起点和先决条件，还是整个创新实践活动的源泉和动力。创新实践活动的过程一般为质疑→提出问题→形成创新意识→解决问题→出现新结果→完成创新实践活动。从中可以看出大胆质疑的重要性，这也验证了"科学研究始于问题"这一理念。

1.2.3　创新意识的价值

创新是一个民族进步的灵魂，是一个国家兴旺发达的不竭动力。在当今快速发展的社会中，创新的地位愈发重要，而创新意识正是其背后的核心驱动力。创新意识不仅代表个体对新思想、新方法的热切追求与执着探索，更是推动社会持续进步、科技不断创新的重要力量。

创新意识的价值是深远且多维度的，它不仅对个人的成长和发展具有重要影响，更是提升国民素质和促进科技革新的核心动力。

（1）塑造独特个人品牌。创新意识能够使人摆脱传统思维的束缚，从独特的视角出发，形成自己独特的思考方式和解决问题的方法。在个人的成长过程和职业生涯中，这种独特性能够使人脱颖而出，形成自己的品牌，从而吸引更多的机会和资源。

（2）培养创新思维。创新意识能够激发人们的创新思维，帮助人们跳出传统的思维框架，发现新的思考方式和解决问题的方法。这种创新思维不仅有助于个人发展，也能够为团队带来更多的创意和突破，推动整个社会创新氛围的形成。

（3）提升国民素质。创新意识的培养不仅是个人的事情，更是国家的事情。一个具备创新意识的国家，能够在国际竞争中保持领先地位，实现繁荣和发展。培养国民的创新意识，可以提升整个国家的素质和竞争力，为国家的未来发展奠定坚实的基础。

（4）促进科技创新。科技创新是社会进步的重要动力，而创新意识则是科技创新的源泉。通过将新思想、新方法和新技术应用于实际生产中，创新意识能够促进科技成果的转化和应用，为社会带来更多的便利和效益。

（5）推动社会进步。创新意识能够促进社会多种因素的变化，从而推动社会的全面进步。创新意识的形成和发展必然会进一步推动社会生产方式的进步，从而带动经济的飞速发展。此外，创新意识还将进一步推动人们的思想解放，有利于人们形成开拓意识、领先意识。

阅读材料　　蔡伦与造纸术

蔡伦，字敬仲，是东汉时期杰出的发明家，他的生涯轨迹充满了对技术的创新和对传统的突破。在造纸术方面，蔡伦尤具创新意识和独到见解，为中国乃至世界文明的进步做出了巨大贡献。

蔡伦观察到当时书写所用的简牍和丝帛都存在种种不便，如简牍笨重、丝帛昂贵等。为解决这些问题，蔡伦开始研究造纸术。他观察到自然界中存在丰富的植物纤维资源，如树皮、麻头等，这些材料具有潜在的造纸价值。他充分利用这些材料，通过采集、清洗、切碎、浸泡、蒸煮、捣碎、筛浆、捞纸、晾干等一系列精细的工艺流程，将它们转化为质地优良的纸张。这一创新之举不仅极大地降低了造纸成本，还推动了资源的循环利用，体现出环保和可持续发展的先进理念。

蔡伦的造纸工艺中，每一个环节都经过严格的把控和优化。他结合前人的经验，通过反复试验和实践，不断调整和完善工艺细节，以确保纸张的质量和产量。蔡伦在造纸工艺上大胆的创新，使纸张更加平滑、柔软，吸墨性更好，极大地提高了书写的舒适度和效率。这种以树皮、麻头等为原料的纸张，因其轻便易用、成本低廉而迅速得到广泛的推广和应用。

点评

蔡伦改进造纸术的过程淋漓尽致地展现出其独特的创新意识。他通过对自然材料和丝织工艺的观察和借鉴，以及对造纸工艺的创新，成功改进了造纸术，为人类文明的进步做出了重要的贡献。

1.3 创新意识的类型

创新意识以思想活跃，不因循守旧，富于批判性和创造性，敢于独树一帜为主要表现。根据基本特征和表现形式，创新意识可以分为求新求异意识、求真务实意识、求变意识和问题意识4种类型。

1.3.1 求新求异意识

创新意识具有新颖性和差异性，因此，求新求异意识是创新意识的主要类型。敢于别出心裁、追求新颖奇特是创新活动的前提和内部动力。

求新求异意识要求人们敢于突破常规，换角度思考问题。遇到问题时，即便有常规的解决办法，我们也可以尝试换个角度进行思考，而不能局限于生活中的"理所当然"。例如，在解决物流配送效率低的问题时，传统的解决方案可能是增加配送车辆或优化配送路线。然而，如果我们换个角度思考，通过引入智能调度系统，实时分析交通状况和订单需求，来动态调整配送计划，这样可以更有效地利用资源，降低运营成本，并提升配送效率。

1.3.2 求真务实意识

创新强调求真务实，而不是一味地偏激和标新立异。不能认为所有标新立异或与众不同的东西就是创新。

创新实践活动的成功与价值实现，关键在于尊重客观规律。寻找事物的客观规律，按规律创新，是求真务实的确切含义。

1.3.3 求变意识

创新强调求变，也就是追求突破已有的格局，包括思想、实物、方法等方面。这种"变"不仅代表对现有状态的改良和优化，更是对未知领域的勇敢探索和对陈旧模式的彻底颠覆。

创造活动源于创新意识，而创造活动的过程就是不断发现错误、消除错误、接近正确的过程，也是不断破旧立新、推陈出新的过程。创造活动即为不断变革的过程，它鼓励人们勇于变革、敢于创新，不断推动社会向前发展。

1.3.4 问题意识

强烈的问题意识表现为善于提出问题。爱因斯坦曾说过："提出问题比解决问题更重要。"只有在提出问题后才能够解决问题。问题意识也表现为在主动思考和探究问题的过程中，当运用现有途径和手段无法有效解决问题时，创新者思考背后的原因，并寻求新的方法以解决问题，这正是创新的本质所在。

> **小贴士**
>
> 提出问题是形成创新意识的起点，没有问题，创新将会成为无源之水、无本之木。同时，质疑问题又是创新的前提，一切发明创新都源于质疑。由此可见，培养创新者的问题意识是十分重要的。

1.4 创新意识的培养

马斯洛说过，创造性首先强调的是人格，而不是成就。自我实现所需的创造性强调的是个人品质，如大胆、勇敢、自主、自我认可等。

由此可见，在创新过程中，强烈的进取精神和勇于探索新事物的创新意识非常重要。大学生具备探索新事物的创新意识，才敢去想别人没有想到的、做别人没有做过的事情。那么，大学生怎样才能培养创新意识呢？下面将进行详细讲解。

1.4.1　知识积累

知识积累是培养、激发创新意识的必要条件。大学生在培养创新意识时，首先要增强自身的求知欲，具备勤奋求知的精神。只有不断地学习新知识，大学生才能在自主创新创业的过程中发挥主导作用。

扎实的基础知识和良好的学习方法是创新的前提，开阔的视野也有助于大学生进行创新。大学生只有掌握创新的基础知识和基本技能，遵循创造性规律，了解科技发展和知识的更新动态，形成较强的学习能力和思维能力后，才能萌生创新意识。

◉ 阅读材料　　　　　　青蒿素的研发历程

20世纪60年代，全球疟疾疫情严重，特别是在东南亚地区，恶性疟原虫对当时的抗疟药物产生了抗药性，使得治疗疟疾变得极为困难。因此，人们急需找到新的、更有效的抗疟药物。中国也积极投入抗疟药物的研发中。

研发初期，屠呦呦及其团队首先深入钻研中国传统医学的丰富知识，发现《肘后备急方》等古籍中详细记载了关于青蒿治疗疟疾的宝贵经验。在充分理解并吸收这些古代知识后，屠呦呦及其团队进一步结合现代科学技术，如药物化学、药理学和生物学等，对青蒿进行全面而系统的探索。这一跨学科的研究方法不仅充分利用了传统医学的智慧，还借助现代科技的力量，为青蒿素的发现和应用奠定了坚实的基础。

屠呦呦及其团队在深入研究的基础上，成功地从青蒿中提取出了青蒿素，并证实其具有显著的抗疟活性。在确定青蒿素的抗疟效果后，屠呦呦及其团队进一步对其结构进行精细的研究。通过利用先进的科技手段，如X射线衍射和核磁共振技术，他们成功解析了青蒿素的三维结构，为深入理解其药理作用机制奠定了基础。

在青蒿素的提取与纯化过程中，屠呦呦及其团队采用多种创新性技术，如低温提取和高效液相色谱法。这些技术的应用不仅能极大地提高提取效率，而且能有效保证青蒿素的纯度和活性，为后续青蒿素的临床应用提供可靠的保障。

而当时为验证青蒿素的抗疟效果，屠呦呦及其团队进行了大量的动物试验和人体临床试验。这些研究不仅证实了青蒿素在抗疟方面的高效性和安全性，还发现了其与其他药物的协同作用，进一步扩大了其在临床治疗中的应用范围。

在整个研发过程中，知识积累贯穿始终。从古代医学知识的挖掘到现代科学技术的引入，再到具体研发过程中的知识运用和技术创新，这些过程均是知识积累的体现。正是这些知识的积累和应用，使青蒿素的研发取得了重要突破，屠呦呦及其团队也为全球抗疟事业做出了巨大贡献。

✌ **点评**

　　优秀的创新成果都饱含科技知识。没有坚实的知识积累和深厚的知识底蕴，就不可能孕育出好的创新成果。

1.4.2　消除心理障碍

　　对于创新，一些人天生抱有抵触和恐惧的心态，认为创新是科学家才能干的事情，自己没有能力去创新，更没有创新意识。其实，人人都能创新，人人都具备创新的潜能。为了将这种创新潜能激发出来，从而具备创新意识，人们首先要消除创新的心理障碍，树立创新的信心。

　　消除心理障碍的方法包括以下3种。

　　1．战胜从众心理

　　从众心理会阻碍大学生创新能力的发展。辩论是战胜从众心理、培养独立思考能力的好方法。大学生如果在某一问题上与别人持有不同看法，应充分发表自己的独到见解，据理论事，不盲目从众，这样便能很好地战胜从众心理。

　　2．战胜胆怯心理

　　胆怯心理是比较普遍的心理障碍，对大学生创新意识的形成有抑制作用。大学生要想战胜胆怯心理，就应当敢于质疑、勇于探索、自我激励。

　　3．战胜自卑心理

　　自卑心理会使大学生缺乏自信心和想象力，甚至自我封闭。要想战胜自卑心理，大学生应当进行积极的自我暗示，辩证地看待创新道路上遇到的失败和挫折，形成坚定的自信心和锐意进取的精神。

🎯 **小贴士**

　　大学生可以通过参与学校的创新活动，亲身体验创新的魅力，并深刻认识到"人人皆可创新"的理念，从而消除心理障碍，积极培养自身的创新意识。

1.4.3　激发好奇心

　　创新需要具备强烈的好奇心。古今中外的很多真知灼见、发明创造都是通过人们的不断探索而产生的，而人们的探索欲望常表现为强烈的好奇心。

　　好奇心会使人们对事物或人充满兴趣，这些兴趣促使人们去质疑与探索。此时，人的思维就会变得异常活跃，人的潜能也会得到释放，人的创造性也会随之大大提高。

👁 **阅读材料**　　　　　　　**杂交水稻之父——袁隆平**

　　袁隆平，被誉为"杂交水稻之父"，是著名的农业科学家，他在杂交水稻领域取得了举世瞩目的成就。

袁隆平在年轻时就对农业产生了浓厚的兴趣。他深知中国作为人口大国，粮食一直是国家安全的重要保障。因此，他决心投身于水稻研究，寻找提高水稻产量的方法。

在研究过程中，袁隆平在田间发现一株高大、颗粒饱满的水稻，这被证明是一株特殊的野生稻。这种野生稻具有许多优良性状，如抗病、抗虫、高产等。这些特性激发了袁隆平的好奇心，他想知道这种野生稻是否能为提高水稻产量提供新的可能。

在强烈好奇心的驱动下，袁隆平进行了深入研究。他意识到，如果将这种野生稻与栽培稻杂交，可能会培育出具有更高产量的新品种。于是，他踏上了艰苦的杂交水稻研究之路。研究之路并不平坦，袁隆平及其团队成员面临许多技术难题，如异花授粉、基因组合等。然而，他们并没有被这些困难吓倒，而是充满好奇心地探索每一个未知的领域。经过反复试验，袁隆平及其团队最终成功培育出杂交水稻。这个新品种不仅具有野生稻的优良性状，其产量也得到大幅度提升。

✎ 点评

正是强烈的好奇心促使袁隆平去认真观察。但光有好奇心显然不够，袁隆平善于思考和钻研，能够积极主动地发现、探索问题，并主动寻求解决问题的方法和突破口，将好奇心变成真正的行动力，这才是他取得成功的关键。

1.4.4　参与创新实践活动

大学生在培养创新意识的过程中一定要树立科学的创新理念，明确创新的真正含义，切勿仅将创新当作一句口号，而不参与实践。

在培养科学创新理念的过程中，大学生应该积极参与创新实践活动，如创新创业培训或创新创业大赛。目前，我国各部门与组织已主办多种面向大学生的创新创业竞赛，如中国国际大学生创新大赛、"挑战杯"中国大学生创业计划竞赛、全国大学生电子商务"创新、创意及创业"挑战赛、"创青春"中国青年创新创业大赛等。

大学生不必害怕在创新过程中犯错误，应大胆尝试，激发自己的创新意识，学会思考、怀疑与探索，再结合自身的实际情况加以实践，这样才能在创新之路上成长起来。

🎯 小贴士

近年来，很多地区都非常重视创新创业，提倡"以创业带动就业"，各地区也不同程度地开展了免费的创新创业培训。想参与创新创业实践的大学生应该积极了解并参与这些培训，进一步提升自己的创新创业能力，为未来的创新创业征程蓄能添翼。

1.5　本章练习

1. 什么是创新？

2．创新型人才应具备哪些关键要素？

3．在学习与生活中，你发现了哪些日常的创新事例？试说明这些创新事例体现的创新特征。

4．如何培养自身的创新意识？

5．阅读以下描述，如果符合你的情况，请回答"是"，不符合请回答"否"，无法确定则回答"不确定"。利用表1-1计算自己的总得分，然后根据总得分说明判定自己是否具备创新意识。

（1）你认为作家使用古怪和生僻的词语，纯粹是为了炫耀。

（2）无论什么问题，要让你产生兴趣，都比让别人产生兴趣要困难得多。

（3）即使是十分熟悉的事物，你也常用全新的眼光看待它。

（4）你常常凭直觉来判断正误。

（5）你善于分析问题，但不擅长对分析结果进行整合、提炼。

（6）你的审美能力较强。

（7）聚精会神地学习时，你常常忘记时间。

（8）你做事总是有的放矢。

（9）你的兴趣是不断提出新的建议，而不是说服别人去接受这些建议。

（10）你喜欢那些一门心思埋头苦干的人。

（11）你不喜欢提那些显得自己无知的问题。

（12）你特别关心周围的人怎么评价自己。

（13）你对周围的新事物感到好奇，一旦产生兴趣就很难放弃。

（14）你认为按部就班、循序渐进才是解决问题最正确的方法。

（15）你关心的问题是"是什么"，而不是"为什么"。

（16）你总觉得自己还有潜力。

（17）你不能从他人的失败中发现问题、吸取经验和教训。

（18）当一项任务完成后，你总有兴奋感。

（19）你遇到问题时能从多方面探索解决它的可能性，而不是拘泥于一条路。

（20）你认为如果打破固有的理念、行为方式、秩序或体制，就不能建立更好的模式。

表1-1 评分标准

序号	回答"是"的得分	回答"否"的得分	回答"不确定"的得分
（1）	1	2	0
（2）	0	4	1
（3）	3	1	0
（4）	2	1	0
（5）	3	0	1
（6）	3	2	0

序号	回答"是"的得分	回答"否"的得分	回答"不确定"的得分
（7）	3	2	0
（8）	0	2	1
（9）	2	0	1
（10）	3	2	1
（11）	0	3	1
（12）	0	2	1
（13）	2	1	0
（14）	0	3	1
（15）	0	2	1
（16）	3	0	1
（17）	0	3	1
（18）	2	1	0
（19）	3	0	1
（20）	0	3	1

总得分说明如下（仅供参考）。

总得分在35分以上，说明被测试者是一个具有很强创新意识的人，具备将思考结果加以实现的能力。如果被测试者已经有所成就，要戒骄戒躁；如果暂时还没有成就也不用着急，只要努力，总会在某些方面崭露头角。这类人群适合从事环境较为宽松、没有太多约束、对创新有较高要求的工作，如装潢设计、工程设计、软件编程等。

总得分在22～35分，说明被测试者的创新意识一般，其习惯采用现有的方法与步骤来思考和处理问题，很难有较大的创新成就。灵活的思维是创新的基础，被测试者可以尝试做一些培养创新意识的训练。这类人群适合从事管理、市场营销等方面的工作。

总得分在22分以下，说明被测试者缺乏创新意识，比较循规蹈矩，做事一板一眼，一丝不苟，且讲究原则，遵守制度。这类人群适合从事对纪律要求较高的工作，如会计、质量监督员等。

第 2 章
创新思维

↑→ **引导案例**

　　小米，作为中国科技行业的佼佼者，在智能家居领域展现出其独特的创新实力。该公司通过深入洞察用户需求，以创新的视角为市场带来众多便捷、智能且性价比高的产品。

　　在智能家居领域，小米始终保持创新的热情。以小米智能音箱为例，研发团队凭借自主创新的阵列唤醒算法，显著提升了音箱在复杂环境下的唤醒率。同时，其"多通道端到端语音识别技术"让音箱在远场环境下更容易被唤醒并准确识别语音，为用户带来了良好的使用体验。此外，小米智能音箱在功能设计上同样独具匠心，例如，360度扬声和环形触控等创新设计，为用户提供了更加自然、便捷的交互方式。

　　值得一提的是，小米自主研发的智能语音助手"小爱同学"具备出色的语音识别和交互能力。用户可通过与其对话，轻松查询天气、播放音乐、设置提醒等，拥有智能生活新体验，这一产品展现出小米在产品创新上的独特思维。

扫一扫

参考答案

　　讨论
　　1. 创新思维来源于生活，小米有哪些创新举措？
　　2. 小米采用的是哪种创新思维形式？这对我们有什么启发？

2.1　创新思维的含义与特征

　　创新思维是人类特有的精神活动，具有很强的主动性和主观性。借助创新思维，人们可以突破环境和经历的限制，深入探索并构想出那些未曾直接感知或体验过的事物，进而创造出新的事物。

2.1.1　创新思维的含义

　　创新思维是指以新颖、独创的方法解决问题的思维。这种思维使人们不受常规思路的约束，从超常规甚至反常规的角度思考问题，并提出与众不同的解决方案，从而产生新颖、独到、有社会意义的思维成果。

　　创新思维不是对现有知识和经验的抽象和概括，而是在现有知识和经验的基础上进行想象、推理和再创造。

2.1.2　创新思维的特征

　　创新思维是思维的高级形态，具有其自身的特征。创新思维的特征包括新颖性、求异性、灵活性、突发性、综合性、逆向性等。

1. 新颖性

新颖性是指一项构思使人耳目一新，展示出一种新的概念、新的形象或新的结构。

建筑在创新中焕发生机

乌镇互联网国际会展中心坐落于浙江乌镇西栅景区西北部，其设计打破了传统村落与现代建筑的界限。设计师团队深入研究乌镇的历史文化，旨在创造一个既承载传统韵味又展现现代创新精神的空间。他们采用"传统与现代融合"的设计理念，借鉴白墙黛瓦、临水连廊等传统元素，并结合现代建筑手法，运用简约线条和几何形状，打造出既传统又现代、充满创意的建筑。

设计师团队大胆创新，采用悬链梁、张弦梁等结构，不仅创造出独特的空间效果，还增强了建筑的美感和实用性，同时提高了其抗震性和安全性。此外，他们还注重建筑的可持续性，采用绿色建筑材料和节能技术，展现出环保和创新相结合的理念。

最终，乌镇互联网国际会展中心以其独特的设计理念和精湛的建筑技艺，成为一个充满创意和魅力的展示空间。它不仅为乌镇注入了新的活力，也为现代建筑设计提供了新的思路和方向。

点评

乌镇互联网国际会展中心的成功，不仅得益于其独特的设计理念和精湛的建筑技艺，更离不开设计师团队敢于打破常规、勇于创新的精神。这种"反其道而思之"的设计思维，值得大学生深入学习和借鉴。大学生应该积极学习乌镇互联网国际会展中心所展现的创新精神，将这种精神融入自己的学习和生活中。

2. 求异性

求异性是指对司空见惯、似乎已成定论的事物或观点采用多种不同的方法进行思考。换言之，就是从多个方面进行深入探索，以求找到问题的不同解决方法，从而树立新思想、创立新形象。

求异性是在实事求是的基础上进行质疑或否定。大学生要想有所创新，就不应拘泥于常规，不应轻信权威，要以怀疑和批判的态度看待一切事物和现象。

在群体中，那些有安全感和归属感的人往往更喜欢彰显个性，展现与众不同的个人特点和优势，从而形成人与人之间的差异，这就是求异性的表现。

3. 灵活性

灵活性指思维灵活多变，能及时转换思路，多角度、多方位、多学科、多层次地进行立体思考。灵活性具体表现为及时放弃旧思路而转向新思路，及时放弃无效的方法而采用可行的新方法。

4. 突发性

突发性是指在较短的时间内，迸发出创造性的思想火花，从而产生新的概念。创新思维的突发性指创新思维可能是在长期构思酝酿后自然爆发出来的，也可能是受某一偶然因素触发而产生的。突发性思维主要包括直觉思维、顿悟思维、灵感思维。

5. 综合性

综合性强调的不是简单地把事物的各个部分和属性随意、主观地拼凑在一起，也不是机械地将它们相加；而是按照它们内在或必然的联系，对事物各个方面的结构和功能进行系统认识。

6. 逆向性

逆向性是有意识地采用反常规的思路思考问题。如果把传统观念、常规经验、权威言论当作金科玉律，人们的创新思维活动就会受到阻碍。因此，为实现某一创新举措或解决某一用常规思路难以解决的问题时，不要一味用长久以来形成的固有思路去思考问题，而应尝试从相反的方向出发寻找解决办法。

◉ 阅读材料　　　　　　　　**"吃亏"还是"占便宜"**

李珏在读大三时，家里获得了一笔额外收入，所以大学毕业后，李珏没有找工作，而是选择利用这笔钱自主创业。李珏很看好餐饮行业，认为开一家自助火锅店一定能赚钱。经过一番市场调查，李珏决定将火锅店开在学校附近，并聘请了几名服务员。

最初，李珏的火锅店生意还不错，可是顾客严重的食物浪费行为导致火锅店收益较差，有一个月甚至出现亏本的情况。无奈之下，李珏只能做出明文规定：凡是浪费食物者，加收20元。从此，火锅店的生意一落千丈。面对惨淡的营业额，李珏开始反思自己做出的这项规定，并意识到一个道理：不要让顾客"吃亏"，一定要让他们"占便宜"。因此，他决定向每一位顾客多收10元，然后将原来的规定调整为：凡是没有浪费食物者，奖励10元！结果火锅店生意火爆，且浪费现象也减少了。

✍ 点评

李珏抓住了顾客不愿意"吃亏"的心理，将加收的"惩罚"改为奖励，采用了逆向的思维模式，成功解决了火锅店面临的难题。逆向思维能力是可以后天培养的，大学生可以有意识地进行训练，从而提高自己的逆向思维能力。

2.2　创新思维的形式

创新思维是可以被描述并被学习、掌握的。常见的创新思维形式有6种，包括逻辑思维、联想思维、发散思维、求同思维、形象思维和直觉思维。这些创新思维形式各具特点，在实践中各自发挥着不可替代的作用。通过学习和应用这些创新思维形式，大学生可以不断提升自身的创新能力，为解决问题和创造新价值提供有力的支持。

2.2.1 逻辑思维

逻辑思维也称抽象思维，是人们在认识活动中运用判断、推理等思维方法，对客观现实进行间接、概括反映的过程。逻辑思维的基本单元是概念，基本思维方法是抽象，基本表达工具是语言和符号。逻辑思维具有规范、严密、确定和可重复的特点。

逻辑思维是人脑的一种理性活动，思维主体将在感性认识阶段获得的对事物的认识抽象成概念，再运用概念进行判断，并按照一定的逻辑关系进行推理，从而产生新的认识。也就是说，要想创新，并找出复杂问题的解决方案，就必须运用逻辑思维。

2.2.2 联想思维

联想思维是指在人脑的记忆表象系统中，由于某种诱因使不同表象产生联系的一种思维活动。通过联想思维，人们可以从别人的发明创造中获得灵感，并进行创新。例如，在指甲剪被发明后，有人发明了手机支架指甲剪。该工具同时具有手机支架、指甲剪、开瓶器等的功能，属于联想思维的创新成果。

阅读材料　　比亚迪的新能源汽车电池技术

比亚迪作为中国新能源汽车行业的领军企业，一直致力于技术创新和产品升级。尤其是在电池技术方面，比亚迪展现出其独特的研发实力和前瞻性思维。

比亚迪很早就意识到电池技术是新能源汽车发展的核心所在，因此比亚迪从多个角度思考如何提升电池性能。比亚迪的工程师们通过分析智能手机电池的发展趋势，意识到能量密度、安全性和循环寿命是衡量电池性能的关键指标。然后比亚迪投入大量的研发资源，专注于电池技术的创新，这其实就是联想思维的一种体现。

在研发过程中，比亚迪的工程师们还将材料科学、化学工程和机械设计等领域的先进理念和技术引入电池设计。他们参考其他高性能产品（如航空航天领域的材料）的设计和制造方法，将相关技术与电池技术相结合，研发出具有独特优势的电池，这也是对联想思维的一种运用。

例如，比亚迪的刀片电池就是联想思维的产物。工程师们联想到刀片在锋利度方面的特点，将其应用于电池设计中。得益于创新性的结构设计和材料选择，刀片电池不仅具有更高的能量密度和安全性，还拥有了更长的循环寿命。这一产品的推出，为新能源汽车行业带来了全新的选择，也提升了比亚迪的品牌形象和市场竞争力。

点评

比亚迪通过运用联想思维，成功地将不同领域的技术相融合，推动新能源汽车电池技术的不断创新和发展。这种创新精神和创新思维方式，使比亚迪成为中国新能源汽车行业的领军企业，并赢得市场的认可和用户的好评。

2.2.3　发散思维

发散思维又称扩散性思维、辐射性思维，是指从多种角度设想、探求答案，最终使问题获得圆满解决的思维形式。

发散思维是创新思维的核心。发散性的思维活动不受任何限制，可以催生大量可供选择的方法、方案或建议，也可以催生一些别出心裁、出乎意料的见解，使看似无法解决的问题迎刃而解。

发散思维有其自身的特点，如流畅性、变通性、独特性和多感官性。

1．流畅性

流畅性是指具有发散思维的人在较短的时间内生成并表达出尽可能多的思想观念，以较快地适应、消化新的思想。流畅性反映的是发散思维的速度和数量。

2．变通性

变通性是指发散思维可以帮助人跳出脑中固有的思维框架，从新的方向思考问题。变通性强调借助横向类比、跨域转化、触类旁通等方式，使发散思维沿着不同的方向扩散，从而表现出多样性和多面性。在解决问题时，变通性可以帮助人们避免陷入思维定式，使人们通过尝试不同的方法和途径来找到更有效的解决方案。

3．独特性

独特性是指人们做出不同寻常、异于他人的独特反应的能力。这种能力使人们能够打破常规，提出前所未有的观点和想法，从而推动创新。

4．多感官性

发散思维不仅需要借助视觉和听觉，还需要充分利用其他感官来接收信息并对信息进行加工。如果思考者能够想办法激发自身兴趣，产生激情，把信息情绪化，赋予信息感情色彩，便会提升发散思维的效果。

2.2.4　求同思维

求同思维也称聚合思维、辐合思维、集中思维，是一种有方向、有范围、有条理的收敛性思维方式。求同思维具有集中性和最佳性两个特点，即求同思维的过程是有集中指向的，其目标是寻求最佳方式。在创新活动中，人们运用求同思维做出的发明处处可见，如中国的四大发明——造纸术、印刷术、指南针和火药，这些发明都是人们在长期实践中，通过观察、分析和总结，找出不同事物之间的共同点，从而创造出的新技术和工具。

人们要创新，就必须善于从复杂多变的事物中发现其包含的共性因素，即找出事物间的结合点。一般情况下，组合事物并不等于将几种事物简单相加，而是通过组合创造具有新的性质和功能的事物。

🎯 **小贴士**

面对挑战，大学生可以先以发散思维广泛探索，随后利用求同思维精细分析，最终提炼出既新颖又可行的答案。这一过程能有效提升大学生的创新与决策能力，为其个人发展奠定坚实基础。

👁 **阅读材料**   **华为在智能手机市场的策略**

　　华为在智能手机市场的成功，源于其对多个关键因素的深入理解和全面应用。华为坚信技术创新是企业持续发展的核心动力，因此持续投入巨额资金用于研发，力求在通信技术、人工智能、云计算等领域取得突破性进展。这种对研发的重视和对技术创新的追求，与全球众多技术企业的策略不谋而合。华为始终将用户体验放在首位，无论是进行产品设计还是功能开发，都注重细节，力求为用户带来更加便捷和舒适的体验。这种用户至上的价值观，与智能手机市场上其他领先品牌的追求一致。

　　同时，华为还积极推行全球化战略，深入了解不同国家和地区的市场需求和用户习惯，并根据这些共同点制定相应的营销策略。推行全球化战略有助于华为更好地融入全球市场，提升品牌知名度和市场份额。此外，华为注重与合作伙伴建立长期稳定的合作关系，实现共赢。华为与电信运营商、设备供应商、应用开发者等建立了广泛的合作关系，共同推动产业发展。这种合作共赢的策略，与许多成功企业的商业模式有相似之处。

　　华为重视可持续发展和社会责任，积极参与环保活动和公益事业。华为持续关注环境保护、教育支持等社会问题，通过实际行动履行社会责任。这种重视可持续发展和社会责任的理念，与许多成功企业的价值观契合。

✍ **点评**

　　华为在智能手机市场的策略主要体现在技术创新、用户体验、全球化战略、合作共赢及可持续发展等方面。这些策略都是华为基于对市场趋势和成功企业的深入分析，并结合自身实际情况制定的。通过运用求同思维，华为成功地在全球智能手机市场取得领先地位。

2.2.5　形象思维

　　形象思维是以直观形象和表象为支柱的思维方式，是人的一种本能思维，具有普遍性。在日常生活、学习和生产活动中，形象思维一直起重要作用。例如，画家绚丽的作品和舞蹈家优美的形体语言都是形象思维的结果。

　　形象思维具有形象性、想象性和粗略性3个基本特点。

1. 形象性

　　形象性是形象思维最基本的特点。形象思维所反映的对象是事物的形象，它是从形象上来认识和把握所研究对象的本质和规律的。形象思维的形象性使其本身具有生动性、直观性和整体性的优点。

2. 想象性

　　想象是思维主体运用已有的形象生成新形象的过程。形象思维并不只是再现已有形象，而是致力于对已有形象进行加工，从而实现新形象的输出。因此，想象性使形象思维具有创造性的优点。

3．粗略性

形象思维对问题的反映往往是粗略的，对问题的把握是大体上的，对问题的分析是定性的或半定量的。形象思维通常用于问题的定性分析，而抽象思维则可以用于找出精确的数量关系。所以，在实际的思维活动中，只有将抽象思维与形象思维相结合，才能更好地使创新活动取得有效的成果。

2.2.6 直觉思维

直觉思维是指不受某些固定的逻辑规则约束而直接领悟事物本质的一种思维形式。突然对某一问题产生"灵感"和"顿悟"，甚至对未来事物的结果产生"预感"或"预言"等，都是直觉思维的表现。直觉思维主要有简约性、独创性、突发性3个特点。

1．简约性

直觉思维是从整体上考察研究对象，调动全部知识、经验，通过丰富的想象敏锐而迅速地做出假设、判断或猜想的一种思维形式。直觉思维是一瞬间的思维火花，是长期积累的一种升华，是思维过程的高度简化，但却能清晰地触及事物的"本质"。

2．独创性

直觉思维往往能帮助人产生新颖、独特的观点。这些观点不受传统逻辑或常规思维模式的限制，呈现出一种非传统、非预期的创造性思考方式。

3．突发性

直觉思维所获得的结果是突如其来的。人们对某一问题一直苦思冥想，往往会不得其解，反而在不经意间容易顿悟问题的答案，这就是直觉思维的成果。例如，著名的万有引力定律就是牛顿在苹果园休息时，不经意间受到苹果落地事件的启发而发现的。

> 🎯 **小贴士**
>
> 尽管直觉的产生极为突然，但是绝非偶然，必须基于知识的积累。这些知识既包括相关的经验知识，又包括专业的理论知识。大学生可以通过不断学习专业知识、参与社会实践等方式来培养自己的直觉思维能力。

2.3 创新思维的障碍

创新思维是创新的前提。而思维定式则可能成为创新思维的障碍。人们习惯于使用某种固定的思维模式时，可能会忽视或排斥新的方法和思路，从而形成创新思维的障碍。因此，大学生要有意识地突破思维定式。

2.3.1 思维定式的含义

思维定式也称惯性思维，它是人们在过去所获经验和知识的基础上形成的感性认识。思维定式在解决日常问题时展现出独特的优势，特别是在程序性和事务性的工作任务中，它的作用尤为突出。

在稳定的环境中，思维定式发挥着积极的作用。它可以帮助人们迅速识别问题，并从过往的经验中快速找到解决方案，从而提高决策效率和行动速度。这种自动化的思维过程使得人们能够高效应对常规挑战，减少不必要的资源浪费。

然而，当环境发生变化时，思维定式的局限性便逐渐暴露出来。由于它过度依赖过往的经验和知识，人们面对新的情况和变化时，受思维定式的影响往往难以灵活调整。此时，思维定式就可能成为束缚人们创新思维的枷锁，使人们陷入固定的思维模式，难以跳出框架去寻找新的解决方案。这种局限性会限制人们的创新能力和适应能力。

由此可见，思维定式具有双刃剑的性质。在稳定的环境中，思维定式可以帮助人们高效应对挑战；但在变化的环境中，思维定式则可能成为人们前进道路上的障碍。

2.3.2 思维定式的常见类型

思维定式的常见类型主要包括权威型、从众型、经验型及书本型4种。

1. 权威型

在日常生活中，大部分人都习惯引用权威观点，甚至将权威观点作为判断是非对错的唯一标准，一旦发现与权威相违背的观点，就立即将其否定，这就是权威型思维定式。权威型思维定式的形成，主要源于以下两方面。

（1）儿童在成长过程中所接受的"教育权威"。

（2）由于社会分工不同和知识技能的差异所导致的"专业权威"。

事实上，权威也会犯错误，如过去有许多科学家都曾预言飞机不能上天，从当今的情况来看，这些预言显然是错误的。

2. 从众型

从众型思维定式是指人们在思维过程中，没有或不敢坚持自己的主见，总是顺从绝大部分人的意志。这是一种普遍存在的心理现象。

要想打破从众型思维定式，人们就需要在思维过程中不盲目跟随别人的观点，并具备一定的抗压能力，有独立的思维意识。

3. 经验型

经验型思维定式是指人们在实践中获得的主观体验和感受，是人们对个别事物的表象或外部联系的感性认识。经验会使人形成思维定式，在某种情况下会阻碍问题的解决，如"刻舟求剑"这个典型例子。

4. 书本型

书本型思维定式是指人们认为书本上的知识都是正确的，必须严格按照书本上说的去做，不能有任何怀疑和违背，把书本内容夸大化、绝对化。

但是，书本内容与不断变化的客观事实可能会存在一

小贴士

在大学学习中，理论知识是基础，大学生将理论知识应用于实践，可以深化对理论知识的理解，锻炼解决实际问题的能力；积极参与实践和调研，有助于培养批判性思维和创新精神，为未来投入学术研究或开启职业生涯打下坚实基础。

定的差异，盲目按照书本上的观点行事是一种将书本内容夸大化的行为，不仅不利于思维的发散，可能还会产生不好的结果。以自动驾驶技术为例，随着传感器技术、数据处理技术和人工智能算法技术的飞速发展，自动驾驶技术的实现方式和安全标准也在不断演进。如果人们仍然固执地按照几年前的书本中的方法来设计和测试自动驾驶系统，很可能无法满足当前对自动驾驶安全性和可靠性的要求，进而引发交通事故等严重后果。因此，大学生在学习书本知识时，一定要学会辩证地看待书中的观点，将理论与实践相结合，具体问题具体分析，而不要墨守成规。

2.3.3　突破思维定式的方法

每个人都有创新的禀赋，然而思维定式、思维偏见以及社会环境等因素会阻碍创新思维的产生。只有突破这些思维障碍，大学生才能充分发挥其创新潜能。

突破思维定式是指人们在思考问题时，有意识地改变思考习惯（如过往的思维模式），警惕和排除这些习惯对新设想的束缚，敢于质疑，敢于打破条条框框，敢于开发新思路，努力寻求创新。突破思维定式的方法有以下3种。

1. 培养思维独立性

要想突破思维定式，首要任务在于培养挑战既定思维模式的勇气和自信。这需要人们敢于质疑经验、权威及书本知识，对于司空见惯的现象和看似完美无缺的事物保持警觉，勇于突破陈规，锐意进取，敢于挑战旧有的习惯和传统。

权威和理论在多数情况下可以为人们提供宝贵的指导和参考，但同时也可能使人们形成难以突破的思维壁垒。从创新的角度来看，为打破这种壁垒，人们应当保持对权威和理论的质疑精神，以批判性的态度审视它们，而非盲目地追随和接受。通过质疑和批判，人们可以发现权威和理论的局限性，从而拓展思维边界，促进创新思维的发展。

2. 拓宽思维视角

"视角"就是思考问题的角度、层面或立场。在面对问题时，大部分人往往会先基于常理，从常规的角度去观察，会顺着时间顺序和空间顺序去考虑，以便快速找到问题的解决办法。但这样的思维方式很容易使人落入思维的陷阱，不主动去寻求更新、更有效的解决办法，从而难以产生创造性的成果。

为突破这种局限性，人们应当努力拓宽自己的思维视角，学会从多个角度审视问题。拓宽思维视角的方法有以下两种。

（1）改变思路。在大多数情况下，顺着想是一种常规思维方式，要想进行创新，就得有意识地改变顺着想的思路，可采用以下3种方式。

- 将常规的顺着想变为倒着想。
- 从事物的对立面出发去想。
- 改变自己的位置，即换个角度思考问题。

（2）转化问题。问题是多种多样的，但彼此之间又是相通的。因此，对于难以解决的问题，与其死盯不放，不如把问题转化一下，从而获得解决问题的新视角，可采用以下两种方式。

- 把复杂问题转化为简单问题。
- 把生疏的问题转化为熟悉的问题。

👁 **阅读材料**   **中国古典园林——自然与艺术的融合**

    在中国传统建筑中，古典园林独树一帜且有重大成就。设计师们不拘泥于传统的建筑和景观布局，将自然与艺术元素巧妙结合，在有限的空间内创造出丰富多样的景观，借助山水、建筑和植物的组合，展现出独特的艺术效果。

    这种艺术形式的独特性体现在其设计理念上。首先，古典园林设计体现了对自然与人的和谐统一的追求。通过运用自然元素如山、水、石、树等，设计师们巧妙地营造出宁静、优雅、和谐的园林氛围，打破了传统建筑与自然环境的界限。其次，古典园林设计在空间布局上追求曲折迂回、层次丰富的效果。设计师们通过运用借景、对景、障景等手法，将园林空间划分为多个层次和区域，使园林形成一个既独立又相互联系的整体。这种设计思路突破了传统建筑对空间的平面化处理，使园林空间更加立体、丰富和有趣。最后，古典园林设计还融合了多元艺术元素。设计师们从文学、绘画、音乐等艺术形式中汲取灵感，将丰富的艺术元素融入园林设计中，使园林空间成为集多种艺术元素于一体的综合艺术品。这种设计思路突破了传统园林设计的单一性和局限性，使园林设计更加丰富多彩和具有文化内涵。

✎ **点评**

    中国古典园林是一种独特而富有深意的艺术形式，它突破了传统思维的束缚，追求自然与人的和谐共生、注重空间布局和层次、融合多元艺术元素。相关设计理念和手法对现代园林设计产生了深远的影响。

3. 突破知识障碍

    虽然知识在创新中不能起主导作用，但没有知识就很难实现有价值的创新。优秀的创新成果往往都是创新者凭借已有的知识体系，并对其进行加工或重新组合后形成的。如果缺乏知识，仅凭简单的想象是很难得出有价值的方案的，自然也就无法实现创新。

    由此可见，创新必须建立在有一定知识积累的基础上，否则大概率只能是空想。突破知识障碍的有效途径就是不断地进行知识探索。在探索的过程中，对知识进行验证，获得丰富的实践经验，提升自身的创新思维能力，这样才能为创新打下坚实的基础。

2.4 创新思维的培养

    创新思维是当下每个大学生都应该具备的思维能力。总体来说，大学生培养创新思维应从激发创新潜能、主动探索未知领域、培养批判性思维和学会多维度思考4个方面着手。

2.4.1 激发创新潜能

激发创新潜能是培养创新思维的前提。在"互联网+"时代，大学生可以从以下4个方面来锻炼自己，以获取更多的创新灵感。

1. 保持对新技术和新趋势的敏感度

大学生应当保持对新技术和新趋势的敏感度。例如，定期浏览权威科技新闻网站和行业网站等，紧跟"互联网+"时代的步伐，了解最新的技术和趋势。这些新技术和新趋势不仅将重塑各行各业的面貌，也将给大学生的未来职业发展带来无限可能。

同时，大学生还可以积极参与线上或线下的技术讲座、研讨会和展览，与业界专家面对面交流，深入了解他们的见解和观点，激发个人的潜能和创造力。

2. 利用互联网资源进行自我学习

对大学生而言，互联网是进行自我学习、拓宽视野的宝贵工具。大学生可以利用在线课程平台（如"中国高校外语慕课平台"），根据自己的兴趣和职业规划，选择并学习感兴趣的课程，从而不断积累新的知识和技能。此外，大学生还可以通过观看创新领域的讲座和访谈，紧跟时代步伐，激发自己的创新思维。这些讲座和访谈中，业界专家、学者或成功人士会分享他们的见解和经验，这为大学生提供了宝贵的学习机会和创新灵感来源。

3. 投身实践项目

大学生应当积极投身实践项目，无论是参与项目的开发还是主导项目的运作，都能有效锻炼创新能力和问题解决能力。通过实践操作，大学生能够亲身体验到将知识转化为生产力的过程，从而更加深入地理解所学内容。

4. 案例分析

分析成功的创新案例对于大学生而言也同样重要，这些成功案例往往蕴含一些创新思维和方法。通过深入剖析这些案例，大学生可以从中汲取灵感，也可以尝试将这些创新思维和方法应用到自己的项目中，不断探索和创新，为自己的项目注入新的活力。

2.4.2 主动探索未知领域

主动探索未知领域是培养创新思维的关键。在快速变化的世界中，局限于单一学科的知识体系往往难以应对复杂多变的挑战。通过跨学科学习，大学生能够接触不同的思维方式、理论框架和解决问题的方法，从而拓宽视野，激发创新思维。例如，大学生可以利用学校提供的课程资源，选修与自己专业不符但感兴趣的课程。通过学习这些课程，大学生可以了解不同领域的知识体系和思维方式。

另外，除了进行课堂学习，大学生还可以利用图书馆、在线学习网站等渠道学习跨学科的知识。这些书可以是经典著作、专业期刊或科普读物等，大学生通过阅读它们可以了解不同领域的研究成果和发展趋势。

2.4.3　培养批判性思维

批判性思维是创新思维的重要组成部分。它要求大学生在面对信息时保持独立思考和理性判断，不盲目接受他人的观点或结论，而是通过分析和评估来形成自己的判断。这种思维方式有助于大学生发现问题、分析问题和解决问题，从而推动创新。

2.4.4　学会多维度思考

多维度思考即不局限于某个方面，而是从尽可能多的方面去思考同一个问题。由于每一种思维方式在面对不同的创新环境时，所发挥的作用并不一致，因此创新者要学会综合运用多种思维方式来观察事物、思考问题，基于多种思维起点，寻找多种思维方向，运用多种逻辑规则及评价标准，得出多种思维结果。

这种多维度的思维模式不仅有助于提升创新效果，还能够确保在面对复杂问题时，创新者能够全面而准确地把握问题的本质，从而制定出更为有效的解决方案。

2.5　本章练习

1．创新思维的特征有哪些？

2．常见的创新思维形式有哪些？每一种创新思维形式的特点是什么？

3．思维定式的常见类型有哪些？

4．如何才能培养大学生的创新思维？

5．充分利用发散思维，尽可能多地说出领带的用途。

6．阅读下面的题目，给出自己的答案。

（1）24人排成6列，要求每5人一列。请问应该怎么排列？

（2）现有一个升斗，其是长方体，容积是1升。现在要求只使用这个升斗，准确地量出0.5升水。请问应该怎样做？

（3）桌子上并排放的3张数字卡片组成了一个3位数——216。如果把这3张数字卡片的位置变换一下，可以组成另一个恰好能被43除尽的3位数。请问，这个新的3位数是什么？又是怎样变换数字卡片的位置的？

（4）有的游客会从帕特农神庙的古老立柱上刮下一些碎片作为纪念品带走，如何才能阻止这一行为呢？

（5）一个小镇里有4家鞋店，它们销售同样型号、同一系列的鞋子，然而，其中一家鞋店丢失的鞋子数量是其他3家平均丢失数量的3倍，为什么会出现这种情况？又应该如何解决这个问题呢？

（6）某市经常被森林火灾问题困扰，当地政府想清除城镇周围山坡上的灌木丛。但如果用螺旋桨飞机来操作，反而极易产生火花，导致火灾。这该怎么办呢？

（7）一位年轻的股票经纪人即将开始经营自己的业务，他该如何使客户相信自己？

7．思维定式在日常生活中比较常见，请同学们分小组对生活、学习中的思维定式现象进行观察、整理，并填写表2-1。

表2-1　思维定式现象分析表

分析项目	分析结论			
思维定式现象1	所属类型：□ 权威型	□ 从众型	□ 经验型	□ 书本型
	现象描述：			
	突破该思维定式的建议：			
	我的突破方法：			
思维定式现象2	所属类型：□ 权威型	□ 从众型	□ 经验型	□ 书本型
	现象描述：			
	突破该思维定式的建议：			
	我的突破方法：			

第 3 章
创新方法

引导案例

　　美团外卖作为一个在线餐饮服务平台，将传统的餐饮业与互联网技术、大数据分析及高效的物流配送网络相结合，彻底改变了人们订餐和用餐的方式。

　　美团外卖作为在线餐饮服务平台中的佼佼者，不仅搭建了一个集餐厅信息展示、在线点餐、用户评价为一体的综合线上平台，让用户能够随时随地选择餐厅并完成下单，还依托大数据成功构建智能推荐系统，根据用户的搜索历史、地理位置、口味偏好等因素，为用户推荐不同的餐厅和菜品，进一步提升用户体验。更关键的是，美团外卖构建了庞大的即时配送网络，结合先进的物流调度算法，确保外卖能在短时间内准确送达，解决了餐饮配送"最后一公里"的问题。

　　此外，餐厅也能通过美团外卖提供的数字化运营管理系统，高效完成订单处理、库存管理、用户反馈收集等工作，提高经营效率。这一创新模式不仅为用户提供了前所未有的便利，也为餐饮商家带来新的销售渠道和收入来源，并带动外卖骑手这一新兴职业群体的发展，成为互联网技术与传统行业深度融合的典范。

扫一扫

参考答案

　　讨论

1. 美团外卖使用的是哪种创新方法？
2. 常用的创新方法有哪些？应该如何灵活运用它们？

3.1　创新方法概述

　　创新方法能为人们提供解决问题的必要步骤，或者参考途径与技巧。在创新过程中，生搬硬套某一种创新方法并非良策，创新者在面对不同对象时，应根据自身的特点灵活选用创新方法，或综合应用各种技法和手段，不拘一格地进行探索和创新。

3.1.1　创新方法的含义

　　创新方法是指创新活动中带有普遍规律性的方法和技巧，是人们在科学研究、创造发明等实践活动中所采用的有效方法的总称。简单地说，创新方法就是通过研究创新过程，包括确定创新题目、提出创新设想等，从而获得创新成果的一般规律和方法。

3.1.2　创新方法的分类

　　创新方法的根本作用是根据一定的科学规律，启发

小贴士

　　应用创新方法时要因人、因地和因时制宜。大学生需要有探索精神，灵活地运用创新方法来指导创新活动。

人们的创造性思维，提升人们的创新效率。目前，人们总结出的创新方法有很多，大致可以分为图3-1所示的5种类型。

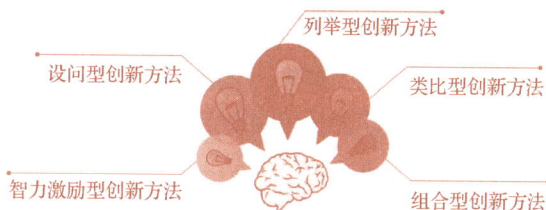

图3-1 创新方法的5种类型

1. 智力激励型创新方法

智力激励型创新方法是利用群体思维的互激效应，针对专门问题进行集体创造活动的方法。智力激励的核心是"集智"和"激智"。

● "集智"是指把众人的智慧集中起来，其基础是相信人人都有创造力。
● "激智"是指把众人的潜在智慧激发出来。

由于智力激励型创新方法有非同寻常的规定和方法技巧，所以能形成有益于激发创造力的氛围，使与会人员能够任意遐想、自由思考，在相互启发中产生更多、更新颖的创造性设想。

2. 设问型创新方法

设问型创新方法是指通过有序、有目标地提出问题，使问题具体化，进一步缩小需要探索和创新的范围，启发人们系统地思考解决问题的可能性，从而产生创新方案的一种创新方法。设问型创新方法中最为典型的方法便是奥斯本检核表法。

3. 列举型创新方法

列举型创新方法是指通过对事物特性的分析，以列举的方式把问题展开并列出其各方面的特征、特性，从而找到有助于选择和确定创造发明目标的创新方法。列举型创新方法一般可以分为希望点列举法、缺点列举法和成对列举法3种类型。

（1）希望点列举法。希望点列举法是指从人们的愿望和需要出发，通过列举希望点来形成创新目标和构思，进而产生具有价值的创造发明的一种创新方法。

（2）缺点列举法。缺点列举法是指发现已有事物的缺点，并将其一一列举出来，通过分析选择来确定创新目标并制定创新方案，从而进行发明创造的一种创新方法。缺点列举法通常适用于已有事物的创新。

（3）成对列举法。成对列举法是指把任意选择的两个事物结合起来，成对列举其特征，或者对某一范围内的事物进行一一列举，再依次成对组合，从中寻求创新设想的一种创新方法。

🎯 **小贴士**

列举型创新方法本质上是一种分析方法，它的原理是把整体分解为部分，把复杂的事物分解为简单要素，然后再分别加以研究。

👁 阅读材料　　　　　　　　　　**心系祖国，矢志创新**

李策，2012年于衡水中学考入哈尔滨工业大学英才学院电气工程及其自动化专业，2016年以专业第二名的成绩获得哈尔滨工业大学电气工程及自动化学院硕博连读推免资格。

大二那年，为实现自己军工报国的梦想，李策拜入致力于国防领域的王淑娟教授和翟国富教授夫妇门下，从事电磁超声无损检测技术的研究。在科研过程中，李策发现现有工业管道检测技术覆盖范围小、人工检测效率低，这些不足大大制约了我国工业管道检测技术的发展与应用。针对现有技术的不足，导师鼓励和支持李策开展超声导波长距离检测技术研究。

在技术受限、缺乏先例、资源紧张的情况下，李策跨越重重障碍，广泛寻求帮助，不断尝试，即使在毕业临近、实验未果的巨大压力下也不言放弃。李策坚信"他山之石，可以攻玉"，他向多位专家求助，并获得了关键启示。李策历经无数次实验，在毕业前终于取得突破性进展，研发出GW-1000长距离磁致伸缩导波检测系统。这不仅为李策带来了个人荣誉，还成功实现了技术转化，相关产品一经面市便打破了国外的垄断，迫使同类进口产品价格骤降。

大四时，为了让技术真正服务国家，李策联合师兄们创立了零声科技，致力于电磁超声无损检测技术产业化。4年多的时间里，李策带领团队获得国家专利近20项，获得中国创新创业大赛优秀企业、中国国际"互联网+"大学生创新创业大赛全国银奖等国家级、省部级奖项30余项，得到奖金与人才政策支持资金近500万元。

✎ **点评**

李策心系祖国，矢志创新，不仅善于发现现有工业管道检测技术的不足，而且克服重重困难，打破了国外的技术垄断。他用自己的实际行动诠释了"敢于创新、勇于实践"的创业精神，也为广大大学生创业者树立了榜样。李策的优秀之处还在于，他总能看到普通人容易忽视的问题和缺陷，正是这些看似微小的细节，构成他创新之路上的关键节点。

4. 类比型创新方法

类比型创新方法是指通过对不同领域、不同事物的类比，来寻找新的创新思路和解决问题的方法。例如，科学家们可能通过观察自然界中的现象或生物特性，如海鸥的翅膀弯曲能力，来开发新的技术或产品。这种方法的核心在于识别相似之处，并以此为基础进行创新性的迁移或拓展。

大学生在运用类比型创新方法发明新事物时，首先要明确已有事物的某个属性与将要发明的新事物的属性相契合，然后将已有事物的其他与该属性相关的属性运用到新事物的发明中。类比型创新方法一般可以分为直接类比、拟人类比、因果类比、对称类比及仿生类比5种类型。

（1）直接类比。直接类比是指从自然界或人工造物中寻找与创造对象的某一方面（如外形、结构、功能等）相类似的事物，并通过比较启发创造性设想。例如，鸟类的飞行原理被运用于飞机的机翼设计。

（2）拟人类比。拟人类比也称亲身类比、人格类比或自身类比。它是指创新者使自己与创造对象的某种要素达成一致，然后自我进入"角色"，发现问题，产生共鸣，从而得出更富创意的设想。

（3）因果类比。因果类比是根据已经掌握的事物的因果关系与正在接受研究或改进事物的因果关系间的相同或类似之处，去寻求创新思路的一种类比方法。借助因果类比，创新者可以由一个事物推出另一个事物，从而得出新的创新思路。

（4）对称类比。自然界中有许多物体都具有对称的特点，对称类比是创新者以两个对象属性之间的对称关系进行的类比推理，例如，英国物理学家狄拉克从描述自由电子运动的方程中，得出正负对称的两个能量解。

（5）仿生类比。仿生类比是指人们在创造活动中，借助仿生思维，将生物的某些特性运用到创新、创造中。例如，机器人是模仿人类而创造的。

5．组合型创新方法

组合型创新方法是指按照一定的技术原理、功能、目的，把现有的科学技术原理、方法、物品、现象适当组合或重新安排，从而获得具有统一整体功能的新技术、新产品、新形象的创新方法。例如，人们将橡皮与铅笔进行组合，发明了带橡皮头的铅笔。

> **◎ 小贴士**
>
> 　　组合绝非简单地罗列、机械地叠加。元素之间的组合是有一定的依据与出发点的，例如，从产生新奇效果的角度出发进行组合或从弥补功能缺陷的角度出发进行组合等。

3.2　头脑风暴法

头脑风暴法是一种通过集思广益，从不同角度找出问题的所有成因或构成要素，并创造性地解决问题的方法。如今，头脑风暴法已成为职场上比较常用的创意收集方法，它简单且有效。

3.2.1　头脑风暴法的含义

头脑风暴法，又称智力激励法、自由思考法等，通过小型会议的形式，让所有与会人员在自由愉快、畅所欲言的气氛中，自由交换想法或点子，并以此激发与会人员的创意及灵感，使各种设想在相互碰撞中激起创造性"风暴"。

头脑风暴会议可以分为两种类型：一是创意激发型，此类会议旨在汇聚广泛构想，为项目探寻多元解决方案，强调与会人员要具备丰富的想象力和顺畅沟通的技巧；二是创意验证型，此类会议旨在筛选创意并将其转化为实际操作计划，要求与会人员具有强大的总结、分析及决策能力。总之，头脑风暴法是一个横向思维的过程，其目的是找到新颖的方案来解决问题。

3.2.2 运用头脑风暴法的基本原则

为了更好地运用头脑风暴法，使思维活动真正起到互激作用，与会人员必须严格遵守运用头脑风暴法的基本原则，如图3-2所示。

| ① 自由畅想 | ② 以量求质 | ③ 见解无专利 | ④ 延迟评判 |

图3-2 运用头脑风暴法的基本原则

1．自由畅想

在会议中，与会人员需要集中注意力，就会议的中心问题各抒己见。主持人应营造自由、活跃的气氛，激发与会人员提出各种"不着边际"或"异想天开"的设想，使与会人员的思想彻底解放，这就是头脑风暴法的关键。

2．以量求质

会议中，与会人员需要提出大量的设想，无论其好坏。这样一来，产生好设想的可能性就会增大。

3．见解无专利

会议中，与会人员除了提出自己的设想，还可以鼓励其他与会人员对自己提出的设想进行补充、改进，从而产生新的设想。不要怕别人占用自己的创意，创意加上创意便可能产生新的创意。

4．延迟评判

应禁止与会人员随意评判会议中产生的各种意见、方案。会议中产生的任何想法都是有价值的，与会人员要认真对待它们，不管其是否适当和可行，否则很可能会影响他人思绪，从而导致会议失败。

3.2.3 头脑风暴法的运用思路

主持人在头脑风暴会议中要注意控制好时间和气氛，千万不要跑题。头脑风暴会议一般可以分为准备阶段、畅谈阶段和评价选择阶段。

1．准备阶段

准备阶段的工作内容主要有以下3项。

（1）明确会议需要解决的问题和与会人员的数量。

（2）确定会议的主持人和记录者。主持人要彻底掌握有关头脑风暴法的一切细节、基本原则和操作要点；记录者要认真记录，方便会后总结。

（3）与会人员要具备相关基础知识，理解该会议提倡的原则和方法。

2．畅谈阶段

畅谈阶段是头脑风暴会议的关键阶段。该阶段的主要进程为：主持人引导与会人员围绕会议主题自由发言；与会人员提出各种设想，彼此相互启发、相互补充，真正做到知无不言、言无不尽；直到与会人员都无法再提出设想时，会议结束。

3．评价选择阶段

会议结束后，主持人应将会议中产生的设想整理成若干方案，再按一定标准进行筛选，经过反复比较后，确定一到两个最优方案。

👁 **阅读材料**　　　　　　　　　　**头脑风暴催生创意**

华为作为全球知名的通信技术解决方案提供商，其手机摄影技术一直备受关注。为不断提升手机的摄影性能和用户体验，华为的研发团队采用头脑风暴法来探索新的创新方向。

在一次内部研发会议上，华为的研发团队针对手机摄影技术的未来发展方向进行讨论。会议开始时，主持人首先明确会议的目标：探索手机摄影技术的未来发展方向，并寻找可能的创新点。随后，团队成员开始积极发言，在主持人的多次引导下提出了各种创意和想法。有的团队成员提出利用AI技术来提升图像质量，如通过深度学习来识别场景并自动调整拍摄参数；有的团队成员建议增加更多的拍摄模式和功能，以满足不同用户的需求；还有的团队成员提出与相机厂商合作，共同研发更高质量的摄像头模块。在会议中，团队成员不断交流和讨论，深入剖析每个想法，并探讨其可行性和潜在风险。大家积极提出自己的观点和建议，不断碰撞出新的创意和想法。

经过几个小时的热烈讨论，华为的研发团队最终确定了几个具有潜力的创新点。在整个过程中，主持人的多次提问起到激励团队成员产生更多设想的作用。例如，如果我们考虑将华为在手机AI技术方面的领先优势与摄影技术结合，大家认为有哪些可能的应用场景？除了提升图像质量，我们是否可以从用户体验的角度出发，探索一些创新性的拍摄模式或功能？最终，华为成功地将这些创新点应用于其产品研发中，推出多款备受好评的手机。

✒ **点评**

通过集思广益、畅所欲言的方式，华为的研发团队成功地找到了创新点，与此同时，主持人还通过提问的方式来激发与会人员的创造力。由此可见，头脑风暴会议中，与会人员和主持人的选择是至关重要的。

🎯 **小贴士**

虽然头脑风暴会议鼓励自由发言，但确实要求与会人员有一定的基础知识和对议题的理解。这意味着，作为大学生需要提前做好准备，通过查阅资料或利用所学专业知识，在讨论中贡献有价值的想法。

3.3　奥斯本检核表法

奥斯本检核表法是一种典型的设问型创新方法，具有较强的启发性。在众多的创新方法中，奥斯本检核表法的效果比较理想。人们运用这种方法产生了很多优秀的创意和大量的发明创造。例如，人们运用奥斯本检核表法中"能否他用"这一检核项目发明了自行车轮胎。

3.3.1　奥斯本检核表法的含义

奥斯本检核表法是指根据需要解决的问题或创造发明的对象列出一系列提纲式问题，并形成检核表，然后逐个对这些问题进行讨论与分析，从而获得解决问题的方法或新的设想。奥斯本检核表法主要用于新产品的研制与开发。

奥斯本检核表法从9个方面进行检核，以便启迪思路、拓展思维想象的空间，促进人们产生新设想、新方案。奥斯本检核表法的具体内容如表3-1所示。

表3-1　奥斯本检核表法的具体内容

检核项目	检核内容
能否他用	现有事物有无新的用途；保持现有事物的原状能否扩大其用途；稍加改变后，现有事物有无别的用途；能否改变其现有的使用方式；等等
能否借用	有无与现有事物类似的东西；能否借用他人的经验或发明；现有的发明能否引入其他的创造性设想中；等等
能否改变	能否改变现有事物的形状、颜色、味道；是否还有其他改变的可能性；等等
能否扩大	能否增加现有事物的使用时间；能否为现有事物添加部件，延长它的使用寿命，提升它的性能；能否扩大现有事物的使用范围；等等
能否缩小	能否将现有事物微型化；能否将其缩短、变窄、分割、减轻；能否将其进一步细分；能否将其变成流线型；等等
能否代用	能否用别的东西代替；能否使用别的材料、零件、工艺、能源；等等
能否调整	能否变换先后顺序；内部元件能否互换；能否变换模式、操作工序、因果关系、工作规范、速度和频率；等等
能否颠倒	能否颠倒现有事物的正负、里外、上下、主次、因果；等等
能否组合	能否将各种想法进行综合；能否进行材料组合、部件组合、功能组合；等等

🎯　**小贴士**

应用奥斯本检核表法的过程是一种强制性思考的过程，有利于人们突破不愿提问的心理障碍。很多时候，提问本身就是在进行创造。

下面将介绍运用奥斯本检核表法对手电筒进行改进的创造性设想，如表3-2所示。

表3-2　运用奥斯本检核表法改进手电筒

检核项目	检核内容
能否他用	其他用途：信号灯、装饰灯等
能否借用	增加功能：加大反光罩、增加灯泡的亮度
能否改变	改变：改变灯罩的样式、用彩色电珠等
能否扩大	延长使用寿命：使用节电、降压开关
能否缩小	缩小体积：5号电池→7号电池→8号电池→纽扣电池
能否代用	代替：用发光二极管代替电珠
能否调整	改变样式：将两节电池的排列方式由竖排变为横排
能否颠倒	反过来想：不用干电池提供电能，用太阳能发电
能否组合	与其他事物组合：与钟组合

3.3.2　奥斯本检核表法的实施步骤

奥斯本检核表法能够启发创新者提出问题和思考问题，使其思路沿着正向、侧向、逆向发散开来。奥斯本检核表法的实施步骤如图3-3所示。

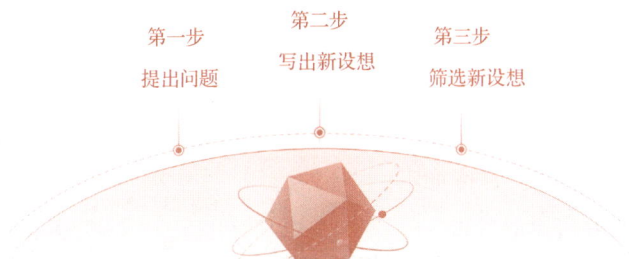

图3-3　奥斯本检核表法的实施步骤

（1）提出问题：根据创新对象明确需要解决的问题。

（2）写出新设想：参照检核表中列出的问题，运用丰富的想象力，强制性地逐个对问题进行讨论，并写出新设想。

（3）筛选新设想：对新设想进行筛选，将最有价值和创新性的设想筛选出来，并进一步思考和完善设想。

3.3.3　运用奥斯本检核表法的注意事项

运用奥斯本检核表法进行创造性设想时，应注意以下4个事项。

（1）联系实际逐条检核，不要遗漏。

（2）进行多次检核，只有经过反复检核，才更容易准确地选择需要创新的内容。

（3）检核每一个项目时，创新者要尽可能地发挥自己的想象力和联想力，产生更多的创造性设想。

（4）创新者可以根据需要安排检核方式：可以由1人检核，也可以由3～8人共同检核。共同检核可以使参与者互相激励，还可以使其同时进行头脑风暴。

> **小贴士**
>
> 大学生可以将奥斯本检核表的每一个项目视为独立的创新项目来看，不受其他项目的影响，避免思维固化或落入惯性陷阱，这样有助于挖掘更加多元和深入的创意解决方案。

3.4　属性列举法

属性列举法也称特性列举法，是一种创意思维策略方法，该方法特别适用于产品的升级换代。

3.4.1　属性列举法的含义

列举事物的所有属性，然后针对这些属性进行思考的方法就是属性列举法。属性列举法的要点是首先列举出某一事物的属性，然后就所列各项逐一思考是否有改进的必要和可能，从而促使创新方法产生。

属性列举法的优点是能保证对事物的所有方面进行研究。

3.4.2　属性列举法的实施步骤

属性列举法分4步实施，具体如下。

（1）确定一个研究对象。

（2）了解研究对象的现状，熟悉其基本结构、工作原理及使用场合，同时运用分析、分解及分类的方法对研究对象进行必要的结构分解，找出研究对象的名词属性、形容词属性及动词属性。

- 名词属性（采用名词来表达的特征）：如研究对象的结构、材料等。
- 形容词属性（采用形容词来表达的特征）：如研究对象的色泽、大小、形状等。
- 动词属性（采用动词来表达的特征）：如研究对象功能方面的特性等。

（3）从需要出发，对列出的属性进行分析、抽象，并将研究对象与其他物品进行对比，然后通过提问来启发创新思维，采用替代的方法对原属性进行替换，得到新属性。

（4）运用综合的方法将原属性与新属性进行综合，寻求功能与属性的替代方法或更新完善方法，最后提出新设想。

3.4.3　属性列举法的运用

运用属性列举法能帮助你打开思路，找到创新方法。下面将介绍运用属性列举法来设计一个烧水壶。

1. 烧水壶的名词属性

烧水壶的名词属性包括整体（烧水壶）、部分（壶嘴、壶把手、壶盖等）、制作材料（铝、铁、铜等）及制作方法（冲压、焊接、浇铸等）。根据这些名词属性，可以提出以下问题并进行分析，然后考虑改进方法。

- 壶嘴是否可以更长一些？
- 壶把手是否可以改用其他材质以免烫手？
- 烧水壶是否有更合适的制作材料？
- 烧水壶是否能够一次成型？
- 水蒸气的冒出位置是否可以改变？

2. 烧水壶的形容词属性

烧水壶的形容词属性包括性质（轻、重）、状态（高矮、大小等）、颜色（红色、白色等）、形状（圆形、椭圆形等）。根据这些形容词属性，提出下列问题并进行分析后，也可以找到许多可供改进的地方。

- 烧水壶如何改进才便于清洁？
- 烧水壶底部设计为哪种形状才更有利于吸热、传热？
- 壶身上的图案可以做哪些变化？

3. 烧水壶的动词属性

烧水壶的动词属性主要是指烧水壶的功能（烧水、储水、保温等）。通过对功能的分析，可以提出以下问题。

- 能否在壶身外增加保温材料，提升烧水壶的保温性能？
- 能否在壶嘴上加哨子，让烧水壶在水开时发出提醒声？
- 能否增加烧水壶的储水容量？

运用属性列举法列举出烧水壶的各种属性，就很容易分析出烧水壶的不足之处及相应的改善方法。

3.5　综摄法

综摄法是一种利用外部事物启发思维、开发潜在创造力的方法。综摄法的宗旨是开发人的潜在创造力。

3.5.1　综摄法的含义

综摄法是指以外部事物或已有的发明成果为媒介，并将它们分成若干要素，对其中的要素进行研究，综合利用激发出的灵感来发明新事物或解决问题的方法。

3.5.2　综摄法的基本原理

综摄法的基本原理包括变陌生为熟悉和变熟悉为陌生两个方面。

1. 变陌生为熟悉

变陌生为熟悉是设法将陌生的事物进行分解，尽可能地将其变为熟悉的事物。人本质上是保守的，会不自觉地排斥陌生的东西或概念。因此，在遇到一个完全陌生的事物或问题时，可以有意识地将它纳入一个可接受的模式中，与熟悉的事物或问题进行比较，并根据所得结果找出其相似点，把陌生的变为熟悉的，最终达到解决问题的目的。

2. 变熟悉为陌生

变熟悉为陌生是针对熟悉的事物，运用全新的方式，从新的角度观察和研究，将熟悉的变为陌生的，从而产生新的创造性设想。

> **小贴士**
>
> 综摄法的精髓是通过识别事物之间的异同，捕捉富有启发性的新思路，产生可行的创造性设想，并最终得出解决问题的方案。

3.5.3　综摄法的类比方式

综摄法是一种以类比为基础进行思考的方法，注重通过发挥非理性思维的作用，获得解决问题的方法和创意。类比是根据两个对象某些相同或相似的性质，推断它们在其他性质上的联系的一种推理形式。综摄法的类比方式主要包括以下4种。

（1）拟人类比。拟人类比指对创造对象加以"拟人化"。例如，在设计智能机器人的互动界面时，模仿人类的对话交流习惯与情绪反应，使得智能机器人能够更加自然和人性化地与用户沟通。

（2）直接类比。直接类比指借鉴自然界或现有技术中的相关实例来进行创新设计。例如，蝙蝠的回声定位系统直接启发了雷达的发明，两者都是通过发出信号并接收反射回来的信号来探测周围环境，实现在不可视条件下的精准定位与导航功能的。

（3）象征类比。象征类比指通过某种抽象概念对创造对象进行类比，赋予创造对象特殊的意义。例如，在纪念馆的设计上，可以赋予其庄严的格调。

（4）想象类比。想象类比是一种自由的类比方式，主要通过发挥想象力来获得解决问题的方案。例如，科幻作品中对未来场景的描述就是一种想象类比。

3.5.4　综摄法的应用过程

应用综摄法有助于人们发挥潜在创造力。下面以新型智能手表的设计为例来讲解综摄法的应用过程。

1. 准备阶段

准备阶段的工作内容主要有以下3项。

（1）确定会议时间和明确人员分工。

（2）确定与会人员的数量。与会人员可以是不同专业的研究人员，但必须具备一定的行业知识。

（3）选择主持人。主持人应熟悉综摄法的相关知识，如基本原理和类比方式等。

2. 实施步骤

综摄法的实施步骤分为7个，如图3-4所示。

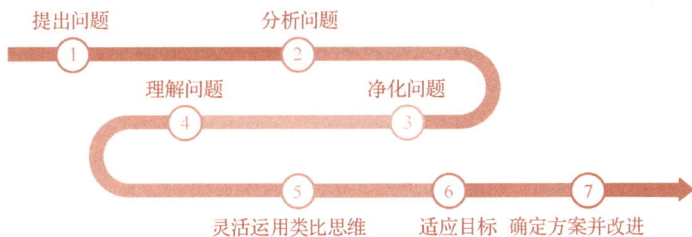

图3-4 综摄法的实施步骤

（1）提出问题：怎样设计一款具有创新功能且在外观设计上有显著突破的智能手表？

（2）分析问题：与会人员轮流发言，发表自身对问题的看法。与会人员可以从电池寿命、传感器精度、数据安全等方面进行分析。

（3）净化问题：总结所有与会人员的想法，从复杂的问题集合中提炼出最关键、最本质的问题，并提出设想：设计一款集健康监测、智能支付、社交互动等功能于一体的智能手表。

（4）理解问题：从不同角度和层面理解问题，考虑用户的心理、行为和社会文化因素，深入理解技术的可行性和限制。

（5）灵活运用类比思维：借助类比思维，从其他领域寻找灵感和解决方案。例如，将智能手表与人体进行类比，设计出符合人体工程学的产品外观和操作方式；或者参考其他成功的智能设备，借鉴其功能和设计特点，如智能手机的触摸屏、智能家具的语音控制系统等；也可以通过赋予产品特殊的象征意义，提升产品的品牌形象和用户认同感，如将智能手表设计成时尚配饰。

（6）适应目标：把从类比中得到的启示与现实操作结合起来，从而形成一种新颖独特的创新方法，并根据智能手表的最终使用场景和目标用户群体调整和完善创新方法。

（7）确定方案并改进：基于上述步骤，确定初步的设计方案，并制作原型进行测试。收集用户反馈，不断迭代改进，直至智能手表达到最佳性能，能提供较好的用户体验。

3.6 形态分析法

形态分析法是典型的组合型创新方法。本节将从形态分析法的含义、实施步骤及应用过程3个方面介绍形态分析法。

3.6.1　形态分析法的含义

形态分析法以系统分析和综合为基础，用集合理论对研究对象的相关要素进行分解，然后重新排列、组合，得出所有可能的总体方案，最后通过评价进行选择。

形态分析法的特点是把研究对象分为一些基本组成部分，然后对每一个基本组成部分进行单独处理，分别提供各种解决问题的方案，最后形成解决整个问题的总方案。因为是通过不同的组合关系而得到若干不同方案的，所以需要通过形态分析法来分析每一个方案的可行性。

3.6.2　形态分析法的实施步骤

形态分析法的实施步骤如图3-5所示。

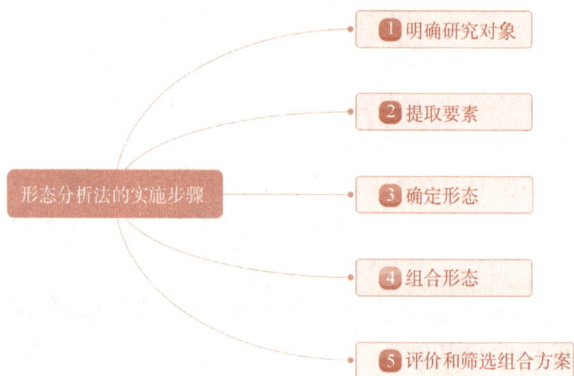

图3-5　形态分析法的实施步骤

（1）明确研究对象：明确用形态分析法所要解决的问题。

（2）提取要素：将研究对象划分为重要功能等要素，提取出研究对象的基本要素，要尽可能全面，不要遗漏关键要素。

（3）确定形态：列出每一要素可能包括的所有形态。

（4）组合形态：按照对研究对象的总体功能的要求，分别将各要素的不同形态进行组合，以获得尽可能多的组合方案。

（5）评价和筛选组合方案：对各个可行的组合方案进行分析、比较，从中选出一个最佳的组合方案。

3.6.3　形态分析法的应用过程

下面以确定拉链头的装配方案为例，讲解形态分析法的应用过程。

（1）确定研究对象为拉链头。其装配方案包含将拉片、中圈、铜马、帽盖准确与本体嵌合等工序。

（2）提取要素。确定拉链头的5个基本要素，即帽盖、本体、铜马、中圈、拉片（见图3-6），各要素在功能上是相对独立的。

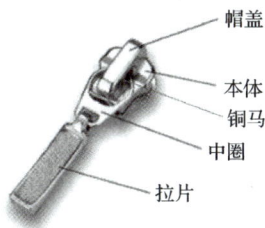

图3-6 拉链头的各要素

（3）确定形态。列出各要素的全部可能形态，经研究分析可知本体有7种可能形态，铜马有7种可能形态，中圈有6种可能形态，拉片有6种可能形态，帽盖有5种可能形态。

（4）组合形态。按照对研究对象的总体功能的要求，分别将各要素的不同形态进行组合，以获得尽可能多的组合方案。从理论上来说，可能的方案有7×7×6×6×5=8820种。将不同形态进行组合，并考虑装配可能性后，最终得出7种可能的装配方案。

（5）评价和筛选装配方案。在实际设计过程中，不仅需要考虑装配可能性，还需要根据设计的要求进一步评价和筛选上述7种装配方案，最后得出最佳装配方案。

上述形态分析法的应用过程，实质上体现了先发散再收敛的创造过程。使用该方法可以很快得到拉链头的装配方案。

3.7 本章练习

1. 你知道的创新方法有哪些？
2. 哪种创新方法适用于产品的升级换代？哪种创新方法适用于新产品的研制开发？
3. 综摄法的基本原理是什么？
4. 借助表3-3，运用奥斯本检核表法分析水龙头的改良方法，并提出改良方案。

操作要点：借助联想、发散等思维形式，将每一个检核项目都看作一个切入点，把所有的思考结果收集起来，整合成一个改良方案。

表3-3 运用奥斯本检核表法改良水龙头

检核项目	检核内容
能否他用	其他用途：
能否借用	借用功能：
能否改变	改变：
能否增加	增加功能：
能否缩小	缩小体积：
能否代用	材料替换：
能否调整	节省空间：
能否颠倒	位置颠倒：
能否组合	与其他事物组合：

5. 应用属性列举法提出折叠雨伞的改进意见。

操作要点：首先，把可以当作折叠雨伞属性的元素分别按照"名词属性""形容词属性""动词属性"3类属性——列举出来；然后，整理这些属性，并考虑是否有遗漏；最后，分析各种属性，改进折叠雨伞。折叠雨伞的属性列举如下。

● 名词属性：伞把、伞架、伞尖、伞面、弹簧、伞套、铝杆、铁架等。

● 形容词属性：圆柱形（伞把）、弯曲的（伞把）、直的（伞架）、硬的（伞架）、不发光的等。

● 动词属性：折叠、手举、打开、闭合、握、提、挂、按等。

6. 使用头脑风暴法创新手机功能。

本实训分小组进行，每小组6～10人，各小组分别选出一位主持人和一位记录者。主持人主持会议，提出"手机用户的痛点有哪些""手机哪些方面的功能需要完善""未来手机的形态是什么样的"等问题，以引导会议方向。记录者记录小组其他成员提出的创新设想。会议结束后，填写表3-4。

表3-4　头脑风暴会议记录单

项目	具体内容		
与会人员	主持人：	记录者：	其他小组成员：
会议目的			
信息搜索	手机现有功能：	数字技术发展趋势：	
会议实施	主持人提问：	其他小组成员提出设想：	
意见分析、筛选			
最终意见			

第 4 章

用 TRIZ 进行创新

🚩 引导案例

随着生活水平的提高，用户对家居清洁工具的功能性和便捷性有了更高的要求。传统拖把在使用中经常出现的问题包括：吸水性不足，导致地面难以快速干燥；难以清洁到家具底部等狭窄区域；清洗费时费力；等等。针对这些痛点，国内某家居用品公司决定采用TRIZ进行拖把的创新设计。

公司设计团队通过TRIZ中的矛盾冲突分析，精准识别到传统拖把在吸水性、清洁死角及自身清洁方面的核心矛盾。在此基础上，公司设计团队巧妙利用TRIZ这一创新：采用分割原理设计出可拆卸拖把头，使拖把便于独立清洗；利用多用性原理，设计可旋转、伸缩的手柄，极大增强清洁的灵活性；凭借预先反作用原理，选用微纤维材料，使拖把增强了吸尘能力，减少了对水分的依赖；运用动态性原理，引入旋转式清洁头，提高去污效能。同时，公司设计团队以最终理想解为导向，设想出一款无须手洗、高效拖地的智能拖把，并深入探索自动喷水与自洁功能的集成。该系列创新举措不仅有效解决了原有痛点，还促成了智能电动拖把的成功上市，显著提升了用户体验。

讨论

1. 公司设计团队想要改变传统拖把的客观原因是什么？其采用了何种创新方法？

2. TRIZ究竟能解决日常生活和工作中的哪些问题？我们该怎么应用TRIZ来解决流程问题呢？

扫一扫

参考答案

4.1　TRIZ 概述

TRIZ是俄文的缩写，译为发明问题解决理论，是苏联工程师根里奇·阿奇舒勒总结创立的一套完整的发明创新理论与方法，是目前世界上较先进、实用的发明创新理论与方法之一。TRIZ的精髓是使用有限的原理与方法，解决无限的发明问题，若问题中的一个或多个矛盾得到解决，便向一项具备发明水平的成就迈进一步。

4.1.1　TRIZ的含义

TRIZ是一套发明创新理论与方法，也是解决各类工程技术问题的工具。从表面上看，TRIZ能解决发明过程中出现的实际问题，使系统和元件不断地改进；但实际上，TRIZ是通过解决这些问题来实现创新的。TRIZ的含义可以从以下两个方面理解。

（1）从解决问题的角度看，TRIZ主要用于有效地解决发明过程中出现的实际问题。具体过程为：经过抽象化处理，将一般问题转换为TRIZ所能识别的标准问题，再利用TRIZ得到标准解，进而通过具体化分析确定问题的特解。这是一个向最终理想解逐步靠近的过程。

（2）从发明的角度看，TRIZ主要强调发明应该注重实际问题的解决，从而实现创新。

TRIZ成功地揭示出发明的内在规律和原理，着力于强调和理清技术系统中存在的矛盾，其目标是完全解决矛盾，并获得最终理想解。TRIZ是基于技术的发展演化规律来研究整个设计与开发过程的。大量的实践证明，运用TRIZ可大大加快人们发明的进程，并帮助人们生产出高质量的创新产品。

4.1.2 TRIZ的核心思想

TRIZ认为，大部分发明所包含的基本问题和矛盾是相同的，只是各自所属的技术领域不同而已。因此，可以提炼和重新组织已经发明的事物所涉及的相关知识，形成一种系统化的理论知识，以指导后来者的发明创造、创新和技术开发等工作，从而提高发明的成功率，缩短发明周期。

TRIZ的核心思想是技术系统进化原理，即将技术视为生物系统，认为其一直处于进化之中。技术之所以会不断地进步，是因为矛盾不断地被解决，技术进步的过程就是不断解决矛盾的过程。解决技术矛盾可以推动技术进步，如数字化信息存储设备的更新换代，如图4-1所示。

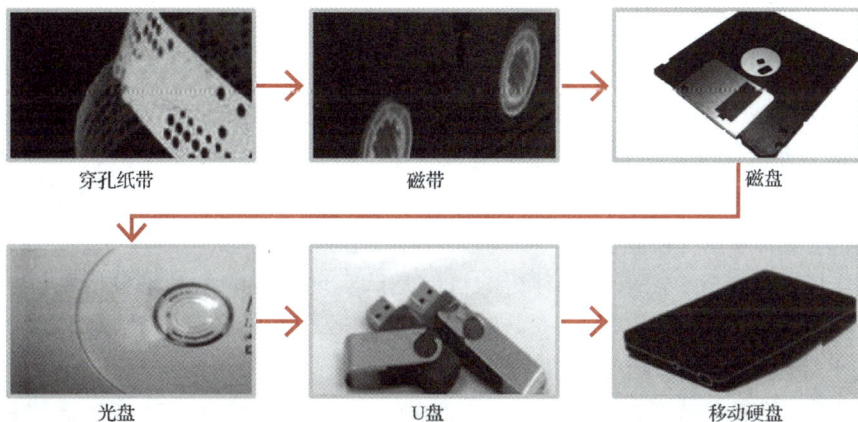

图4-1　数字化信息存储设备的更新换代

由图4-1可知，从早期的穿孔纸带、磁带，到磁盘、光盘，再到现在的U盘和移动硬盘，这些进步都得益于技术矛盾的不断解决。

4.1.3 TRIZ的结构

TRIZ作为一种创新性的发明问题解决方法，其结构包括理论基础、问题分析工具、基于知识的问题解决工具和TRIZ的解题流程4个部分，其中问题分析工具主要用于问题模型（涉及矛盾冲突、物质-场等）的建立、分析和转换，基于知识的问题解决工具（包括发明原理、标准解等）则主要用于指出解决问题的过程中系统转换的具体方式。这些部分共同作用，为创新者解决复杂问题提供系统性的指导。

1. 理论基础

TRIZ的理论基础是技术系统的进化模式，该模式包含工程技术系统进化的基本规律。理解该模式可以帮助人们形成对问题发展轨迹的总体概念，正确判断问题的发展趋势，从而增强人们解决问题的能力。

TRIZ认为，任何领域的技术产品都与生物一样，存在产生、生长、成熟、衰老和灭亡的规律。如果掌握这些规律，人们就可以分析确认当前产品的技术状态，并预测其未来发展趋势，开发出更富竞争力的新产品。

2. 问题分析工具

问题分析工具是TRIZ解决问题的重要工具，它包括矛盾冲突分析、物质-场分析、ARIZ算法分析及需求功能分析4个部分。

（1）矛盾冲突分析。TRIZ认为发明问题的核心是矛盾冲突，矛盾又分为物理矛盾和技术矛盾两种。阿奇舒勒对物理矛盾的定义是：当一个技术系统中的同一参数出现相反需求时，就会出现物理矛盾。例如，如果将炒菜时间缩短一些，食物的营养价值可能会更高，但如果时间太短，食物又难以炒熟，影响口感，这就是同一参数在时间上的矛盾。而技术矛盾是指一个技术系统中两个不同参数之间的矛盾，如很多人希望汽车的行驶速度更快，但行驶速度越快，汽车的安全性越低，这就是行驶速度和安全性这两个不同参数间的矛盾。

（2）物质-场分析。TRIZ认为，任何产品的所有功能都可以分解为两种物质和一个场，人们可以用物质-场分析来分析产品的功能。

（3）ARIZ算法分析。ARIZ是TRIZ理论中的一种主要工具，用于解决复杂的发明问题。ARIZ算法分析是一个结构化的思考过程，用于分析问题的根本原因，并引导用户逐步找到创造性的解决方案。通过ARIZ算法分析可以帮助用户定义真正的问题，探索潜在的解决方案，并最终实现创新。

（4）需求功能分析。需求功能分析的目的是从实现功能的角度来分析系统、子系统或元件。

3. 基于知识的问题解决工具

基于知识的问题解决工具主要有3种，分别为40个发明原理、76个标准解和效应知识库。这些工具是在收集、归纳人类创新经验和大量基础知识的基础上发展起来的。

（1）40个发明原理。TRIZ提供的40个发明原理，主要用于指导人们找出技术矛盾冲突的解决方案。每一种解决方案都是一个合理的建议，应用相关建议可以使技术系统产生特定的变化，从而解决技术矛盾冲突。

（2）76个标准解。TRIZ的76个标准解主要用于解决技术系统进化模式的标准问题，并建议采用哪一种系统转换方式来消除存在的问题。通常可以将76个标准解分为以下5类。

- 不改变或仅稍微改变已有系统（13个）。
- 改变已有系统（23个）。
- 进行系统的传递（6个）。

- 检查与测量（17个）。
- 简化与改进（17个）。

（3）效应知识库。效应知识库是TRIZ中最易于使用的一种工具，效应知识库中集成了化学、几何学和物理学等方面的专利和技术成果。效应知识库中不仅列出了各种效应，还列出了各种效应使用的专利和专利号。创新者若想实现某个特定功能，可以在效应知识库中选择解决问题的相应方法。例如，创新者若想解决惯性问题，就可以查找效应知识库中的物理效应指南。

4．TRIZ的解题流程

利用TRIZ解题的大致流程为：对给定的问题进行深入分析，如果发现系统存在技术矛盾，则可以用TRIZ提供的矛盾矩阵解决；如果所需解决的问题明确，但不知如何着手解决，则可运用物质-场模型和76个标准解解决，具体如图4-2所示。

> ◎ **小贴士**
>
> 基于知识的问题解决工具与问题分析工具的不同之处在于：前者指出了问题解决过程的系统转换方式；而后者主要用于改变问题的描述，即将某一个具体问题抽象为TRIZ定义范围内的问题。

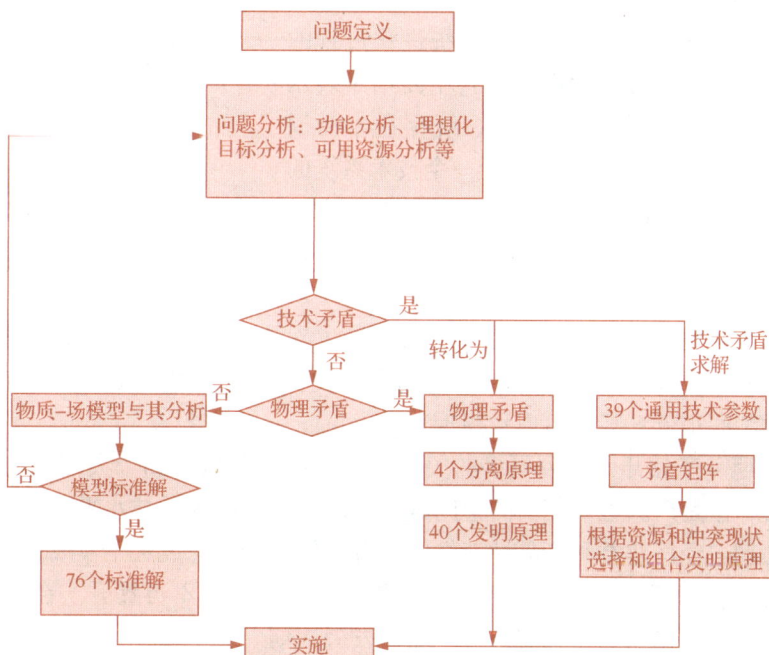

图4-2 TRIZ的解题流程

解题流程可归纳为以下4个步骤。

（1）定义问题。

（2）经过问题分析，设定最终理想解，并列出技术系统的可用资源。

（3）寻找技术矛盾，根据矛盾的具体类型寻找解决方案。

（4）将 TRIZ 的解决方案转化为实际问题的解决方案，并对方案进行理想化评价和系统特性评价。若对获得的方案满意，则实施；若不满意，则需要回到最初的问题定义阶段，再次执行整个解题流程，直到获得满意的方案。

4.2　TRIZ 的体系

TRIZ 包含许多系统、科学、可操作的创造性思维方法和发明问题的分析方法。自诞生起，经过半个多世纪的发展，TRIZ 形成了比较系统、全面的体系，该体系主要包含以下 6 个部分。

4.2.1　技术系统的 8 个进化法则

技术系统的 8 个进化法则可以应用于专利布局、市场开发和新技术研发等。技术系统的进化就是不断地用新产品替代老产品，即实现技术系统的内容从低级向高级转变的过程。

1. S 曲线进化法则

S 曲线进化法则是一种描述技术系统进化过程的通用模型，也称为 S 曲线进化模式。它主要用于表示技术系统的进化发展，并指出技术系统存在生命周期。具体来说，S 曲线进化法则描述了一个技术系统的完整生命周期，包括婴儿期、成长期、成熟期和衰退期。因此，该法则中的 S 曲线也可以看作产品性能预测曲线，如图 4-3 所示。

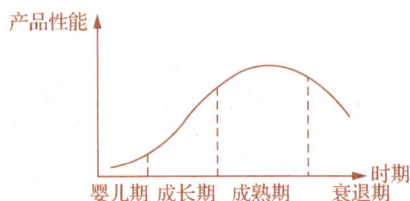

图 4-3　S 曲线

（1）婴儿期。创新者发明出新技术，且新技术对应的科技水平很高，但采用新技术的产品的性能处于低水平状态，很多问题尚未解决，并且前期投入很大，市场还未开发出来，这导致利润很低，甚至出现亏损现象。

（2）成长期。产品开始受到更多的关注，且产品性能也得到了大幅度的提升，经济效益大大改善，但是产品可供创新的空间减少，新技术对应的科技水平开始下降。

（3）成熟期。经济效益和产品性能继续提升，但提升的速度远不及成长期。

（4）衰退期。市场接近饱和，经济效益降低，产品性能不再提升。在该阶段若能实现关键技术的突破，则该产品可进入下一轮的发展周期。

2. 提高理想度法则

提高理想度法则描述了技术系统在其进化过程中趋于理想的自然倾向。其中，理想度是技术系统所有有用功能与有害功能及实现这些功能所需花费的比值。任何一个技术系统在改进的过程中，都是沿着提高理想度的方向进化的。

要想提高理想度，可以从以下 4 个方面进行考虑。

● 增加技术系统的功能。

- 利用内部或外部已存在的可利用资源。
- 传输尽可能多的功能到工作元件上。
- 将一些系统功能转移到超系统或外部环境中。

3. 子系统不均衡进化法则

子系统不均衡进化法则指出，在系统进化过程中，子系统之间会呈现不均衡的状态。这种不均衡性是系统进化的关键所在，因为它能促使系统在某些方面取得显著进步，在其他方面则保持相对稳定。任何技术系统所包含的各个子系统都不是同步的、均衡进化的。每个子系统都是沿着自身的S曲线，并根据自身的进度来进化的。因此，若某个子系统的发展速度或性能提升速度慢于其他子系统，就会造成技术系统整体功能在属性、参数方面的差异与矛盾，从而影响功能的实现。由此可见，技术系统的进化程度往往取决于最不理想的子系统。

例如，飞机设计曾经出现过专注于飞机发动机，而轻视空气动力学的问题，最终导致飞机的整体性能提升缓慢。

4. 动态性和可控性进化法则

动态性和可控性进化法则是指增加系统的动态性，使系统以更大的柔性和可移动性来实现某些功能。增加系统动态性的前提是增加其可控性。

增加系统动态性和可控性的方式有以下4种。

（1）增加移动性。该方式的技术进化过程为：固定的系统→可移动的系统→随意移动的系统。例如，电话的进化过程为：固定电话→子母机→手机。

（2）增加自由度。该方式的技术进化过程为：元动态的系统→结构上的系统可变性→微观级别的系统可变性。例如，门锁的进化过程为：挂锁→链条锁→电子锁。

（3）增加可控性。该方式的技术进化过程为：无控制的系统→直接控制→间接控制→反馈控制→自我调节控制。

（4）改变稳定度。该方式的技术进化过程为：静态固定的系统→有一个固定状态的系统→动态固定系统→多变系统。

5. 增加集成度再进行简化法则

增加集成度再进行简化法则是指技术系统先通过增加组件集成度来提升功能复杂度，后通过重新设计来简化系统结构，去除冗余部分，提高效率。例如，先集成系统功能的数量和质量，然后再用更简单的系统提供相同或更好的性能。

6. 子系统协调性进化法则

子系统协调性进化法则强调，一个系统中的各个子系统会相互协调、相互促进，以实现整个系统的整体进化。技术系统的各个子系统之间要均衡协调、彼此配合，才能充分发挥各自的功能。这种协调主要包括以下3个方面。

（1）参数协调，也就是相关参数要协调平衡。例如，一艘船在大海中行驶时，若其前后两侧或左右两侧的重量分布不均，重力参数不一致，船就很可能会倾覆。

（2）形状结构协调，即各个子系统之间应该保持相同、类似或兼容的形状。例如，鞋子要与穿着者的脚兼容，或者衣服要与穿着者的身材相协调等。

（3）材料协调，指各个子系统之间的材料要相互协调。这些材料可以具有相同属性，也可以具有不同属性，但一定要相互协调，这样产品功能才能得以实现。例如，飞机机身各部分的材料属性相同且相互协调。

7．向微观级和场的应用进化法则

向微观级和场的应用进化法则指出，在技术系统的发展过程中，存在一种趋势，即技术系统总是朝着更小的尺寸（微观级）和更大的应用范围（场的应用）的方向进化。也就是说，技术系统趋向于从宏观系统向微观系统进化。在进化过程中，技术系统使用不同的能量场来获得更佳的性能或控制性，进化路径主要有以下4种。

（1）向微观级进化的路径。

（2）进化到高效场的路径。

（3）提升场效率的路径。

（4）分割的路径。

8．减少人工介入的进化法则

减少人工介入的进化法则表明，在技术系统的进化历程中，人工操作的参与度逐渐降低，直至实现全面自动化。随着自动化和智能化技术的发展，技术系统逐渐减少对人工操作的依赖，提高了自动化程度。减少人工介入的技术进化过程为：包含人工动作→替代人工但仍保留人工动作→用机器完全替代人工。

技术系统的8个进化法则是TRIZ中解决发明问题的重要指导原则，掌握好这些进化法则可以有效提高解决问题的效率。

> **小贴士**
>
> 大学生要想熟练运用技术系统的8个进化法则，首先要掌握各法则的原理，然后结合实际问题，如识别产品改进点、预测技术发展趋势等，优化产品核心部件，整合与简化产品设计，增强产品的系统协调性与智能控制性；同时，探索新技术的应用，逐步减少对人工的依赖，不断迭代产品，使之更高效、智能。此外，大学生还可以多实践，如参加创新比赛或项目，将理论与实践结合，激发创新思维。

4.2.2　物理矛盾及解决原理

1．物理矛盾概述

物理矛盾是指为实现某种功能，一个系统或子系统应具有某种特性，但是该特性出现的同时又会产生与之相反的不利或有害后果。例如，为便于加速并降低加速时的油耗，汽车底盘应越轻越好；但为了保证行车安全，汽车底盘又应该越重越好。这种要求汽车底盘同时具有大重量和小重量的情况，对汽车底盘的设计来说就是一组物理矛盾，解决该矛盾是汽车底盘设计的关键。

实际上，物理矛盾在产品设计中是十分常见的，常见物理矛盾如表4-1所示。

表4-1　常见物理矛盾

类别	物理矛盾
几何类	长与短、对称与非对称、平行与交叉、宽与窄、水平与垂直、厚与薄
功能类	运动与静止、推与拉、软与硬、冷与热、快与慢

续表

类别	物理矛盾
能量类	黏度的高与低、时间的长与短、摩擦系数的大与小、功率的高与低
材料类	密度的大与小、导热率的高与低、温度的高与低

2. 分离原理

针对系统或子系统中存在的物理矛盾，阿奇舒勒等人提出了11种矛盾分离方法，这些方法的原理可以概括为空间分离、时间分离、条件分离、整体与部分分离。下面对这4种分离原理进行详细讲解，并介绍如何利用分离原理来解决物理矛盾。

（1）空间分离

空间分离是指将矛盾双方在不同的空间中进行分离。以下3种情况都属于空间分离的应用。

扫一扫

11种矛盾
分离方法

- 在海底测量时，将声呐探测器与船进行空间分离，用电缆拉着声呐探测器，使其与船相隔数千米，这样声呐探测器在工作时就可以与船互不干扰，从而提高测量精度。
- 利用空间分离原理，在快车道的上方建立人行天桥，这样车辆和行人就能各行其道，互不干扰。
- 施工人员用混凝土桩打桩时，会希望桩头更锋利，这样能使混凝土桩更易打入地下，但是当混凝土桩到达地下一定位置后，锋利的桩头又很难承受较重的负荷。此时施工人员可以运用空间分离原理，在桩头位置预装炸药，在混凝土桩打好后引爆炸药，将桩头炸掉。

（2）时间分离

时间分离是指将矛盾双方在不同的时间段进行分离，以降低解决问题的难度。例如，下雨时人们会希望雨伞越大越好，这样才能更好地为自己遮雨，但雨伞太大又会占用过多的空间。因此，人们利用时间分离原理设计出可折叠的雨伞，这样雨伞在下雨时可以撑开，存放时又能少占用空间。

（3）条件分离

条件分离是指将矛盾双方在不同的条件下进行分离，以降低解决问题的难度。例如，水管要使用刚性的材料，避免其因水的重量过大而变形；但水管又应该软一些，否则在冬天易被冻裂。要想两个条件都得到满足且互不冲突，设计人员应当选择弹塑性好的复合材料，使水管既可以抵御水的重量造成的变形，又难以被冻裂。

（4）整体与部分分离

整体与部分分离是指将矛盾双方在不同的系统级别上进行分离。例如，子母机将电线与母机连在一起，子机采用无线的方式来代替有线连接，即用电磁场来代替原来的机械场，从而实现子机与母机的分离。

3. 分离原理的应用

解决物理矛盾可以根据参数特性的要求选择合适的分离原理，并制定解决方案。利

用分离原理解决物理矛盾的过程可以分为以下5个步骤。

（1）明确物理矛盾。首先要明确系统中存在的物理矛盾。物理矛盾通常是由于系统的一个参数既需要满足正面的要求，又不能违背负面的要求而产生的。例如，一个物体需要足够硬以承受压力，但同时又需要足够柔软以避免断裂。

（2）识别矛盾参数。识别矛盾参数即具体识别出导致物理矛盾的关键参数。这些参数可能是物体的硬度、长度、温度等。识别出这些参数后，才能有针对性地应用分离原理。

参数1：＿＿＿＿＿＿＿＿＿＿＿＿＿＿＿＿＿＿。

参数2：＿＿＿＿＿＿＿＿＿＿＿＿＿＿＿＿＿＿。

......

（3）应用分离原理。根据所识别的矛盾参数，选择适合的分离原理。如果矛盾可以在不同的空间位置上被解决，则使用空间分离原理；如果矛盾可以在不同的时间点上被解决，则使用时间分离原理；如果矛盾可以通过改变条件被缓解，则采用条件分离原理；如果矛盾可以通过改变系统级别被解决，则使用整体与部分分离原理。

（4）设计解决方案。基于选定的分离原理，设计具体的解决方案。这一步骤需要具体设计如何实施分离原理，例如通过重新设计产品的结构、引入新的材料或改变操作程序等方式。

（5）验证解决方案。验证提出的解决方案是否有效。这包括进行模拟测试、原型制作和实际应用测试等，以确保解决方案确实解决了最初的物理矛盾，并且没有引入新的问题。

👁 **阅读材料**　　　　　　　　　**智慧停车系统**

在人口密集、车辆众多的大城市中，停车难是一个普遍存在的问题，尤其在商业区、办公区和居住区。传统停车场往往在停车高峰期面临车位紧张、排队等待时间长的情况。

智慧停车系统通过数字化管理，实现车位资源的最优分配。智慧停车系统能够实时显示各个停车场的空闲车位情况，引导车主前往距离最近且有空闲车位的停车场，有效分散停车需求，避免单一区域的过度拥挤。此外，智慧停车系统可以通过灵活的计费策略和预约机制实现时间上的分流。例如，针对不同时段设置差异化的停车费用，高峰时段收费较高，非高峰时段则提供优惠，鼓励车主在非高峰时段停车，或者提前在线预约车位，错峰停车。同时，智慧停车系统还支持长时间停车预约，如上班族可以预约一整天的车位，确保每天都有固定的停车位置，避免高峰时段抢位。

通过这样的综合管理，智慧停车系统不仅缓解了城市停车难的问题，提高了车位的周转率和利用率，还能减少因寻找车位造成的交通拥堵，从而提升了城市交通的整体流畅度和居民的出行体验。

> ✎ **点评**
>
> 智慧停车系统充分展示出空间分离与时间分离原理在解决复杂城市问题中的综合应用价值，体现了科技创新在提升城市管理效率和服务质量方面的作用。其中，车位资源的最优分配体现的是空间分离原理，灵活计费策略和预约机制则体现的是时间分离原理。

4.2.3 技术矛盾及解决原理

技术矛盾是指系统中两个及以上的参数之间的冲突造成的矛盾，在其中一个参数得到改善的同时，其他参数会受到不利影响。

例如，书包的体积越大，其容量就越大，其装满书之后就会因太重而对学生的身体造成不利影响；若书包的体积太小，则容量不足，无法满足学生的需求。因此，体积和学生需求两个参数之间的矛盾就是一组技术矛盾。

技术矛盾实际上就是技术参数之间的冲突，为解决这一冲突，阿奇舒勒共研究总结出39个通用技术参数。创新者可以将矛盾双方的性能用这39个通用技术参数来表示，从而将遇到的问题转换为TRIZ中的标准问题，然后通过TRIZ中的发明原理得出最终的解决方案。39个通用技术参数如表4-2所示。

扫一扫

39个通用技术
参数的含义

表4-2 39个通用技术参数

序号	名称	序号	名称
1	运动物体的重量	21	功率
2	静止物体的重量	22	能量损失
3	运动物体的长度	23	物质损失
4	静止物体的长度	24	信息损失
5	运动物体的面积	25	时间损失
6	静止物体的面积	26	物质或事物的数量
7	运动物体的体积	27	可靠性
8	静止物体的体积	28	测试精度
9	速度	29	制造精度
10	力	30	外界作用在物体上的有害因素
11	应力或压力	31	物体产生的有害因素
12	形状	32	可制造性
13	结构的稳定性	33	可操作性
14	强度	34	可维修性
15	运动物体作用时间	35	适应性及多用性
16	静止物体作用时间	36	装置的复杂性
17	温度	37	监控与测试的困难程度
18	光照度	38	自动化程度
19	运动物体的能量	39	生产率
20	静止物体的能量		

将技术矛盾转化为TRIZ中的标准问题后，如何来解决这些问题呢？阿奇舒勒在研究全世界专利的基础上提炼出TRIZ中非常重要且具有普遍用途的40个发明原理，如表4-3所示。

表4-3　40个发明原理

序号	名称	序号	名称	序号	名称
1	分割	15	动态化	29	气动与液压结构
2	抽取	16	不足或超额行动	30	柔性壳体或薄膜
3	局部质量	17	维数变化	31	多孔材料
4	不对称	18	振动	32	改变颜色
5	组合	19	周期性动作	33	同质性
6	多用性	20	有效运动的连续性	34	抛弃与修复
7	嵌套	21	紧急行动	35	参数变化
8	重量补偿	22	变害为利	36	相变
9	预先反作用	23	反馈	37	热膨胀
10	预先作用	24	中介物	38	加速强氧化
11	预补偿（事先防范）	25	自服务	39	惰性环境
12	等势性	26	复制	40	复合材料
13	逆向思维	27	廉价替代品		
14	曲面化	28	机械系统的替代		

下面将简单介绍一些生活中经常应用到的发明原理。

（1）分割原理。分割原理是指将物体分成相互独立的几个部分，或者将物体分成容易组装和可拆卸的部分。例如，将整体床改进为可折叠床。

扫一扫

40个发明原理
的含义

（2）抽取原理。抽取原理是指仅从系统中抽出必要的部分和功能，或者从系统中抽出可能产生负面影响的部分。例如，炒菜时对不容易熟的部分进行单独处理。

（3）局部质量原理。局部质量原理是指将物体的均匀结构变为不均匀的结构，或者让物体的不同部分具有不同的功能。例如，在材料表面进行涂层、热处理等，以改善其功能。

（4）不对称原理。不对称原理是指将物体的对称形式转为不对称形式。如果物体不是对称的，则提高它的不对称程度。例如，为防撞汽车的轮胎设计一个高强度的侧缘，以抵抗道路缘石的碰撞。

（5）组合原理。组合原理是指把相同的物体或完成类似操作的物体组合起来。例如，将喷水壶和熨斗合并为喷水熨斗，将分别提供冷水和热水的水龙头合并为一个水龙头。

（6）多用性原理。多用性原理是指使一个物体具备多项功能。如多功能刀和可视频电话。

（7）嵌套原理。嵌套原理是指使一个物体穿过另一个物体的空腔，即让一个物体位于另一个物体之内，而另一个物体又位于第三个物体之内，以此类推。如折叠伞的伞柄和行李箱的拉杆。

（8）重量补偿原理。重量补偿原理是指将一个物体与具有升力的另一个物体结合以抵消其重量，或使物体与介质相互作用以抵消其重量。如救生圈、氢气球。

（9）预先反作用原理。预先反作用原理是指预先给物体施加反作用，以补偿过量的或不想要的压力。例如，给汽车安装减震器以及在工程领域中应用预应力结构等。

（10）预先作用原理。预先作用原理是指在需要有某些流程或动作的时候能够提前预知相关的操作。如水开后会响的电炉和饭熟后会跳闸的电饭煲。

在识别并定义了技术系统中存在的技术矛盾以及了解了发明原理之后，接下来是将这些矛盾转化为标准的TRIZ问题。这一步骤的关键在于使用TRIZ理论中的39个通用技术参数来准确描述矛盾双方。一旦矛盾被标准化定义，就可以利用TRIZ中的矛盾矩阵来查找技术矛盾的解决方案。

1. 矛盾矩阵

矛盾矩阵是阿奇舒勒将39个通用技术参数与40个发明原理有机地联系在一起，建立起对应关系，整理成的39×39矩阵，部分矛盾矩阵如表4-4所示。

表4-4 部分矛盾矩阵

想要改善的技术参数	想要削弱的技术参数						
	运动物体的重量	静止物体的重量	运动物体的长度	静止物体的长度	运动物体的面积	静止物体的面积	运动物体的体积
运动物体的重量	+		15,8,29,34		29,17,38,34		29,2,40,28
静止物体的重量		+		10,1,29,35		35,30,13,2	
运动物体的长度	8,15,29,34		+		15,17,4		7,17,4,35
静止物体的长度		35,28,40,29		+		17,7,10,40	
运动物体的面积	2,17,29,4		14,15,18,4		+		7,14,17,4
静止物体的面积		30,2,14,18		26,7,9,39		+	
运动物体的体积	2,26,29,40		1,7,4,35		1,7,4,17		+

创新者可以根据系统中产生矛盾的两个技术参数，从矛盾矩阵中直接找出化解矛盾的发明原理，并使用这些原理来解决问题。假设创新者想要改善的技术参数是"运动物体的重量"，想要削弱的技术参数是"运动物体的长度"，那么先要在表4-4中找到这两个技术参数所在的位置，然后将这两个技术参数所在的行或列延伸，其相交的单元格就是相应解决方案的矩阵方格，里面的数字"15，8，29，34"就是解决此问题可运用的发明原理的序号。

由表4-3可知，数字8代表重量补偿原理，数字15代表动态化原理，数字29代表气动与液压结构原理，数字34代表抛弃与修复原理。运用这4个原理，结合专业知识，并利用创造性思维就可以找到解决问题的方案。

小贴士

表4-4中的数字表示发明原理的序号，通过这些序号就可以找到对应的发明原理；"+"表示想要改善的技术参数与想要削弱的技术参数之间为空集；空格则表示没有合适的发明原理来解决相关问题，当然这只是代表目前研究的局限，并不代表不能够找到可以应用的发明原理。

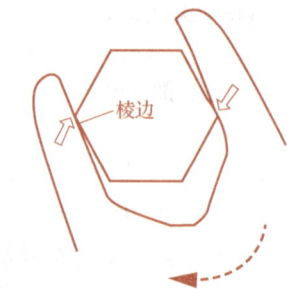

2. 解决技术矛盾

在学习了39个通用技术参数、40个发明原理和矛盾矩阵之后，下面将利用这些知识来解决实际问题。使用TRIZ解决技术矛盾时，其过程可以分为以下5个步骤，如图4-4所示。

分析问题 ➡ 确认技术矛盾 ➡ 应用矛盾矩阵 ⬇ 得出解决方法 ⬅ 查找发明原理

图4-4　使用TRIZ理论解决技术矛盾的步骤

（1）分析问题，明确可能存在的技术矛盾。

（2）针对具体问题确认一个或几个技术矛盾，并且将技术矛盾转化为技术领域的相关术语，然后在39个通用技术参数（见表4-2）中选定相应的技术参数。

（3）应用矛盾矩阵，得到矛盾矩阵所推荐的发明原理的序号。

（4）按照发明原理的序号在40个发明原理（见表4-3）中进行查找，得到发明原理的名称，并对应查找其详细内容。

（5）将所推荐的发明原理逐个应用到具体的问题上，探讨每个发明原理在具体问题上如何应用和发挥作用，得出解决方法。

如果通过这5步操作没有找到合适的解决方法，那么就需要重新定义技术矛盾和技术参数，再次应用矛盾矩阵，查找发明原理，然后得出最理想的解决方法。

下面将使用TRIZ来改进扳手，具体操作步骤如下。

（1）当人们使用扳手拧六角螺栓时，如图4-5所示，六角螺栓的棱边容易变形并易造成扳手打滑。因此，需要改变扳手开口的形状，避免其打滑。同时，尽可能缩小扳手开口和六角螺栓头的间隙。

（2）第一个技术参数是物体产生的有害因素变小，即不会压坏六角螺栓的棱边，对应39个通用技术参数中的"31——物体产生的有害因素"，可作为想要改善的技术参数。第二个技术参数是制造精度，即扳手开口与六角螺栓

图4-5　使用扳手拧六角螺栓

头之间尽可能无间隙，对应39个通用技术参数中的"29——制造精度"，可作为想要削弱的技术参数。

（3）应用矛盾矩阵查找技术参数31和29对应的单元格，单元格中的数字为"4，17，34，26"，与之对应的4个发明原理如下。

- 4——不对称原理。
- 17——维数变化原理。
- 34——抛弃与修复原理。
- 26——复制原理。

（4）经过对发明原理进行分析可知，原理26对解决本问题无效；可以运用原理4将扳手开口设计成不对称结构，同时利用原理17将一维的物体变换成二维或者三维的物体，也就是改变扳手上、下钳夹的两个平面，使其成为曲面；利用原理34去除或改造扳手上没有作用的零部件，如去除扳手在工作过程中对六角螺栓有损害的零部件。

综上所述，改进扳手的解决方案是将其上、下钳夹的两个平面变为曲面，增大扳手与六角螺栓头的接触面积，从而解决扳手存在的问题。

4.2.4 物质-场模型

物质-场模型是TRIZ中十分重要的分析工具，它是用来分析、解决与现存的技术系统或技术有关的模型类问题的工具。

阿奇舒勒认为每个技术系统都可由许多功能不同的子系统组成，而每个子系统又可以再进一步细分，直至分子、原子、质子以及电子等微观层次。无论是技术系统、子系统，还是微观层次，都具有各自独特的功能属性。物质-场模型如图4-6所示。

阿奇舒勒通过对物质-场模型的认真分析，发现并总结了物质-场模型的3条定律。

（1）所有功能都可分解为3个基本元件，即物质S_1、物质S_2和场F。

（2）将相互作用的3个基本元件进行有机组合，可以形成一个功能。

（3）一个完整的功能必须由3个基本元件组成。

其中，场F通过物质S_2作用于物质S_1，并改变物质S_1和物质S_2。物质S_1是一种需要改变、加工、发现、控制、位移、实现等的"目标"；物质S_2是实现必要作用的"工具"；场F是产生作用物的"能量或力"，用来实现两个物质间的相互作用和影响。箭头指向物质S_1表示物质S_2作用于物质S_1，并形成了场F。

例如，工人在刷墙时，是用油漆对墙面产生作用，由此形成一个有效的化学场，其物质-场模型如图4-7所示。

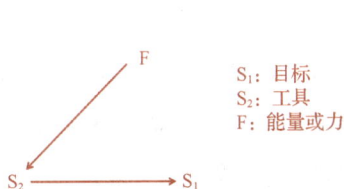

图4-6 物质-场模型   图4-7 工人刷墙的物质-场模型

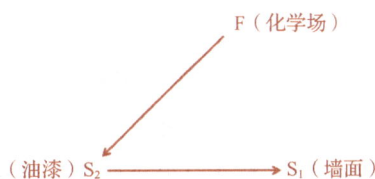

🎯 **小贴士**

物质-场模型是一种用图形表达问题的符号，不同的符号可以描述任意技术系统中不同基本元件之间所产生的期望的、不足的、有害的效应。表4-5所示为物质-场模型中不同符号的含义。

表4-5　物质-场模型中不同符号的含义

符号	含义
带箭头的直线（————————➤）	表示期望的效应
带箭头的虚线（- - - - - - - -➤）	表示不足的效应
带箭头的折线（〰〰〰〰➤）	表示有害的效应
带箭头的粗直线（━━━━━━➤）	表示改变了的模型

1．物质-场模型的模式

用物质-场模型进行产品设计时，设计者会发现有些模型并不完整或者属于有害模型，这些都是正常现象。下面将介绍4种常见的物质-场模型的模式。

（1）有效完整的系统模式。有效完整的系统模式是一种理想状态，即组成物质-场模型的3个基本元件都存在，并且都有效，该模式能实现设计者所追求的效应。

例如，用手拿水杯可以防止水杯掉落到地上，这样建立的物质-场模型就是完整的，因为水杯与手之间产生了相互作用的机械力，所以可以实现防止水杯掉落的功能，如图4-8所示。

（2）不完整的系统模式。不完整的系统模式表示组成物质-场模型的3个基本元件有所缺失，可能是缺少物质，也可能是缺少场，此时就需要增加基本元件来实现有效完整的系统功能。

例如，吸尘器与地板这两种物体是无法直接产生作用的，还缺乏必要的机械场，其物质-场模型如图4-9所示。

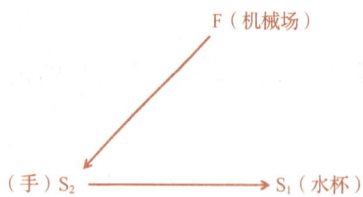

图4-8　手拿水杯的物质-场模型　　图4-9　吸尘器与地板的物质-场模型

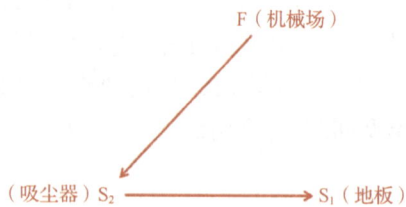

（3）非有效完整的系统模式。非有效完整的系统模式是指组成物质-场模型的3个基本元件都齐全，但是设计者追求的效应未能实现或者只实现了一部分。也就是说，在物质S_1和物质S_2都存在的前提下，场F的作用力不足，没有达到预期的目标，此时就需要对原有的物质-场模型进行改进。

例如，一辆满载货物的火车在行驶时，若只有一个火车头在拉动车厢，火车爬坡时就会比较费力，显得动力不足。这类效应不足的情况可以用图4-10所示的物质-场模型来表示。

（4）有害完整的系统模式。有害完整的系统模式是指组成物质-场模型的3个基本元件都齐全，但是会产生与设计者所追求的效应相冲突的有害效应。

例如，当地球内部运动积蓄的能量对地壳的压力超过岩层所能承受的压力限度时，岩层便会突然发生断裂或错位，能量以地震波的形式向四周传播，就形成了地震。地震释放出来的能量会对地面的建筑造成损害，这就是一种有害效应，其物质-场模型如图4-11所示。

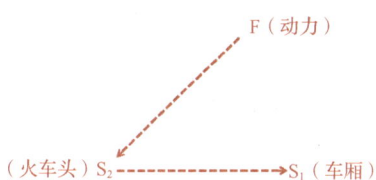

图4-10 表示效应不足的物质-场模型　图4-11 地震造成建筑损害的物质-场模型

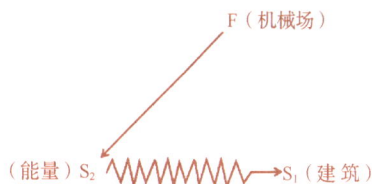

2. 物质-场模型的组建规则

物质-场模型的组建规则主要有以下5条。

（1）非物质-场系统（只包含一个基本元件）或者非完整物质-场系统（只包含两个基本元件）应该建立完整的物质-场系统。

例如，抛锚的汽车停在马路上，前来救援的拖曳车要利用机械力将其拖走。但拖曳车不能直接将机械场的作用充分传递给抛锚的汽车，这就使得物质-场模型不能运转起来。此时就需要在该模型中加入钢索将两车拴在一起，实现机械场作用的传递，增强其可控性，从而达到让模型运转的目的，如图4-12所示。

（2）把易受控的、具有所需特性的补充物引入系统，从而形成复合的物质-场模型。

例如，汽车行驶在大雪覆盖的路面上时，由于大雪导致路面的摩擦系数减小，汽车轮胎就容易打滑。此时，人们可以在汽车轮胎上增加铁链，利用铁链与地面的摩擦作用增加汽车轮胎前进的阻力，从而达到降低汽车轮胎打滑风险的目的。其物质-场模型如图4-13所示。

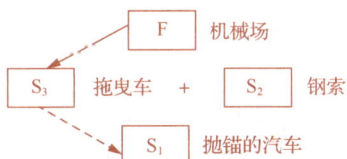

图4-12 增加新物质的物质-场模型　图4-13 增加补充物的物质-场模型

（3）如果当前系统不允许引入其他物质，则可以通过引入外部环境中的现有物质，并在外部环境中形成物质-场模型来解决问题。例如，长时间使用计算机会导致眼睛疲劳，特别是在光线不足或过强的环境中，屏幕发出的蓝光尤为有害，会使当前系统成为有害系统。此时模型组建者就要引入现有物质——房间内现有的灯光，来调整室内照明条件，使之与计算机屏幕的亮度相协调，从而让人从有害系统中脱离出来。其物质−场模型结构如图4-14所示。

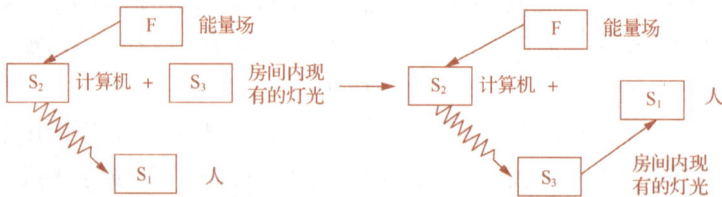

图4-14　引入现有物质的物质−场模型

（4）如果系统只需要最小的作用强度，但是现有条件又无法满足，则可以先采用大的作用强度，然后再将多余的部分去掉。例如，人们在制作陶瓷时会做出一个略大于目标产物的毛坯，再通过精细加工得到目标产物。其物质−场模型如图4-15所示。

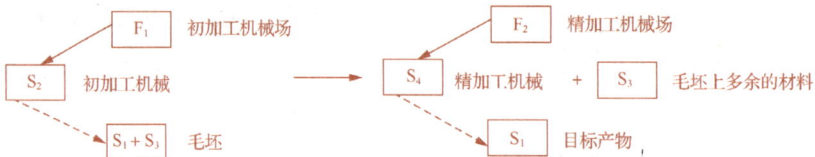

图4-15　引入另一个场来替代原来的场的物质−场模型

（5）如果系统需要达到某种物质的最大作用强度，而条件又不允许，那么可以将此作用强度作用于与之有关联的另一种物质上。例如，当笔记本电脑的内置电池电量耗尽，无法提供电力支持笔记本电脑运行时，可以采取接入外部电源线的方法，直接向笔记本电脑供应其所需的电力，从而保证笔记本电脑的正常运行。其物质−场模型如图4-16所示。

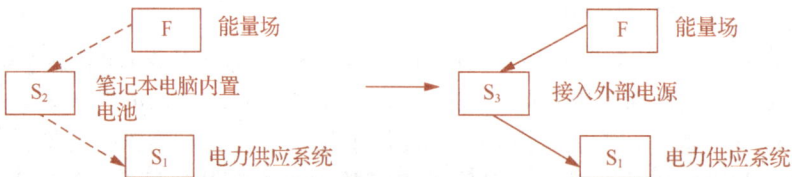

图4-16　引入另一种新物质来替代原有物质的物质−场模型

🎯 **小贴士**

　　有时，更换物质S_2后，物质与物质之间产生作用的场也会随之发生变化。如超声波碎石机（S_2）震碎人体结石（S_1）的场属于振动场（F_1），将超声波碎石机（S_2）改成能调整振动频率的超声波碎石机（S_3）后，它的场就变成了共振场（F_2）。

3．用物质−场模型的标准解解决问题的步骤

　　阿奇舒勒在对大量的物质−场模型进行分析之后，归纳出了关于物质−场模型的76个标准解。用物质−场模型标准解解决问题的步骤如图4-17所示。

图 4-17　用物质 - 场模型的标准解解决问题的步骤

（1）识别基本元件。首先要明确系统需要具备的预设功能，再根据具体的问题和环境来确定系统的 3 个基本元件。

（2）构建模型。根据 3 个基本元件构建物质 - 场模型，分析构成模型的各个基本元件之间的作用关系。

（3）选择标准解。从 76 个标准解中选择合适的标准解作为解决方案。

（4）确认最终解法。将标准解与实际情况结合起来进行分析，确定问题的最终解法。

某工厂欲对自己生产的自行车进行改进，使之更轻便。下面将利用物质 - 场模型分析自行车执行系统的改进方法，分析过程主要分为以下 4 个步骤。

（1）识别基本元件。自行车的执行系统主要由车轮、车轴和车链 3 部分组成，由此可知，物质为车轮（S_1）、车轴（S_2），场为车链转动带来的机械场（F）。

（2）构建模型。根据给出的 3 个基本元件构建图 4-18 所示的物质 - 场模型。由该模型可知，系统不缺少基本元件，但每个基本元件的作用状态都没有达到最佳。

（3）选择标准解。该物质 - 场模型是非有效完整的模型，根据 76 个标准解中的第五类标准解，可发现有"引入物质"的标准解。因此，可以在传动装置和车轮与车轴之间引入润滑油这一新物质来减少摩擦损耗，从而实现提高自行车轻便度的目的，其物质 - 场模型如图 4-19 所示。

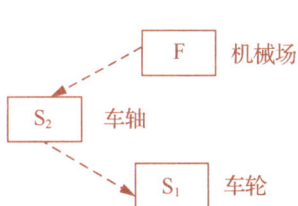

图 4-18　非有效完整的物质 - 场模型

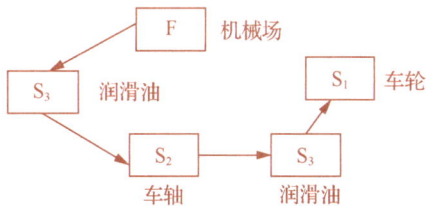

图 4-19　有效完整的物质 - 场模型

（4）确认最终解法。在实际应用该模型时，工厂设计师可以选用不同的润滑油，在选择时应综合考虑润滑效果、价格、耐久性以及添加难易程度等因素。同时还可以运用 76 个标准解中的第三类标准解，即"传递到双系统和多系统"的标准解，将运动系统的单系统变为运动系统和传递调档系统的双系统，从而达到改善自行车行驶状况的目的。

对于每一种解决方案，工厂设计师都要思考其效果和可行性，经过综合比较后选择最佳方案。

4.2.5　ARIZ

ARIZ 是 TRIZ 中一个十分有效的分析和解决问题的方法。它主要用于解决物理矛盾，以及复杂的、困难的和模糊的发明问题。ARIZ 具有易操作性、实用性、系统性等特性。

对于一些情境复杂、矛盾不明显的非标准发明问题，使用ARIZ解决会更加有效、可行。因此，ARIZ在全球创新科学研究与应用领域中占有一席之地。

在不断地演化发展后，ARIZ已经形成了较为完善的理论体系，其求解过程可以细化为9个步骤，如图4-20所示。

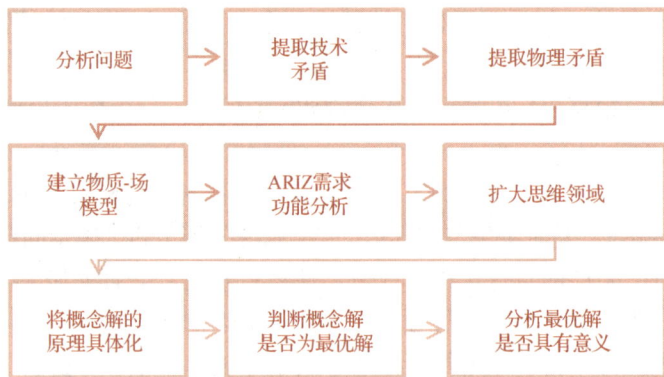

图4-20　ARIZ的求解过程

（1）分析问题。对需要解决的问题，尽量用通用和标准的术语描述，分析存在的矛盾是单一矛盾还是多重矛盾。

（2）提取技术矛盾。对照TRIZ理论提供的39个通用技术参数，把矛盾双方转化为TRIZ理论中的39个通用技术参数术语；应用矛盾矩阵，查找解决问题的发明原理，若有解，可直接转到步骤（7）。

（3）提取物理矛盾。如果要解决的问题不属于技术矛盾，可以尝试提取物理矛盾，采用4种分离原理来解决问题，若有解，可直接转到步骤（7）。

（4）建立物质–场模型。如果要解决的问题也不属于物理矛盾，可以尝试建立物质–场模型。在完善物质–场模型的同时，可以参考TRIZ理论提供的76个标准解来寻求可行解的标准方案，若有解，可直接转到步骤（7）。

（5）ARIZ需求功能分析。若问题的矛盾不明显，且建立物质–场模型也有困难，针对该情况，可以在TRIZ理论提供的效应知识库中寻找概念解的方案，并凭借个人的经验将其转化为具体的问题和具体的解决方案。

（6）扩大思维领域。若还不能解决问题，则需要进一步扩大思维领域，跳出原有的思维框架，从更广泛的角度重新审视问题。这包括但不限于跨学科思考、类比推理等，同时需要返回步骤（1）重新分析问题。

（7）将概念解的原理具体化。在这一步可能获得多个概念解，对得到的每个概念解都要考虑其可行性，并结合具体问题将概念解的原理具体化。

（8）判断概念解是否为最优解。对照技术系统的8个进化法则来判断概念解是否为最优解，只有符合进化法则的概念解才是最优解。如果得不到最优解，则需要返回步骤（1）重新分析问题。

（9）分析最优解是否具有意义。对在步骤（8）得出的结果进行等级划分，评定问题及解决办法，判断其最优解是否具有典型普遍的意义。

4.2.6 最终理想解

TRIZ引入"最终理想解"这一概念是为了进一步克服人们的思维惯性，增加解决问题可用的资源。最终理想解是指产品在创新过程中无限接近理想状态时得到的解。在一个技术系统中，确定最终理想解是解决问题的关键。

1. 最终理想解的确定

最终理想解一般可以通过思考以下5个问题确定。

（1）设计的最终目标是什么？

（2）最终理想解是什么？

（3）得到最终理想解的障碍是什么？

（4）出现这种障碍的结果是什么？

（5）不出现这种障碍的条件是什么？创造这些条件的可用资源有哪些？

2. 最终理想解的特点

与传统的创新方法（头脑风暴法）相比，TRIZ在分析研究具体问题之前就已经做了大量的准备工作，并通过设立的各种理想模型（如物质-场模型）有效降低无关因素的影响，保证问题在解决过程中沿着目标前进并获得最终理想解，提高了创新设计的效率。最终理想解有以下4个特点。

（1）保持原技术系统的优点。

（2）消除原技术系统的不足。

（3）没有使原技术系统变得更复杂。

（4）没有引入新的缺陷。

4.3 TRIZ 理论的应用

创新者要想有效应用TRIZ理论，必须先分析研究对象并将其转换为TRIZ理论中的标准问题，再运用该理论的分析工具（如技术系统的8个进化法则、物质-场模型等）进行解决。

例如，创新者需为办公人员设计一款智能水杯。办公人员对该产品的要求为：能够监测饮水量并提醒饮水，确保水温适宜，外观美观且操作方便。下面将应用TRIZ理论来设计这款智能水杯，大致流程如下。

（1）定义并分析问题：首先，明确问题的本质，即设计一款能够监测饮水量并提醒饮水、确保水温适宜、外观美观且操作方便的智能水杯。这是设计的出发点。

（2）运用技术系统的进化法则：追求最终理想解，即让智能水杯能够完全自主地满足用户需求，同时在不使用时对环境无任何负面影响；增加技术系统的动态性，设计可适应不同场景的智能模式，如根据室内外温差自动调节提醒频率，同时，增强用户对水杯功能的控制，如支持用户通过App设定个性化饮水计划。

（3）技术矛盾的识别与解决：增加水杯的智能功能可能使水杯的体积增大，这与用户对水杯外观美观的要求相冲突。可应用TRIZ理论中的分割原理，将部分智能组件（如电池）设计为可拆卸或外置形式，保持主体轻便。

（4）物理矛盾的识别与解决：透明材质有利于查看水位，但可能影响显示屏的清晰度。可应用TRIZ理论中的局部质量原理，在水杯特定区域使用半透明或智能变色材料，使水杯既能展示水位，又能清晰显示信息。

（5）确定最终理想解：设计出一款能够自动适应用户饮水习惯，精准提醒用户饮水，无须频繁充电，外观美观且操作方便的智能水杯。

（6）创新原理应用：利用分割原理将水杯的保温功能与智能监测功能通过模块化设计分开，便于维护和升级；使用中介物原理，设计水杯时引入中介物，如使用特殊涂层减少热量损失，提高保温效率；使用自服务原理，使水杯能实现自我清洁，减少维护需求。

（7）创新设计：设计一款集成小型高效传感器、低能耗处理器、可拆卸智能模块的水杯。杯身采用环保材料，结合时尚设计元素，杯底内置无线充电接收器。显示屏使用OLED技术，发光时显示信息，不发光时则不影响用户观察水位。

（8）原型制作与测试：制作原型，进行实际使用测试，收集反馈，调整设计。测试原型智能功能的准确性和优化用户体验，确保产品既实用又具有吸引力。

4.4　本章练习

1. 什么是TRIZ理论？其核心思想是什么？

2. 简述技术系统的8个进化法则。

3. 物质−场模型的3个基本元件是什么？请尝试在草稿纸上画出一个完整的物质−场模型。

4. 在使用割草机除草时，割草机总会发出较大的噪声，不仅消耗能源，而且会产生空气污染；操作时稍有不慎，飞溅的草还会伤到人。请找出这些问题的理想解决方案。

5. 壁纸很难用刀刮掉，但人们可以使用蒸汽将其去除。请根据这一描述画出其原本的物质−场模型，再画出解决方案的物质−场模型。

6. ARIZ的求解过程具体可以分为哪些步骤？

7. 简述最终理想解的含义，并说明其在创新设计中的作用。

8. 阅读以下案例，分析其中存在的矛盾并提出解决方案。

（1）训练池里的水要软，以减轻对运动员的冲击伤害；但水又必须硬，以支撑运动员的身体。假设水的软硬取决于运动员入水的速度，应如何解决该矛盾？

（2）在香皂的成型过程中，为节省成型时间，温度要低；但同时温度又要高，以使香皂变软并填满整个模具。应如何解决该矛盾？

9. 如何在汽车发生碰撞时，最大限度地保护驾驶员和乘客的安全？若安全气囊充气不足，就不能对驾驶员和乘客起到有效的保护作用；若安全气囊充气过足，则又会对驾驶员和乘客造成伤害。该如何利用分离原理解决这一矛盾呢？

10. 设计一款面向学生的智能书包，要求其能够减轻负重感、自动整理书籍，有防盗功能，同时不能过于笨重或影响学生日常活动。

问题中的主要技术矛盾是什么？

_____

如何运用TRIZ理论中的分割原理来解决书包负重感强的问题？

_____

提出至少一种利用预先反作用原理来实现防盗功能的创意。

_____

11. 冲泡茶叶时，水温过低会造成茶味偏淡、茶汤太清、茶水分离，但水温过高又会造成茶味偏重、茶汤较暗、茶香不纯。请结合本章内容，运用矛盾矩阵得出相应的解决方案。

问题描述：_____

理想的解决方向：_____

想要改善的技术参数：_____

想要削弱的技术参数：_____

矛盾矩阵推荐的发明原理：_____

最终的解决方案：_____

第 5 章

创业的前期准备

　　葛世萌，一个来自山东的青年，毕业于新疆农业大学动物科学学院畜牧学专业。在新疆这片广袤的土地上，葛世萌邂逅了马这种有灵性的动物，并与之结下不解之缘。大学4年间，葛世萌走遍马场，与马为伴，对马业产生了浓厚的兴趣。

　　求学时期，葛世萌跟随导师深入研究马的性能，面对海量的中英文文献，他不懂就问、不会就学，以坚韧不拔的毅力攻克一个又一个科研难题。在此期间，葛世萌还积极拜访马业前辈，了解行业动态，并对马业产业链有了深刻的理解。正是这些实践，激发他想要改变传统马业现状的决心，一个名为"小马快跑"的创业团队应运而生。

　　然而，创业之路并非一帆风顺。公司运营初期，葛世萌和团队面临着诸多挑战：缺乏稳定的商业合作、资金紧张、市场推广困难……但他们从未放弃过。为了争取合作项目，葛世萌和团队自掏腰包，四处奔波；为缩减开支，他们借宿朋友家，甚至借钱垫付项目保证金。这些艰辛的经历成为他们最宝贵的财富，让他们更加珍惜眼前的机会。

　　此外，在推广科学养马方法的过程中，葛世萌受到农牧民的抵触和误解。但他没有气馁，反而更加耐心地向农牧民解释说明，用实际行动证明科学养马的好处。经过不懈努力，他成功地说服了农牧民，让更多的人受益于科学养马。

　　如今，在葛世萌的带领下，"小马快跑"已经在全国范围内得到推广，更在实践中推动伊犁马品种的规范化管理，促进赛马赛事的公平与繁荣，直接提升当地马匹的经济价值，为农牧民带来实实在在的收益，为实施乡村振兴战略贡献青春智慧与力量。

扫一扫

参考答案

　　讨论
　　1. 创业者要想成功，应该具备哪些条件和能力？
　　2. 大学生毕业后就应该创业吗？大学生创业的途径有哪些？

5.1　大学生创业概述

　　随着社会发展步伐的加快和就业市场的不断变化，创业逐渐成了越来越多大学生的选择。在我国，大学生创业受到外部环境和自身因素的双重影响，其中政府的积极政策导向成为推动大学生创业的重要因素。下面就创业环境和大学生创业的意义、误区进行深入探讨。

5.1.1　创业环境分析

　　创业环境是一个复杂的系统，大学生创业者需要全面了解和把握相关环境因素，以便在创业过程中做出正确的决策和积极应对挑战。外部环境是激励大学生创业的主要原因，故下面将分析大学生创业的外部环境，包括政府扶持政策、高校扶持政策、企业扶持政策、创业孵化器和创新创业大赛等。

1. 政府扶持政策

政府扶持政策是影响创业活动的核心因素之一。良好的政策环境可以为大学生创业者提供税收优惠、资金补助、注册流程简化、创业指导服务等多方面的支持。《国务院办公厅关于进一步支持大学生创新创业的指导意见》《国务院关于进一步做好新形势下就业创业工作的意见》等文件中明确提出大学生创业帮扶政策的具体内容。

- 减税降费支持。高校毕业生在毕业年度内从事个体经营，符合规定条件的，在3年内按一定限额依次扣减其当年实际应缴纳的增值税、城市维护建设税、教育费附加、地方教育附加和个人所得税；对月销售额15万元以下的小规模纳税人免征增值税，对小微企业和个体工商户按规定减免所得税。对创业投资企业、天使投资人投资于未上市的中小高新技术企业以及种子期、初创期科技型企业的投资额，按规定抵扣所得税应纳税所得额。
- 金融政策支持。支持符合条件的高校毕业生（含大学生村官和留学回国学生）申请最高额度不超过20万元的个人创业担保贷款，原则上免除反担保。高校毕业生设立的小微企业符合条件的可申请最高额度不超过300万元，贷款期限不超过2年的创业担保贷款。对符合条件的优秀创业大学生给予每人最高不少于3万元的一次性创业补贴。

2. 高校扶持政策

高校扶持政策主要是高校对于创业者的相关扶持政策，侧重于利用高校教育资源和平台优势，为在校学生及校友创业提供便利。这涉及改革教学制度、强化创新创业实践和改进学生创业指导服务等内容。

- 改革教学制度。各高校要设置合理的创新创业学分，建立创新创业学分积累与转换制度，探索将学生开展创新实验、发表论文、获得专利和自主创业等情况折算为学分，将学生参与课题研究、项目实验等活动认定为课堂学习。为有意愿、有潜质的学生制定创新创业能力培养计划，建立创新创业档案和成绩单，客观记录并量化评价学生开展创新创业活动情况。
- 强化创新创业实践。各高校要加强专业实验室、虚拟仿真实验室、创业实验室和训练中心建设，促进实验教学平台共享。各地区、各高校科技创新资源原则上向全体在校学生开放，开放情况纳入各类研究基地、重点实验室、科技园评估标准。鼓励各地区、各高校充分利用各种资源建设大学科技园、大学生创业园、创业孵化基地和小微企业创业基地，作为创业教育实践平台，建好一批大学生校外实践教育基地、创业示范基地、科技创业实习基地和职业院校实训基地。
- 改进学生创业指导服务。各地区、各高校要建立健全学生创业指导服务专门机构，做到"机构、人员、场地、经费"四到位，对自主创业学生实行持续帮扶、全程指导、一站式服务。健全持续化信息服务制度，完善全国大学生创业服务网功能，建立地方、高校两级信息服务平台，为学生实时提供国家政策、市场动向等信息，并做好创业项目对接、知识产权交易等服务。

👁 **阅读材料**

返乡创业带领乡村振兴

　　云南省云龙县民建乡边江村被群山环绕，村民们长久以来仅依赖种植玉米维持生计。陈春伟，一位充满乡土情怀的大学生，在国家大力倡导的返乡创业浪潮中看到了机遇。他毅然辞去城里的工作，带着对家乡的深情和对政府扶持政策的详细了解，回乡创业。

　　政策的暖风轻拂，为陈春伟的理想插上翅膀。地方政府在他提出创业构想之际，便迅速构建起支持体系。得益于地方政府的引荐与县团委的协助，陈春伟顺利争取到一笔5万元的创业资金，为启动香橼种植项目奠定了基础。随后，县工业和信息化局再次施以援手，为陈春伟提供针对小微企业的专项贷款，进一步推动项目的蓬勃发展。

　　在政策的有力支持和老党员父亲陈祥兴的技术传承与精神鼓舞下，陈春伟不仅成功培育出成活率高的香橼幼苗，更见证了香橼种植规模的飞跃式扩展。地方政府采用"党建+"模式，不仅强化了组织效能，还引领周边众多家庭参与香橼种植，实现了从个体尝试到集体参与。短短数年间，数百户农民加入种植大军，香橼变身为当地的"富贵果"。陈春伟的果园规模从最初的数十亩扩展至2000余亩，年收入突破300万元，"民建香橼"的品牌知名度得以提升。

　　面对乡村振兴的新征程，面对拓宽销路、提升效益的新挑战，地方政府再度为陈春伟铺路架桥，安排他参加各级电商培训，引入电商销售的新思路和模式。如今，陈春伟信心满满，立志要将香橼产业推向更广阔的市场，探索一条绿色可持续的发展道路，让绿水青山真正成为金山银山。

✎ **点评**

　　地方政府为陈春伟返乡创业提供了资金援助，有效推动了香橼种植项目的启动；并通过安排陈春伟参加各级电商培训，助力他开拓市场，将陈春伟的香橼种植项目打造成带动乡村振兴的成功典范。由此可见，政府扶持政策对创业者成功创业起到了重要的推动作用。

　　3．企业扶持政策

　　企业扶持政策多见于大型企业或行业领军企业，旨在通过企业社会责任或开放式创新策略，支持和培育潜在的行业新星。企业扶持政策包括：设立创业加速器项目，为选定的创业团队提供资金、导师资源和市场渠道；开展技术创新挑战赛，鼓励创业者解决行业痛点；提供技术平台和服务支持，允许创业者使用企业先进的技术基础设施。为实现共赢，企业实施扶持政策时往往侧重于寻找与自身业务协同或互补的创业项目。

　　4．创业孵化器

　　创业孵化器，也被称为企业孵化器、创新中心或育成中心，是一种专门为初创企业提供必要资源和支持的机构，旨在促进初创企业的成长和发展。在创业孵化器中，创业者可以得到导师、投资人、各领域专家的指导，以加速创业进程。当创业项目逐渐成熟后，创业者会离开创业孵化器，开始在真实的市场环境中运营公司。

（1）创业孵化器的功能

创业孵化器作为一个综合性的服务平台，其功能涵盖多个方面，包括政治功能、经济功能、文化功能、科技功能和社会功能等。

- 政治功能。创业孵化器深入理解和解读国家及地方的创业政策，为初创企业提供指导，确保初创企业能够最大化地利用政策红利。同时，政府可以通过创业孵化器测试最新创业政策和激励机制，评估其促进创业的实际效果，进而优化政策措施。

- 经济功能。创业孵化器作为经济发展的催化剂，通过打造包括共享办公空间、资金对接、专业咨询等服务在内的综合性支持体系，降低初创企业的资金压力和运营成本。这不仅能加速初创企业向成熟企业转变，还能促进市场竞争，激发经济活力。此外，创业孵化器还通过组织市场推广活动、搭建销售渠道等方式，帮助初创企业扩大市场影响力，提升品牌知名度。

- 文化功能。创业孵化器致力于打造浓郁的创新创业文化氛围，通过举办创业沙龙、创新大赛等活动，激发创业者的创新精神和创业热情。同时，创业孵化器还积极与各类文化机构合作，举办文化交流活动，促进创业文化在更广泛社会层面的渗透。

- 科技功能。创业孵化器专注于搭建一个集教育机构、研发组织、企业和资本于一体的综合平台，这个平台能促进科技人才、知识和技术的流动与整合。同时，创业孵化器还积极引进和培育高新技术企业和创新团队，推动科技成果的转化和应用。

- 社会功能。创业孵化器致力于创造一个无门槛的创业环境，不限性别、种族、身体条件，所有有志于创业的人都能在创业孵化器中找到成长的机会。这种包容性和多样性促进了社会公平，增强了社会的整体韧性。在就业促进方面，创业孵化器通过孵化成功的企业和项目，创造大量的就业机会，缓解社会就业压力。此外，创业孵化器还积极履行社会责任，关注环境保护、社会公益等议题，推动社会的可持续发展。

（2）创业孵化器的类型

创业孵化器根据不同的标准和侧重点可以分为多种类型，这里根据创业孵化器提供的支持的特点将其分为托管型和策划型两种。

- 托管型创业孵化器。托管型创业孵化器为初创企业，尤其是初次创业者和高科技创业者，提供企业创立和运营的基本条件和全方位的支持。其服务内容通常涵盖办公场地租赁、创业培训、资金对接、行政管理、法律咨询等基础服务。其目的是为创业者减轻初期运营负担，让他们能够集中精力进行产品开发和市场验证。大学创业园是典型的有政府支持的托管型创业孵化器。此外，还有很多企业家、投资人为了支持创业、孵化优质的高科技及互联网项目，成立私营的托管型创业孵化器。例如，清华大学旗下的启迪之星、腾讯推出的腾讯众创空间等。

- 策划型创业孵化器。与托管型创业孵化器相比，策划型创业孵化器更多地聚焦于企业的战略规划、市场定位、品牌建设和业务发展模式的优化。它主要服务于有一定经济基础和运营经验的多次创业者或中小企业。同时，策划型创业孵化器以企业联盟的形式搭建企业资源平台，企业可共享创业孵化器的资本、咨询服务和人际关系等资源。由于策划型创业孵化器对管理团队的业务素质要求较高，因此目前国内的策划型创业孵化器数量不多，但是其孵化的项目质量高，具有较高的投资价值。

（3）常见的创业孵化园

创业孵化园是一个多元化、综合性的孵化园，可能包含不同类型的创业孵化器，每个创业孵化器都有自己的专业领域或特色。这对于怀抱梦想的大学生创业者而言尤为重要。大学生创业者熟悉并探索这些不同专业领域的创业孵化园，不仅能为自己的创业之路增添有力的指引，还能精准对接所需资源，找到最契合个人愿景和项目需求的成长摇篮。

- 国家级创业孵化园。国家级创业孵化园是由国家层面主导和支持的创业孵化平台。这类创业孵化园通常拥有更高级别的政策支持和更丰富的资源，包括财政补贴、税收优惠、人才支持等。国家级创业孵化园旨在推动全国范围内的创新创业活动，特别是高科技、新兴产业等领域的创新创业活动。国家级创业孵化园往往具备较高的孵化成功率和社会影响力，但对入园企业的筛选标准也相对较高。例如，中关村科技园是中国国家级高新技术产业开发区，也是知名的国家级创业孵化园之一。

- 企业级创业孵化园。企业级创业孵化园是由大型企业或集团主导和创建的创业孵化平台。这类创业孵化园通常围绕特定产业领域，利用自身的行业资源、市场渠道和资金实力，为初创企业提供定制的服务和指导。这类创业孵化园的优势在于能为创业项目提供更贴近市场的指导和快速验证机会，帮助初创企业迅速对接产业链上下游，加速产品或服务的市场化进程。例如，由阿里巴巴打造的企业级创业孵化园——阿里云创新中心，通过整合阿里巴巴的资源，为创业者提供丰富的商业机会和合作渠道，助力创业项目的快速成长。

- 校园级创业孵化园。校园级创业孵化园是依托高校的教育和科研资源，由高校主导和创建的创业孵化平台。这类创业孵化园通常位于高校内部或周边地区，为大学生、研究生等创业者提供场地、设备、资金等资源。校园级创业孵化园通常注重培养学生的创新精神和创业能力，为创业者提供创业培训、创业指导、创业资金等多方面的支持。校园级创业孵化园旨在培育具有创新精神和实践能力的高素质人才，为国家和社会的创新创业事业做出贡献。例如，清华大学的一个校园级创业孵化园——清华 x-lab，致力于培养学生的创新精神和创业能力。

无论是国家、企业还是高校创建的创业孵化园，都有其独特的价值定位和服务特色，旨在满足不同创业者的需求。因此，对于大学生创业者而言，识别并选择与自己的创业项目匹配的创业孵化园，是迈向成功的第一步。

扫一扫

部分校园级
创业孵化园

（4）创业孵化器的入驻流程

创业孵化器需要满足初创企业的需求，初创企业也要达到创业孵化器设定的标准。而且，每个创业孵化器都有自己的特色，初创企业要根据自己目前的需要去寻找合适的创业孵化器，然后按照创业孵化器的入驻流程办理相关事项。

创业孵化器有很多，入驻创业孵化器通常会经过如下流程。

① 提交申请

入驻创业孵化器首先需要向创业孵化器提交申请，相关材料如下。

- 入驻申请。
- 创业项目计划书。
- 已注册企业营业执照复印件。
- 团队成员或企业股东信息及身份证明材料。
- 团队负责人或企业法人代表身份证明材料。
- 企业注册资本结构及相关出资证明材料。
- 团队和企业拥有的相关资质证书及专利证书复印件。
- 团队和企业获得的各类表彰、荣誉情况及证明材料。
- 项目对环境的影响情况及拟采取的环保措施。
- 创业孵化器管理办公室规定必须提交的其他有关材料。

② 资格审核

大学生创业者提交申请后，创业孵化器管理办公室将对团队和企业的申报资格进行审核。

③ 组织评审

资格审核通过后，创业孵化器管理办公室将组织专家对入驻申请进行评审。评审通常分为计划书评审与答辩两个环节，根据评审结果，创业孵化器管理办公室经研究后确定拟入驻团队和企业名单。

④ 入围公示

创业孵化器管理办公室对拟入驻团队和企业名单进行公示。

⑤ 签约入驻

公示无异议后，拟入驻团队和企业与创业孵化器管理办公室签订入驻合同。

> **小贴士**
>
> 如果大学生创业者想要寻找并入驻创业孵化器，可以通过官方渠道查询、在线平台搜索、实地考察、参加创业活动等多种途径实现。例如，访问当地政府或商务部门、科技部门的官方网站，通常能看到当地创业孵化器的介绍，包括联系方式和入驻申请指南等。

阅读材料　路昊和上海匀逸电子科技有限公司的故事

上海有一个充满梦想与希望的地方——上海市松江区创业孵化示范基地。这里是许多年轻创业者梦想起航的地方，也是路昊和上海匀逸电子科技有限公司的故事开始的地方。

路昊，从大学时代起就怀揣着对物联网和智能硬件的热爱。他深入研究、不断实践，梦想着有一天能够将自己的技术转化为实际产品，切实为世界做出贡献。毕业后，路昊决定创业，但他的路途并非一帆风顺。资金短缺、经验不足、市场竞争激烈……这些问题像一座座大山，压得他喘不过气来。然而，就在他即将放弃的时候，他入驻了上海市松江区创业孵化示范基地。

基地不仅为路昊提供了宽敞的办公空间和半年的房租减免优惠，还为他引入了霍尼韦尔·启迪智能技术创业营的加速计划。在这里，路昊遇见了志同道合的创业者、经验丰富的导师和难得的机遇。在基地的帮助下，路昊走上创业新征程。他带领团队夜以继日地研发产品、优化技术，同时也在导师的指导下学习市场策略、融资技巧等知识。基地还为他提供了与大型企业合作的机会，让他的产品有机会在市场上亮相。

经过一段时间的努力，路昊的公司终于迎来收获的季节：凭借先进的技术和优质的服务，赢得了市场的认可；与宝钢、一汽等大型企业合作，实现了业绩的大幅提升。

作为大学生创业队伍中的先行者，路昊受松江区就业促进中心邀请，在松江大学城双创集聚区"创时代"论坛等活动中为大学生分享自己的创业经历和感悟，传递创业精神。

✎ **点评**

路昊的公司从创立到发展壮大，无不凸显上海市松江区创业孵化示范基地的催化作用和深远影响。此案例充分展示出创业孵化器在促进创新创业、加速企业成长、优化资源配置等方面的重要价值。

5. 创新创业大赛

《国务院关于进一步做好新形势下就业创业工作的意见》作为指导大学生创新创业工作的文件，明确支持举办各类创业活动，如创业训练营、创业创新大赛等，为创业者提供交流平台。在这一文件精神的推动下，各地和高校积极组织举办各类大学生创新创业大赛，包括中国国际大学生创新大赛、"挑战杯"中国大学生创业计划竞赛、全国大学生电子商务"创新、创意及创业"挑战赛、"中国创翼"创业创新大赛等。这些创新创业大赛不仅为大学生提供了实践平台，还发掘出一批优秀的创业项目，提高了它们的知名度、增加了融资机会。

5.1.2　大学生创业的意义

对大学生来说，创业是一件非常有意义的事情，有益于其人生发展。因此，越来越多的大学生选择创业。那么大学生创业的意义是什么呢？下面将从个人、社会和国家3个层面进行讲解。

（1）有利于大学生谋求生存与实现自我价值。大学生通过自主创业，可以把自己的兴趣与事业结合起来，做自己喜欢的、愿意做的事情，最大限度地实现自我价值。

（2）培养大学生艰苦奋斗的作风。在创业过程中遇到各种困难和挫折是在所难免的，这就要求创业的大学生具备顽强的意志和良好的品格，勇于承担风险，艰苦拼搏，自强自立。

（3）培养大学生的创新精神。创业有利于培养大学生勇于开拓创新的精神，帮助大学生将就业压力转化为创业动力。

（4）缓解就业压力。一个创业能力强的大学生毕业后不仅能解决自身就业问题，还能通过创建企业为社会创造新的工作岗位，有助于缓解整体就业压力。在发展新质生产力的背景下，鼓励有较高技术水平和创新能力强的大学生创业，将为高质量就业提供重要支撑。

（5）激发市场活力。在当前的社会环境下，市场对新鲜创意和灵活机制有着更高需求。大学生创业者往往不拘泥于传统模式，他们的创新思维和灵活策略能激发市场活力，促进公平竞争，加速市场新陈代谢。

（6）塑造新型劳动者形象。在新质生产力的推动下，大学生创业者成为"新型劳动者"的代表，他们不仅是就业机会的创造者，还是新生产模式和工作方式的探索者，为社会树立了积极向上、勇于创新的榜样。

（7）创新驱动发展。新质生产力强调将技术进步和创新作为经济增长的新动力，大学生群体通常具有较高的教育水平，对新技术有较高的敏感度，他们的创业活动往往聚焦于高科技、互联网、人工智能等前沿领域，有利于推动产业升级和经济结构的优化，符合国家创新驱动发展战略的要求。

5.1.3　大学生创业的误区

随着经济的不断发展，大学生创业者的人数逐年增加。然而对于刚毕业的大学生而言，创业并不是轻而易举的事情。尽管大学生创业者具备知识上的优势，但缺乏社会经验，因此容易陷入各种创业误区。

（1）单打独斗。在强调团队合作的今天，团队精神已成为创业成功的关键，投资者也更青睐那些凝聚力强、合作能力强的创业团队。因此，对于打算创业的大学生来说，相互合作，取长补短，要比单打独斗好得多。

（2）盲目选择不熟悉的行业。大学生创业者最好选择自己擅长或了解的行业，并应具备从事该行业所需的相关专业知识和技能。如果大学生创业者只顾着选择能让自己赚钱的行业，而不考虑自己是否能够从事该行业，那么创业失败的概率就会大大增加。

（3）太过于冒失与激进。一般来说，大学生创业者由于是第一次创业，难免会表现出冒失、激进的倾向，这无疑会加大创业的风险。建议大学生创业者尽量把每一步路走好，稳扎稳打，以保证创业的顺利进行。

（4）纸上谈兵。不少大学生创业者不重视产品或项目的市场调研，只进行理论上的推断。单纯的理论推断往往不切实际，可能会起到误导作用。因此，大学生创业者在创业初期一定要做好市场调研，避免纸上谈兵。

（5）眼高手低。目前，互联网等高科技行业成为大学生眼中的创业"金矿"，以至于不少大学生不愿从事服务业或技术含量较低的行业。其实，高科技创业项目由于风险非常大，比较容易失败。因此，大学生创业者不妨放平心态，深入了解市场和自身，从小事做起，从实际出发，不要眼高手低。

5.2　成为一名合格的创业者

古人云："知彼知己者，百战不殆。"这里所说的"知彼"，是指创业者要深入了解创业过程中可能涉及的各个领域，明晰自己当下所处的环境；"知己"是指创业者对自我进行认识与剖析，正确认识自己的优点和缺点。下面将对创业者的定义、特征，创业者应具备的条件和能力，以及大学生创业与自我认识等内容进行讲解。

5.2.1　创业者的定义

法国经济学家让·巴蒂斯特·萨伊首次对创业者进行了定义：创业者是在某一经济活动过程中，同时协调资源的分配、资金的使用和劳动力的雇佣的代理人。1934 年，著名经济学家约瑟夫·熊彼特提出创业者应为创新者。因此，创业者的定义中又增加了一条要求，即具备抓住市场潜在盈利机会的能力，且能通过研发、技术引进等方式将新的知识、工艺或技术引进企业。

在本书中，创业者是具有完全权利能力和行为能力的，能创办新企业，并能时刻抓住市场潜在的盈利机会，维系整个企业的运营与管理，从而使企业获取收益的领导者。

5.2.2　创业者的特征

创业的过程不仅充满艰辛、挫折、忧虑，而且需要创业者付出常人难以想象的努力。一般而言，创业者具备以下特征。

1. 富有创新精神

无论身处何种行业，光有踏实努力和积极肯干的精神是不够的。即便是传统行业，也需要创业者根据市场的变化和人们的需求情况进行及时调整，不断创新。一个没有创新意识和创新观念、不懂得带领团队创新的人是很难取得成功的。

2. 志向坚定

创业需要以一个坚定的目标为指导，而创业者则需要拥有坚定的志向。例如，狗不理包子、全聚德等知名品牌的创始人就具有工匠精神，愿意把事情做到极致，这就是创业者具有坚定志向的表现。

3. 永不言败

创业的过程就像跑一场马拉松，充满了不确定性，创业者只有排除万难才能摘取成功的果实。创业者应永不言败，这是创业者应具备的非常重要的特征之一。创业者要相信，失败并不可怕，可怕的是丧失斗志，不敢从头再来。只要创业者拥有不屈不挠、持之以恒、永不放弃的决心，就会离成功更近一步。

4. 充满自信

对大多数创业者来说，创业并不是一帆风顺的，而是充满着艰辛和坎坷。但不管怎样，创业者都必须坚持以消费者为导向，进行充分的市场调研，即使面对风险，也应有足够的信心将创业进行到底。

创业路上永不言败

董明玉，吉林大学俄语专业一名充满斗志的大学生，自大一起便展现出超越常人的创业热情。

（1）初次尝试：桌贴广告梦想的破灭

刚踏入大学校门，董明玉便开始了他的创业初体验，通过兼职积累了创业路上的第一桶金。随后，董明玉在学生会外联部的工作中敏锐地发现商机——利用校园食堂桌面作为广告媒介的桌贴广告。他迅速行动，注册成立万嘉焦点传媒公司并获得吉林大学科技园的支持。然而，尽管他有着环保、易操作的方案，但校方出于对学生创业风险及校园环境考虑，拒绝了他的提案。这次尝试以暂时搁置告终，也让董明玉深刻理解了与校方沟通的重要性，并认识到在推进项目时需要更全面地考虑各方利益和潜在风险。

（2）转型尝试：二手书市场的错失

经历了桌贴广告项目的挫败，董明玉并未停下脚步。在与志同道合的朋友苏晋文的共同努力下，他们瞄准了毕业季的二手书市场。经过充分的市场调研，一个月内，两人共花费1200元，购买了近1000册二手教材。然而等到开学，两人返校准备完善二手书网站时发现，他们收购的大部分教材都更新了版次，即使部分内容未变，装帧也有变化，大一新生为"稳妥起见"还是选择购买新书。这次失败，让董明玉明白了市场调研的复杂性和重要性，也让董明玉深刻认识到持续追踪市场动态的必要性。

点评

董明玉的创业之路充满了波折与挑战，但永不言败的精神让他即使面对失败也能迅速总结经验，调整方向。他的故事是许多大学生创业者的真实写照，展示了即便在逆境中也不轻言放弃的精神。

5. 有远见

远见是指远大的眼光。有远见是创业者应具备的特征之一。通常来说，成功的创业者似乎总能发现一些被他人忽略的市场机遇，使自己的产品、服务甚至是技术走在时代的前列，从而在市场中获得主动权。

除此之外，创业者还应该把自己的远见转化为可执行的方案，用更具说服力的方案来吸引更多的投资者和专业人员。

6. 充满激情

激情是创业者愿意不断付出的基础，是支持创业者不断向前的内在驱动力，因此激情对创业者来说是极其重要的。那么，创业者应如何保持超越常人的激情呢？

（1）自我激励。在充满艰难险阻的创业路上，要想不断前进，创业者就必须学会自我激励。如果创业者不愿自

小贴士

在创业的征途中，那些具有远见的大学生创业者往往能够敏锐地捕捉隐藏的独特机遇。通过坚持不懈的自我磨砺与能力提升，当机会来临时，此类大学生创业者相比同龄人更能有条不紊地应对挑战，抓住创业过程中的宝贵契机。

我激励，就会缺乏创业激情，很难取得成功。

（2）保持激情。很多创业者往往只有"3分钟"激情，但短暂的激情是远远不够的，创业者需要保持长久的激情。为了保持长久的激情，创业者应明确目标、制订计划、持续学习、寻求支持、调整心态、激发动力，并保持身心健康，以确保对事业的持续热爱和投入。

7. 有风险意识

创业不是靠运气，而是靠创业者的胆识和谋略。创业像一种理性的风险投资，集融资与投资于一体，因此，创业者必须有一定的风险意识。这就要求创业者做出准确、合理的判断，充分考虑自身实力及承受风险的能力，时刻关注环境的变化，以便把创业风险控制在最小范围内。

8. 善于学习

创业者应该拥有一颗善于学习的心，仅掌握书本上的知识是远远不够的。因此，在生活中，创业者应该不断地学习，保持思维的灵活性，这样才能更好地统筹大局、协调发展。

5.2.3　创业者应具备的条件和能力

创业者不仅要充满热情和自信，还必须具备相应的条件和能力，包括知识储备、资金准备、创新能力、经营管理能力等。这些条件和能力将共同助力创业者在激烈的市场竞争中立足，应对各种挑战和困难，最终实现创业梦想。

1. 创业者应具备的条件

很多创业者有创业的热情，但是由于缺乏经验、能力不足、意识偏差，他们的创业成功率明显偏低。因此，创业者创业时若想少走弯路，至少应该具备以下6个硬性条件。

（1）知识储备。创业者在创业前应全面加强知识储备，包括深入钻研与创业方向相关的专业知识，广泛涉猎市场、管理、法律等领域的通识知识，同时保持对新技术、新趋势的敏锐洞察，为创业打下坚实的理论基础。

（2）技术。用技术换取资本，这是创业者创业的特色。一些投资者正是看中创业者所掌握的先进技术，才愿意出资赞助。因此，打算在高科技领域创业的创业者，一定要重视技术创新，努力开发出拥有自主知识产权的产品，这样才能吸引更多的投资者。

（3）宏观意识。不论是国际形势还是国内政策都在不断变化，这种变化可能会带来机会，也伴随着风险。因此，创业者要培养宏观意识，学会从宏观的角度分析问题，只有这样才有利于抓住机会、避开风险。

（4）资金准备。在选择好创业项目之后，就需要考虑资金的问题了。如果缺少创业资金，再好的创意也难以转化为现实的生产力。因此，解决资金问题是创业者创业的关键。当然，创业者在尝试获取资金前，首先要明确自己需要的资金数额以及获取资金的途径等。

（5）个人魅力。创业者凭借个人魅力不仅可以凝聚人心、鼓舞士气、让员工乐意和自己一起工作，而且可以给合作伙伴留下良好的印象。创业者的个人魅力主要体现在4个方面，如图5-1所示。

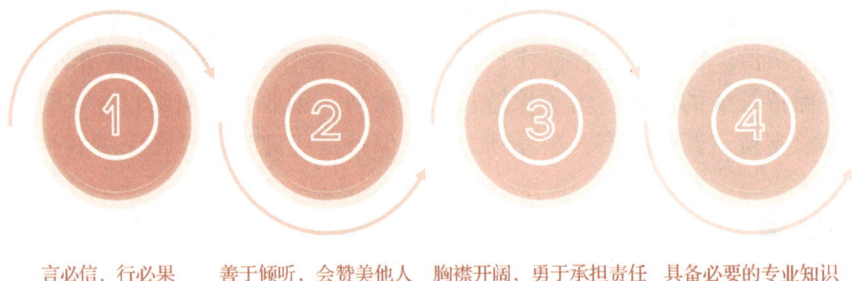

言必信，行必果　　善于倾听，会赞美他人　胸襟开阔，勇于承担责任　具备必要的专业知识

图5-1　创业者个人魅力的4个方面

（6）人际关系。人际关系是创业者获取信息和支持的重要途径，更是推动企业成长的软实力。一般来说，很少有大学生自觉地在读书期间拓展自己的交际圈。因此，大学生走向社会后，如果能在短时间内建立属于自己的人际关系，将非常有利于创业的开展。

2. 创业者应具备的能力

创业能力是一种特殊的能力，这种能力往往会影响创业活动的效率和创业成功的概率。创业能力一般包括以下4种。

（1）创新能力。创新能力是创业者应该具备的首要能力。所谓创新能力，就是无思维定式，不墨守成规，能根据客观情况的变化及时提出新目标、新方案的能力。

> **小贴士**
>
> 　　诚信乃创业之本。创业者在创业过程中，一定要诚信待人。如果创业者不讲信誉，即使其创办的企业在短期内取得了成功，也不会有长远的发展。

（2）经营管理能力。经营管理能力是指对人员、资金及企业的内部运营进行管理的能力。它涉及人员的选择、任用、组合和优化，还涉及资金的聚集、核算、分配和使用等。作为创业者，只有学会效益管理、知人善用，最大化且合理地整合资源，才能形成市场竞争优势。

（3）领导决策能力。领导决策能力是拿主意、做决断、定方向的综合性能力。要成为一个领导决策者，创业者不仅要有感召力和决策力，还要有统揽全局和明察秋毫的能力。

阅读材料　　　　　　　　　**知乎创始人周源的创业经历**

周源，中国知名问答社区知乎的创始人及首席执行官。1999年，周源考入成都理工大学计算机系，这一选择源于他对成都理工大学水上图书馆优美环境及丰富藏书的深刻印象。2003年，周源继续深造，进入东南大学软件工程专业，并最终获得硕士学位。这样的学术背景为他之后的创业之路奠定了坚实的技术基础。

毕业后，周源首先在上海从事软件工程师的工作，他从中积累了宝贵的行业经验。随后，周源转行成为一名商业杂志记者。在《IT经理世界》杂志社工作的3年时间里，周源通过撰写科技报道，深入了解科技行业发展趋势和市场需求的同时也拓宽了视野，能够从更宏观的角度审视技术和商业世界，调研分析和内容创作能力也得到提升，这些都成为周源日后创建知乎时不可或缺的软实力。

2008 年，周源开始了他的首次创业尝试，创立了"Meta 搜索"。尽管这个项目并未取得预期的成功，但它标志着周源正式踏入创业领域，展示出他勇于尝试、不畏失败的精神，也为他后续的创业之路指明了方向。

受到之前参与运营的一个群体博客 Apple4us.com 的启发，周源注意到人们对高质量信息交流的需求。2010 年，周源创立了知乎——一个旨在连接各领域专业人士与普通用户的问答平台。知乎的创立体现出周源对互联网趋势的精准把握和对知识分享价值的深刻认识。知乎起初采用邀请制，确保了内容的质量，因此逐渐吸引大量高质量用户，形成了独特的社区氛围。在周源的领导下，知乎快速成长，从一个相对小众的知识社区发展成涵盖广泛话题、拥有数亿用户的大型平台。周源注重用户体验和社区建设，不断优化算法以提升内容质量，同时引入知识付费、广告等多种商业模式，推动知乎成功进行商业化转型。

> **✏ 点评**
>
> 周源的创业经历充分展现了他作为创业者的卓越能力。周源的市场洞察力、创新能力、领导决策能力等都为知乎的发展提供了强有力的保障。同时，周源的创业经历也为广大大学生创业者提供了宝贵的启示和借鉴。

（4）交往协调能力。交往协调能力是指能够妥善地处理与公众（政府部门、新闻媒体、消费者等）之间的关系及协调员工之间关系的能力。

交往协调能力实际上是一种社会实践能力，在书本上无法学到，需要创业者在实践活动中学习，并不断积累和总结。

5.2.4　大学生创业与自我认识

在创业前，大学生创业者要进行充分的自我认识，知道自己有哪些能力以及该怎么做。

1. 我有哪些能力

"我是个什么样的人，具有什么样的能力和性格特征"是自我认识中最难的一项。大学生创业者可以通过对日常生活的观察，记录并分析自己的行为、感受和反应，以此来逐步构建对自己更为深刻的认识。只有真正了解自己的优势，客观地认识自己的不足和缺点，大学生创业者才能明确自己是否适合创业，才能在创业过程中扬长避短，充分发挥自己的才智。

👁 阅读材料　　　　　　　　　　**黄峥与拼多多**

黄峥，毕业于浙江大学，后赴美国威斯康星大学麦迪逊分校攻读计算机硕士学位。凭借技术领域的深厚积累和对市场趋势的敏锐洞察，黄峥在 2015 年创立了拼好货，它是拼多多这一个备受瞩目的电商平台的前身。

黄峥在威斯康星大学麦迪逊分校攻读计算机硕士学位期间，对算法和大数据产生了浓厚的兴趣。他深知这些技术对于电商行业的重要性，因此决定将这些技术应用到自己的创业项目中。在创立拼好货之初，黄峥就引入了先进的算法模型，对用户行为进行深度学习，实现个性化推荐，提升用户体验与产品匹配效率。大数据技术的应用，帮助平台精准预测市场需求，指导供应链管理，降低成本。

与此同时，黄峥的技术背景也让他对产品设计有着独到的见解。拼多多推出的"拼团"模式，就是技术创新与商业模式创新的完美结合。这一模式充分利用了社交媒体的传播力，通过用户自发分享形成裂变效应，迅速扩大了用户范围和市场影响力。

黄峥并没有满足于技术的成功应用。他深知，一个成功的电商平台不仅要有先进技术的支持，还需要精准的市场定位和资源整合能力。黄峥在拼多多的发展过程中，展现出卓越的商业洞察力。黄峥准确识别到中国电商市场的空白区域，即三、四线城市及农村地区的用户对于性价比高的商品的强烈需求。拼多多的出现，正好满足了这部分人群对于物美价廉商品的渴望。通过低价策略和社交网络的传播，拼多多快速渗透下沉市场。

黄峥采取了多种策略。首先，他通过低价策略吸引大量用户，让他们感受到拼多多的优势。其次，黄峥还积极与微信等社交平台合作，利用这些平台的巨大流量入口实现用户快速增长。此外，黄峥还深入供应链管理，与众多商家建立合作关系，保障产品供应，进一步巩固拼多多市场地位。在黄峥的领导下，拼多多迅速崛起并成为中国电商领域的一颗新星。

✎ **点评**

每个人都有自身的特点，只有充分了解自己的优势与特长，才有可能获得成功。黄峥的成功创业经历，充分展现了他如何利用自己的技术背景和商业智慧捕捉市场机遇、实现从零到一的飞跃。

2. 我该怎么做

在明确了自己的特点、能力之后，大学生创业者还需要制定有针对性的策略，明确自己应该怎样做才能取得创业的成功，具体可以从以下 3 个方面入手。

（1）找准目标并拉近距离。大学生创业者要想创业成功，首先要转变自己的心态，以企业家的标准来要求自己，使自己逐渐具备企业家应有的魄力、思维模式、洞察力及分析处理事务的能力。

另外，大学生创业者还应该将自己目前所达到的和将来想达到的目标进行比较，明确二者之间的差距，将差距转化为动力，并通过不断学习和积累经验慢慢缩小差距。

（2）建立良好的人际关系。人际关系代表了创业者构建的人际网络或社会网络，良好的人际关

🎯 **小贴士**

首次创业的大学生创业者还可以将自己崇拜的名人作为榜样，通过阅读他们的传记来学习其创业心态、模式等。这样不仅可以使自己在潜移默化中受到影响，还可以获得一定的启发。

系可以帮助创业者减少创业过程中的阻力。因此，人际关系是创业过程中非常重要的资源。下面将介绍大学生建立人际关系的主要途径。

- 加入学生会。在大学中，几乎每个学院都有校内特别设立的学生会。打算创业的大学生可以加入学生会，这样不仅可以锻炼自己的综合能力，还能结交一些有能力的学生和老师，从而为今后的创业打下基础。
- 参加志愿者活动。大学生可以利用课余时间多参加一些志愿者活动，这样就可以结识更多朋友，从而培养自己的人际交往能力。
- 参加竞技比赛。大学生应多参加一些校内外的竞技比赛。这是认识新朋友的大好时机，也是展现自我的机会。
- 从事兼职工作。越来越多的大学生利用寒暑假兼职，不仅可以赚取零花钱，还能早些融入社会，锻炼自己为人处世的能力，同时还可以结交到更多的朋友，充实生活。大学生从事兼职工作对其快速成长和建立人际关系是非常有利的。

（3）做好创业前的心理准备。大学生创业者在进行创业前，应该有充分的心理准备，不要因后期的压力或挫折就半途而废；要有坚定的信心，不畏惧创业过程中遇到的任何困难，用坚韧的毅力和不懈的努力来战胜各种挫折。

> **◎ 小贴士**
>
> 　　除了要积极建立人际关系，大学生还应该注重自身素质的提升。一个素质不高的人难以结交到优秀的朋友。

5.3　大学生创业的模式、途径与流程

大学生创业不仅能给自己带来锻炼的机会，还能带动整个社会的发展。因此，不论是学校还是社会都比较支持大学生创业。那么，适合大学生的创业模式有哪些？大学生创业的主要途径有哪些？大学生创业的一般流程又是怎样的？

5.3.1　适合大学生的创业模式

选择适合自己的创业模式，是创业成功的关键之一。创业模式有很多，大学生需要准确判断自身的优势和劣势，选择适合自己的创业模式，以化解创业过程中遇到的不利因素。适合大学生的创业模式主要有以下3种。

1. 小微企业

大学生创业多数属于"白手起家"，其创业是从无到有的过程。大学生可以先学习经验，积累启动资金，从小微企业做起。

选择小微企业的大学生要想成功，至少应当具备4个条件：广泛的社会关系、好的项目或产品、良好的信誉和人品、吃苦耐劳的精神。

2. 加盟创业

加盟创业是采用加盟的方式进行创业，一般方式是加盟开店。调查资料显示，在相

同的经营领域，加盟创业的成功率远高于个人创业的成功率。

加盟创业的关键是选择加盟商。因为加盟创业并不是根据自己的产品、品牌和经营模式来创业，而是借助和复制别人的产品和经营模式，所以加盟商的好坏直接决定了创业者的创业前景。一般来说，选择加盟商可以从行业和品牌等方面进行考虑。

3．网络创业

网络创业就是通过网络来进行创业，是目前较为流行的一种创业方式，主要包括网上开店与网上加盟，通常适合技术人员、大学生和上班族。

随着互联网技术的发展，网络创业门槛大大降低，越来越多的人选择以网上开店或微商加盟的方式来创业。这种方式具有前期投入少、创业成本低的特点，这也是大部分人选择网络创业的原因。进行网络创业需要注意以下3个方面。

（1）货源的选择。网上开店的目的是盈利，而寻找物美价廉的货源能帮助创业者节约成本。一般可以在创业者所在地的批发市场或批发网站上寻找货源，这两个地方货源充足，产品品种也多，可以让创业者有较大的选择余地。

（2）服务态度。不管是实体店还是网店，服务态度都是十分重要的。与实体店不同的是，网店不能和客户"面对面地交流"，因此要特别注意服务态度，不能让客户感受到不耐烦，不能怠慢客户，以免造成客户流失。

（3）物流公司的选择。货物运输是网上开店的一个重要环节，创业者要在最短时间内保证客户收到产品并且保证产品完好无损。这要求创业者找一家信誉好、价格合适的物流公司。

5.3.2　大学生创业的主要途径

大学生创业的途径多种多样，大学生可以根据个人的兴趣、专业背景和市场趋势灵活选择。以下是大学生创业的主要途径，供大家参考。

1．技术创新与产品开发

对于理工科背景的大学生来说，技术创新和产品开发是一个常见的创业方向。此类大学生可以基于自己的专业知识和技能，开发新产品或改进现有产品，以满足市场需求。例如，开发一款具有创新性功能的手机应用、设计新型电子设备或创造一种新型材料等。

2．校园代理

校园代理是一种适合大学生的创业途径，它不需要大量的初始投资和丰富的经验，允许大学生在课余时间代理销售校园内受欢迎的产品或服务。通过这种途径，大学生不仅能积累宝贵的市场推广和销售经验，还能锻炼自己的创业技能。因此，校园代理是大学生在不影响学业的前提下，为将来的创业之路打下坚实基础的有效途径。

3．电子商务与网络营销

随着互联网的普及和电子商务的快速发展，许多大学生选择从事电子商务和网络营销行业。此类大学生可以通过建立自己的在线商店、电商平台或社交媒体账号，销售产品或服务。这种途径具有较低的创业门槛和较高的灵活性，适合各种专业的大学生。

4．社群运营

随着社交媒体的兴起，社群运营成为一个热门创业方向。大学生可以利用社交媒体平台，建立和管理社群，为社群成员提供信息分享、交流互动、资源整合等服务。这类创业途径强调个人品牌和社群维护能力，比较适合喜欢社交、善于沟通的大学生。

5．咨询或培训服务

大学生可以利用自己在某一领域的专业知识和经验，提供咨询或培训服务。例如，大学生可以开设咨询公司，为中小企业提供市场分析、营销策划、人力资源等方面的咨询服务；或者开设培训机构，为学生或职场人士提供技能培训、语言培训等服务。这需要大学生在某一领域内有扎实的知识基础和良好的沟通或教学能力。

6．农业创新与农村电商

对于关注农业和农村发展的大学生来说，农业创新与农村电商是一个具有潜力的创业领域。此类大学生可以利用现代农业技术，提高农产品的产量和质量；同时，还可以借助电商平台将农产品销售到更广阔的市场。

> **小贴士**
>
> 许多大学都设有创业中心或创业孵化基地，为大学生提供创业指导和支持。想要创业的大学生可以参与或发起校园创业项目，利用学校的资源和优势，实现自己的创业梦。

5.3.3　大学生创业的一般流程

虽然创业的道路充满艰辛，但是掌握创业的一般流程可以帮助大学生减少不必要的失败。大学生创业的一般流程包括以下 5 步。

（1）选择创业项目。选择合适的创业项目是创业成功的基础。因此，必须秉持严谨的态度，结合自身的情况对行业进行细致分析，从而选择一个适合自己的创业项目。

（2）制订商业计划。经过周密思考，制订一个较为全面的商业计划。

（3）分析可行性。对将要从事的行业进行调研，分析商业计划的可行性，在条件允许的前提下，还可以邀请专业人士参与可行性论证。

（4）整合资源。寻求资金来源，组建创业团队，确定合作原则。

（5）成立企业。确定企业的类别、名称、经营范围和组织机构，准备运营企业。

5.4　大学生创业的风险分析

市场充满了风险，创业更是如此。对于大学生创业者来说，风险会一直伴随创业。因此，分析风险非常有必要。

5.4.1　大学生创业的常见风险

创业风险通常指创业者在创业中面临的风险，即由于创业环境的不确定性，创业机会与创业企业的复杂性，创业者、创业团队和创业投资者的能力与实力的有限性等，导致创业活动偏离预期目标的可能性及后果。对在经验、能力、资金等各方面都相对不足的大学生创业者来说，其所面临的创业风险主要体现在以下6个方面。

1．项目选择风险

目前，大学生创业者选择的创业项目主要集中在高科技领域和智力服务领域。此外，快餐、零售等连锁店加盟也是大学生创业者青睐的创业项目。大学生创业者在创业初期，如果忽略前期的市场调研工作，仅凭自己的兴趣和想象而不结合市场的资源状况就作出项目选择的决定，那么创业是很难成功的。

2．能力不足风险

很多大学生创业者缺乏创业必备的知识和能力，不了解创业的相关政策法规，也没有在相关企业工作的经历，所以应对市场变化的能力不足，这大大增加了创业风险。

3．对市场和竞争对手了解不足的风险

任何行业都存在竞争，任何创业团队都有竞争对手。大学生创业者应充分调研市场环境和竞争对手，了解自身的优势和劣势，明确自身的竞争力。有些看似很好的产品，消费者对其的反应却很冷淡；有些品质一般的产品却由于竞争对手不多而受到消费者追捧。由此可见，如果大学生创业者没有充分了解市场和竞争对手，就很难保证推出产品的销量，从而加大创业风险。

4．资源风险

大学生创业者相对缺乏社会生活经验，导致他们的社会资源往往较少。虽然大学生创业者可以得到老师、同学、政府以及创业机构的帮助和支持，但这些资源对于他们创办的企业的持续经营来说仍然显得不足。因此，资源的匮乏会进一步增加创业风险。

5．管理风险

多数大学生创业者缺乏企业管理方面的经验，处理不好与员工的关系，导致团队凝聚力不强，从而增加管理风险。

6．财务风险

大学生创业者的创业资金主要来源于家庭支持、银行贷款、风险投资等渠道。除家庭支持，从其他渠道获得资金都需要一定的资质和担保，这对大学生创业者而言是非常困难的。同时，大学生创业者普遍缺乏财务管理意识和专业财务知识，在财务管理上容易出问题。因此，财务风险是其创业初期的绊脚石。

5.4.2　大学生创业时的风险应对

虽然创业过程中的风险是难以预测的，但是大学生创业者仍然可以采用科学的方法，针对不同类型的风险采取不同的防范措施，尽可能降低风险。

1．应对市场变化风险

不论是企业还是企业的产品，都需要面对变化莫测的市场。面对市场的变化，大学生创业者可以采取以下措施来应对。

（1）进行有效的市场调查。只有通过有效的市场调查和分析，才能了解消费者的需求，这是保证产品有市场需求的较为可行的办法。市场调查不仅包括对项目创意的调查，

还应该贯穿产品研发和试制过程的始终。调查结果将成为可信赖的标准，切实指导产品的开发和改进。

（2）成为新领域的先锋。新技术、新产品不仅可以满足消费者的需求，还有助于发掘新的市场需求，动态地改变消费者的偏好。成为新领域的先锋，可以让大学生创业者由被动适应市场变为主动引领市场。

（3）建立踏实高效的团队。仅有好的创意、好的机会还不够，要实现新产品、新技术的研发和推广，特别是在产品进入市场后的追踪服务环节，有一个踏实高效的团队是非常重要的。因此，只有建立一个踏实肯干、善于学习且能够主动适应市场的团队，才能将新产品、新技术的营销推广真正落到实处，将企业的理念贯彻到底。

2．应对管理风险

初创企业的管理团队一般偏年轻化。由于是刚刚组建的团队，成员彼此之间缺乏默契，再加上管理经验不足，又要在短时间内完成新产品、新技术的研发和推广，所以可能会出现很多的管理问题，大学生创业者必须积极采取措施进行应对。

（1）针对管理团队年轻化的问题，在企业起步阶段，大学生创业者可以考虑与风险投资公司或孵化公司合作，邀请有经验的人员参与经营管理，也可以多聘用各方面的专业人才。这样可以利用有经验的专业人才带动整个组织及管理团队成长和进步。

（2）企业内部的团队精神是决定企业最终成功的重要因素之一。面对日益激烈的市场竞争，企业更应该注重团队人才的培养，塑造符合自身发展目标的企业文化。

3．应对资金风险

资金是企业运营的关键因素之一，大学生创业者在面对资金风险时，应主动采取措施，可以通过观察、内部调控的方式从容应对资金风险，并争取将风险变为机遇，占领市场先机。

5.4.3 大学生创业时的心理调节

创业的风险高，压力大，没有良好的心理准备难以取胜。对于大学生而言，要想成功创业，心理调节是非常重要的一环。面对创业的压力、挑战和不确定性，良好的心理调节能力可以帮助大学生创业者保持冷静、积极和坚韧不拔，从而在创业之路上走得更稳、更远。

1．设定合理期望值

在创业之路上，大学生创业者需要清醒地认识到成功并非一蹴而就，而是需要时间与耐心。因此，设定合理期望值，才能避免过高的期望带来的不必要压力和挫败感。

2．保持积极的心态

积极的心态是创业成功的关键。大学生创业者要相信自己的能力，相信创业项目的前景，并始终保持乐观和向上的心态。遇到困难时，可以寻求支持和帮助，与团队、朋友和家人分享自己的想法和感受。

3．学会控制情绪

创业是一项高风险、高压力的活动，容易引发情绪波动。大学生创业者出现情绪波动的情况时，要及时有效地管理自己的情绪，避免因情绪波动而冲动地做出决策。此外，大学生创业者也可以通过冥想、运动、社交等方式来缓解压力，保持情绪稳定。

4．学会适应和调整

创业过程中，市场和环境会不断变化，这就需要大学生创业者具备适应和调整的能力。当遇到困难和挑战时，大学生创业者不要固执己见，而要学会灵活应对，调整自己的创业方向和策略。

5．培养独立思考和判断的能力

在创业之路上，独立决策是不可或缺的。大学生创业者应当在信息不足的情况下，努力做出最优选择。这就要求大学生创业者培养独立思考和判断的能力，并不断进行自我审视和反思，同时从失败中汲取教训、不断学习。通过这样的锻炼，大学生创业者将能够更好地应对创业过程中的各种挑战。

6．培养毅力与韧性

创业之路上布满荆棘，面对失败和挫折时，大学生创业者保持坚韧不拔至关重要。大学生创业者可以通过设立短期和长期目标，将大目标分解为小目标，在目标实现过程中培养自己的毅力与韧性。

7．寻求支持

创业不是一个人的事情，需要团队、朋友和家人的支持。大学生创业者应该主动与他人建立联系，并寻求他们的帮助和支持。这不仅可以为大学生创业者提供精神上的支持，还可以帮助他们获取更多的资源和信息。

5.5　本章练习

1．创业者应具备的条件和能力有哪些？

2．从国家层面来说，针对当代大学生创业者推出的帮扶政策有哪些？

3．大学生创业者可能会遇到哪些创业风险？

4．模拟入驻创业孵化器的流程。

选择一个创业项目，然后在省内选择一个创业孵化器，了解该孵化器的入驻条件和流程。本任务可单独完成，也可分小组（每小组 4～6 人）完成。

（1）分析自己的创业项目或感兴趣的创业项目。

_____

_____

（2）了解省内的国家级大学生创业孵化器，列出符合自己创业项目的需求，且自己的创业项目也符合入驻条件的孵化器。

_____

_____

（3）列出该孵化器的入驻流程。

_____

_____

5. 阅读以下材料，分析焦阳华创业成功的经验，谈谈你从中得到的启示。

> ◎ **阅读材料**　　　　　　　**回乡创业**
>
> 　　焦阳华的父母是地地道道的农民，好不容易供焦阳华完成了大学学业，却没想到自己的儿子毕业后选择了回乡养鸡。
>
> 　　从养鸡的第一天起，焦阳华就提出了"轻松养鸡"的理念，并注册商标"快乐道"，创造了村上第一个有关鸡的品牌。为了将"快乐道"的轻松养鸡法传授给村里的养鸡户，焦阳华还与村民合作创立了"快乐道"鸡业合作社，以连锁养鸡场的模式推行他的轻松养鸡法。邻村的村民，甚至外地的养鸡户都来向他学习养鸡经验。一位远在河南的养鸡户不远千里来到焦阳华的养鸡场取经，看了焦阳华设计的科学饲养方案，他激动地告诉焦阳华："我养了 1 000 多只鸡，每天工作 8 个多小时，鸡还是长得慢，而按照你的方案，我每天的工作时间将不超过 3 小时……"不久，焦阳华就听说河南的这位养鸡户已经在扩建养鸡场了。
>
> 　　焦阳华养鸡的成功经验使当地农民意识到了科技与创新的作用。很多养鸡户不得不承认，高科技农业的发展就得靠有知识的年轻人。

第 6 章

创业团队

秒优大数据科技（杭州）有限公司（以下简称"秒优科技"），是一家位于杭州的高科技企业，专注于通过技术创新来推动服装制造业的转型升级，特别是提升其整体的快速反应能力和数字化水平。自创立之初，秒优科技就汇聚了一批在大数据、物联网、人工智能和5G技术等领域有着深厚背景的专业人才。团队成员间的紧密协作，使得秒优科技短短几年间不仅在国内市场崭露头角，还与众多国际知名品牌建立了深度的战略合作关系。例如，与绫致时装的战略合作，不仅展示了秒优科技在精益管理领域的专业能力，也体现了其团队在面对复杂客户需求时的灵活应变力与高效执行力。

在团队合作方面，秒优科技强调开放、透明和协作的工作氛围。团队成员之间经常进行交流和讨论，分享彼此的想法和见解。他们鼓励创新思维，敢于尝试新的技术和方法。同时，秒优科技也注重团队成员之间的互补性，让每个人都能够发挥自己的长处，共同推动项目的进展。

在创业过程中，秒优科技的团队也面临许多挑战。有时候，项目进展缓慢，团队成员需要加班加点才能完成任务；有时候，技术难题难以攻克，需要团队成员共同研究、探讨解决方案。但是，无论遇到什么困难，秒优科技的团队都能够紧密合作，共同面对挑战，最终取得成功。

此外，秒优科技还与多个教育机构建立了战略合作关系，共同培养适应数字经济需求的高技术人才，进一步推动产学研的深度融合。通过这些合作，秒优科技不仅为自身的发展注入新的活力，也为整个服装产业的数字化升级贡献了力量。

扫一扫

参考答案

讨论

1. 秒优科技成功的关键因素是什么？
2. 如何组建一个优秀的创业团队？组建创业团队时有哪些注意事项？

6.1 创业团队的组建

创业环境是复杂多变的，单靠一个人很难应对各种错综复杂的形势，因此，寻找优秀的创业伙伴、组建一个理想的创业团队是非常明智的选择。

6.1.1 创业团队的含义

创业团队是为进行创业而形成的集体。创业团队的概念可以从狭义和广义两个层面来理解。狭义的创业团队指一群有着共同目的、共享创业收益、共担创业风险的共同创建新企业的人；广义的创业团队还包括创业过程中的部分利益相关者（如风险投资商、律师、会计师及参与企业创建的专家顾问等）。在这里，我们倾向于狭义的创业团队，即那些直接投身于企业创建与运营的核心人员。

组建创业团队一般需要考虑3个重要因素，即共同的价值观、共同的目标和准确的定位。

1．共同的价值观

共同的价值观是创业团队成立和存在的基石，对创业团队具有导向、凝聚、约束和激励作用。如果团队成员有共同的价值观，那么在创业初期就会团结一致，齐心协力向创业目标迈进。

2．共同的目标

创业团队需要有一个既定的共同目标来为团队成员指引方向。在初创企业中，共同的目标常以初创企业的愿景、战略等形式体现。

3．准确的定位

创业团队的定位有两方面的含义：一方面是指创业团队在初创企业中所处的位置，创业团队对谁负责等；另一方面是指成员个体在创业团队中所扮演的角色等。

团队成员是创业成功的关键因素之一，只有适合创业的人员加入创业团队，才能保证初创企业的稳健发展，否则可能会对初创企业的经营发展产生不利影响。因此，创业者要谨慎选择团队成员。

6.1.2　创业团队的组建原则

大学生创业者在组建创业团队前需要了解创业团队的组建原则，这样才能使团队构成更加合理，最大限度地发挥团队的作用。创业团队的组建原则如下。

1．目标明确合理原则

创业目标必须明确合理、切实可行，这样才能使团队成员清楚地认识到共同的奋斗方向，才能真正起到激励作用。

2．能力互补原则

大学生创业者组建创业团队的目的在于缩小创业目标与自身能力之间的差距。团队成员只有在知识、技能、经验等方面实现互补，才有可能通过相互协作发挥出"1+1>2"的协同效应。因此，团队成员之间要做到诚实守信、志同道合、取长补短、分工协作、权责明确。

👁 阅读材料　　　　　　　　　**小米团队成员**

在小米成立初期，创始人雷军便深刻意识到人才是企业成功之基，因此，他投身于一场长期的"寻才之旅"。这一过程不仅漫长，且充满了挑战与不确定性。雷军不惜花费大量时间和精力，力求在茫茫人海中筛选出既能共谋大业，又能携手同行的精英。

最终，雷军精心构建的小米团队囊括了多位业界翘楚：周光平，技术专家，负责硬件研发；林斌，前谷歌中国工程研究院副院长，以其深厚的技术背景和管理经验，为小米的软件开发提供了强大的技术支持；刘德，设计界的资深人士，负责小米的产品设计与供应链管理；黎万强，拥有丰富的市场营销与用户体验设计经验，负责小米的品牌建设和市场营销；洪锋，前谷歌产品经理，他引领小米的软件和服务开发；黄江吉和周受资，分别在小米的工程管理和财务管理上贡献力量。

这样一个集合了技术、设计、市场、产品与运营管理等领域顶尖人才的团队，为小米后来的迅猛发展奠定了坚实的基础。

✒ **点评**

在创业道路上，构建一个多元且专业的团队尤为关键。团队成员在各自的领域有着深厚的专业知识和丰富的经验，能够为创业项目提供多方位的支持和帮助。小米团队成员的协同工作与紧密合作，确保小米在创立初期能够高效地推动产品研发，并迅速打开市场，从而取得显著的成就。

3．精简高效原则

为了减少创业期间的运作成本，使各成员分享到更多创业成果，创业团队的成员应在保证企业高效运作的前提下尽量精简。

4．动态开放原则

创业是一个充满了不确定性的过程，团队成员可能由于能力、观念等方面的原因离开，同时新成员也会加入。因此，大学生创业者在组建创业团队时，应注意保持团队的动态性和开放性，使真正合适的成员留在创业团队中。

5．相互信任原则

优秀的创业团队通常都具有健康的团队关系和积极的团队氛围，成员之间彼此信任、共同分享，敢于提出想法，善于倾听建议，勇于承担责任和风险，及时沟通，共同面对困难。因此，大学生创业者在选择团队成员时，要观察其是否诚信、其创业的行为和动机是否有利于团队的发展，要培养团队成员的向心力和集体荣誉感，让成员之间能够以诚相待、和平相处，在思想和行动上达到高度一致，对创业充满信心，且相信自己工作的价值。

6.1.3　创业团队的组建过程

创业团队的组建是一个复杂而渐进的过程。一个创业团队的形成，首先需要一个发起人，即创业者。一位创业者萌生创业想法，想要开展创业实践时，就需要邀请志同道合的人共同创业，然后与合伙人根据团队现状和实际情况扩充人员，形成核心团队，最后在核心团队的基础上进一步扩充专业人才，完善团队结构，最终形成创业团队。

不同类型的创业团队在组建过程中会有不同的侧重点，但其组建过程是大致相同的，具体如下。

1. 明确创业目标和远景

创业者需要清晰地界定自己的创业目标、远景。这是成功组建创业团队的基础之一，能够确保团队成员有共同的方向和动力。

2. 自我评估

创业者需要评估自己的优势和不足，识别哪些技能和经验是自己所欠缺的，这些将成为寻找团队成员时的关注点。

3. 制订招聘计划和确定筛选条件

在明确创业目标和需求的基础上，制定详尽的招聘计划是非常重要的一步。招聘计划不仅需要涵盖团队所需的关键岗位和角色，如技术开发、市场推广、财务管理、产品设计等，还需要明确每个岗位的职责、所需技能、教育背景以及工作经验等具体要求。

同时，为了确保招聘到的团队成员能够与现有团队形成高效的协作，并融入公司的企业文化，需要设定明确的筛选条件，例如以下几点。

（1）专业技能。候选人必须具备岗位所需的专业技能，如编程语言、市场营销技巧、财务分析能力等。

（2）工作经验。根据岗位的重要性及复杂度，确定候选人所需的工作经验。

（3）教育背景。对于某些岗位，可能需要特定的学历或专业背景，如计算机科学、商业管理等。

（4）团队合作能力。候选人应具备良好的沟通能力和团队协作精神，能够与团队成员有效合作。

（5）创新能力。对于初创企业而言，候选人的创新意识和解决问题的能力尤为重要。

（6）学习能力。在快速变化的市场环境中，候选人需要具备快速学习新知识、掌握新技术的能力。

4. 发布招聘广告并筛选简历

创业者可以通过在社交媒体、行业会议、招聘平台等多种渠道发布招聘广告的方式，寻找并接触潜在的团队成员。在这个过程中，口碑推荐和行业内的影响力尤为重要。创业者收到应聘者的简历后应进行筛选，并选出符合条件的人才进行面试。面试过程中，创业者要根据项目需求，对应聘者进行综合评估，包括技能、经验、协作能力以及是否适应团队的文化等。

5. 搭建团队结构

确定了团队成员后，创业者需要搭建一个合适的团队结构。这包括确定团队的领导者和组织层级、明确团队成员的角色和职责、建立沟通和协作机制等。创业者需要根据团队成员的专业背景和技能来为其分配任务和职责，保证团队的组织协调性和高效性。

6. 构建创业团队制度体系

创业团队制度体系体现了创业团队对成员的控制和激励能力，主要包括团队的各种约束制度和激励机制。

（1）创业团队通过各种约束制度（主要包括纪律条例、组织条例、财务条例、保密条例等）约束成员，避免成员做出不利于团队发展的行为，保证团队的秩序稳定。

（2）创业团队要实现高效运作，需要有效的激励机制（主要包括利益分配方案、奖惩制度、考核标准、激励措施等）。激励机制能使团队成员切实体会到创业带来的利益，从而充分调动团队成员的积极性，最大限度发挥团队成员的作用。实现有效激励的前提是把团队成员的收益模式界定清楚，尤其是股权等与团队成员的重大利益密切相关的事宜。

7. 持续评估与调整

创业团队在成长过程中可能会遇到各种变化，创业者需要定期评估团队结构和成员表现，适时做出调整，确保团队始终保持最佳状态。

组建创业团队的每一个阶段都需要创业者细心规划与执行，同时保持灵活性，根据自身的实际情况和项目需求灵活调整策略，以组建一个既互补又协同、能够共同面对挑战的高效创业团队。

6.1.4 团队创业的优势

团队创业相比个人创业具有更多的优势，它能够集合团队成员的力量来推动创业，从而提高创业成功的概率。团队创业的优势主要包括以下4点。

1. 资源和技能互补

团队成员通常具有不同的专业背景，每个人都能带来独特的技能和经验，这种多样性使得团队能够覆盖创业所涉及的广泛领域，如技术开发、市场营销、财务管理等，从而形成更全面的能力体系，最终达到"1+1>2"的效果。

2. 分散风险

创业团队是一个整体，团队成员应该共同对企业运营过程中可能出现的问题负责。当资金不足时，团队成员可以分头筹集资金；当出现技术问题时，团队成员可以共同思考并解决。团队成员既分工明确又互相合作，可以减轻个体的压力、分散创业的风险。

3. 帮助决策

不同的人对待同一件事的看法不同，所以创业者需要具有判断能力和识别能力的合作伙伴向自己提出忠告。这些忠告并不需要创业者完全听从，但具有一定的参考价值，有助于创业者做出更好的决策。

4. 提高适应性和灵活性

团队创业可以更快地适应市场变化和用户需求的变化。成员之间的协作和信息共享有助于团队及时捕捉市场趋势和机会，快速调整策略以适应环境变化，从而保持竞争优势。

> **小贴士**
>
> 创业者若过分强调团队的一体化而忽视成员的个性与意愿，可能会适得其反，引发成员的逆反情绪。因此，创业者必须具备较强的协调能力，以确保团队内部的和谐与高效运作。

◎ 阅读材料　　　　　　　　　　字节跳动的创业团队

　　张一鸣凭借丰富的创业经验和对互联网行业的深刻理解，洞察到内容分发领域的巨大潜力。他深信，这是一个充满机遇且亟待创新的领域。因此，张一鸣聚集了一群志趣相投的伙伴，携手创立了字节跳动（现改名为抖音有限公司）。这个团队凭借对技术的深厚热情和对市场动向的敏锐捕捉，逐步将字节跳动塑造成一个享誉全球的科技公司。

　　在团队的组建初期，张一鸣作为核心成员，不仅负责公司的战略规划，更是深度参与产品设计和技术方向的确定。同时，张一鸣还聚集不同背景的精英，形成一个高度互补、充满活力的初创团队。

　　技术团队，专注于内容推荐算法、大数据处理、云计算、人工智能等多个技术领域。该团队秉承开放、创新、协作的理念，不断推动技术创新和产品创新，为字节跳动旗下产品提供了强有力的技术支撑。

　　产品团队，负责打造并持续优化包括抖音、今日头条等在内的一系列深受用户喜爱的现象级产品。该团队紧密围绕用户需求，通过深入的市场调研和用户反馈，不断打磨产品细节，确保产品能够为用户提供流畅、直观且富有吸引力的使用体验。

　　运营团队，负责产品的市场推广、用户增长、内容生态建设等工作。该团队紧密关注市场动态和用户需求，通过精细化的运营策略和高效的执行能力，成功推动了字节跳动旗下多款产品如抖音、TikTok等的快速发展。

　　在团队协作上，字节跳动的各个部门之间密切配合，技术、产品、运营等不同团队之间形成了良好的协同机制。技术团队的每一次算法优化，都会得到产品团队的即时反馈，进而帮助产品团队调整产品设计；运营团队则依据数据分析结果，不断调整内容策略和市场推广计划，确保用户增长与留存。正是这种无缝对接的合作模式，让字节跳动能够高效地将技术优势转化为产品优势，再进一步转化为市场份额。

　　此外，字节跳动的团队之所以能够高效运作，很大程度上归功于其独特的组织文化和管理哲学。字节跳动倡导"去中心化管理"，鼓励团队成员自主决策，快速迭代，这使得字节跳动在面对市场变化时能够迅速反应，不断试错并快速成长。同时，字节跳动强调"始终创业"的精神，无论组织规模如何扩大，始终保持创业初期的那份激情与灵活性，确保团队能够持续创新，不断突破自我。

✎　点评

　　字节跳动的成功，是其团队成员各司其职、紧密协作的结果。团队成员不仅在技术上不断创新，更在管理理念上勇于探索，共同打造了一个充满活力和创新性的公司。

6.2　创业团队的管理

　　随着创业团队组建完成，大学生创业者需要着眼于团队的高效管理，以确保各项任务的有序推进。有效的管理策略是确保团队成员协同作战、发挥最大潜力的关键。一般而言，创业团队的管理主要包括以下5个方面的内容。

6.2.1 注重人才培养

即使是初创企业也不应该忽视人才的培养，大学生创业者应注重培养一些重要岗位的人才。不断地培养适合企业发展的人才，组建人才岗位梯队，不仅可以提高团队的凝聚力和作战能力，而且一旦出现职务空缺，大学生创业者就能很快找到合适的替补人选，从而减少因人员更换给企业带来的损失。

6.2.2 提高创业团队的执行力

执行力是团队成员自动、自发地为取得有价值的成果而不断努力的强烈意愿。执行力是衡量一个创业团队是否优秀的关键指标之一。应该如何提高创业团队的执行力呢? 可以从以下5个方面入手。

（1）职责明确。制定有效的职责分工制度，明确岗位的职责，让每一位成员明确自己的岗位要求，认真负责地履行工作职责。

（2）赏罚分明。在明确成员的职责之后，就可以制定奖惩制度，做到赏罚分明。

（3）过程控制与监督。把工作分解，使成员按步骤去完成，提升工作的透明度，以便对成员进行监督。

（4）限定完工时间。对每一个项目都要限定具体的完工期限，保证到期必须完成。

（5）关注工作质量。在执行方案的过程中，一定要关注成员的工作质量是否符合要求，避免工作质量不过关。

6.2.3 股权分配管理

创业团队成立后，面临的关键问题之一就是如何制定团队成员间的股权分配方案。股权分配是对企业利益分配方式的约定，有助于长期维持团队的稳定和企业的发展。在进行股权分配时，大学生创业者应遵循以下3项原则。

（1）重视契约精神。在创业之初，大学生创业者就要把股权分配方案以公司章程的形式确定下来，并以合约的形式明确创业团队成员的利益分配机制，从而保证创业团队的长期稳定。

（2）遵循贡献决定权利原则来分配股权。一方面，大学生创业者可以依据出资比例来制定股权分配方案；另一方面，对于没有注入资金但持有关键技术的团队成员，则可以以技术的商业价值来计算其股权份额。

（3）控制权与决策权统一。股权分配本质上是对企业控制权的分配。在创业初期，控制权和决策权的统一至关重要。初创企业中持股最多的团队成员可能会更关注企业的长远发展，容易就决策问题与其他成员发生冲突，进而引发团队矛盾，因此，该成员不享有企业的控制权是非常危险的。

6.2.4　内部冲突管理

创业团队的内部冲突是复杂且多维度的，它不仅仅局限于人际关系或感情方面的紧张情绪，也会涉及工作任务、工作过程等多个层面。创业团队的内部冲突主要表现为任务冲突、过程冲突和关系冲突。

（1）任务冲突。任务冲突是指团队成员在完成工作任务时对工作目标、方法或结果存在分歧。这类冲突通常源于团队成员之间不同的意见和观点，需要通过沟通和协商来达成共识。

（2）过程冲突。过程冲突是指团队成员在工作过程中对任务分配、决策流程或责任划分存在争议。处理这类冲突时，管理人员需要明确每个人的职责和权限，并确保决策过程透明公正。

（3）关系冲突。关系冲突是指团队成员间在人际关系方面出现的摩擦或矛盾。这类冲突更多地涉及个人感受和情感。解决关系冲突通常需要增进成员间的相互理解和信任，通过团队建设活动和共享经历来强化彼此之间的合作关系。

创业团队的内部冲突如果控制在一个合理的范畴，是可以满足企业多样化和创造性的需求的；但如果内部冲突超出一定范畴，将会给创业团队带来负面影响。因此，为了将内部冲突控制在合理的范畴内，大学生创业者在管理团队时应注意以下内容。

（1）团队内部意见不统一是一种常态，大学生创业者应使团队成员在不统一的意见中寻求合作的可能性，在一些正面的、建设性的冲突中寻找更多可能性，做出最佳决策。

（2）应强调团队的整体利益和成就，不刻意突出某个成员，在保证团队利益的前提下，根据个人业绩分配利益。这样做有助于把团队成员间的冲突控制在合理的范围内。

（3）大学生创业者要广泛听取团队成员的意见，但要避免出现"议而不决"的情况，适当的时候要果断拍板。

（4）团队内部竞争是为了团队更好地发展，一切都要以团队整体利益为导向，要避免冲突过大。

（5）如果冲突过大，大学生创业者应理性地做出判断，通过成员调整来维持团队的稳定和发展。形成完善的团队架构不是一蹴而就的，需要不断地调整和磨合。

> **小贴士**
>
> 对于创业团队的内部冲突，大学生创业者要建立有效的管理机制，同时保持开放的心态。在合理组建创业团队的基础上，要不断加强团队管理，通过有效的管理机制，使团队成员在公平、公正、尊重、信任的团队氛围中密切合作，从而保证创业团队的稳定发展。

6.2.5　完善团队运作机制

一个优秀的创业团队通常有一套高效且全面的运作机制，这使得创业团队不仅能迅速应对外部挑战，有效化解冲突，还能激发内部潜力，通过良性竞争促进团队成员的共同成长，营造出一种积极向上的工作氛围。一般来说，完善团队运作机制可从以下4个方面进行。

1．人才机制和约束机制

个人的能力往往比不上团队的能力，企业发展到最后，比拼的已经不再是个人能力，而是人才储备。创业团队拥有越多的人才，就越能够营造出团结向上、乐观进取的氛围，从而在激烈的竞争中始终处于有利的位置。因此，创业团队应该建立起较完善的人才机制，吸引综合素质较高、专业知识丰富、技术能力较强或具备较强谈判能力、表达能力的优秀人才。同时，创业团队还要建立公平有效的约束机制，协调团队关系，解决团队矛盾和冲突，以避免人才的流失。

2．文化机制

团队文化作为创业团队的灵魂，是凝聚人心、激发潜能的关键力量。它在每个团队成员心中播种下共同的价值观与信念，使之成为团队前进的内在动力。因此，创业团队应该建立起有效的文化机制，通过团队愿景、团队使命、团队价值观等体现团队文化，形成团队成员的共同行动准则。一个创业团队要想取得成功，就一定要找到可以传承的团队文化。团队成员可以新老更替，产品也可以更新换代，团队文化却要不断传承、发扬。一个优秀的创业团队应具备以下3种团队文化。

（1）勇气文化。创业过程中会出现很多意想不到的困难，团队成员要有知难而上的勇气，敢于直面困难，敢于探索未知领域，并能勇敢地面对失败。

（2）忠诚文化。团队成员只有忠诚于团队，才会为团队的发展贡献全部才智；但也只有通过团队实现个人价值并获得利益后，团队成员才会更忠诚于团队。因此，大学生创业者应通过制定合理的薪酬制度、构建具有凝聚力的团队文化来提高团队成员的忠诚度。

（3）学习文化。团队成员在创业过程中需要不断地学习，努力吸收一切对创业有利的知识、技能和经验。只有善于学习的团队才会发展得更好。

3．管理机制

在创业团队的构建与发展中，建立一套完善的管理机制至关重要，它不仅能够体现团队对成员的约束力，更是确保团队内部秩序稳定和团队持续发展的重要基石。为了实现规范化管理，创业团队可以制定各种管理条例，包括纪律条例、组织条例、财务条例、保密条例等，以指导成员的行为，避免因个人行为不当而给团队带来负面影响，实现对成员行为的有效约束。

4．激励机制

设计一套公平、透明的激励机制，是激发团队潜能、促进团队健康成长的关键。激励既包括物质奖励，如绩效奖金、股权激励等；也包括非物质激励，如岗位晋升机会、公开表彰等。大学生创业者可以通过正向激励激发团队成员的积极性和创造性，同时确保团队中每个人的努力和成就都能得到认可。团队成员激励方式主要有以下3种。

（1）经济激励。大学生创业者可以设立明确的绩效评价标准，根据团队成员的业绩和贡献程度，给予团队成员相应的绩效奖金。这种激励方式能够直接反映个人的工作成果，激发成员追求更高业绩的动力。此外，对于做出长期贡献和处于关键岗位的成员，可以实施股权激励计划，如推行成员持股制度、授予成员股票期权等。这种激励方式能够增强成员的归属感和忠诚度，促进团队长期稳定发展。

（2）职位晋升与表彰奖励激励。大学生创业者需要为表现出色的成员提供晋升机会，让他们在更高的职位上发挥更大的作用。这种激励方式能够满足成员的职业发展需求，提高成员的工作满意度和忠诚度。同时，还要定期举办表彰大会，对优秀成员进行公开表彰和奖励。这种激励方式能够增强成员的荣誉感和自信心，提高团队的凝聚力和向心力。

（3）目标导向激励。大学生创业者可以将团队的整体目标分解为个人目标，为达成目标的成员提供奖励。这种激励方式能够使成员更加关注团队的整体利益，促进团队发展。

👁 阅读材料　　　　　华为的员工激励机制

华为作为一家民营通信科技公司，不仅在全球信息与通信技术领域占据领先地位，更是业界公认的创新与技术突破者。自1987年成立以来，华为凭借卓越的员工激励机制，在吸纳人才、鼓励创新方面取得了显著成效。

华为的员工激励机制涵盖文化、物质、精神等方面，确保了员工在物质回报和职业成长上的双重满足。

（1）文化激励。企业文化是一种无形的激励力量，它可以潜移默化地激励全体员工共同奋斗，实现企业的目标。华为强调"狼性文化"，倡导团队协作、勇于拼搏和持续创新的精神。华为总裁任正非很崇拜狼，认为狼所具有的团结互助、集体奋斗、自强不息等精神应是一个企业的文化之魂。这种"狼性文化"使华为的员工具有对市场动态的敏锐嗅觉，以及找准目标便奋不顾身的精神。这使得华为在与同行的竞争中脱颖而出，迅速发展。

（2）物质激励。华为以极具竞争力的薪资水平吸引和留住人才。根据公开数据，华为员工的人均年薪处于行业领先水平。华为还通过"天才少年"等特殊项目，为顶尖人才提供年薪高达数百万元的激励。华为在实施高薪激励的同时还推行员工持股制度，这使得华为与员工的关系得到根本的改变。员工与华为从原来的雇佣关系变成伙伴式的合作关系，这种关系让员工有了极强的归属感。此外，华为还充分重视高素质员工，并向他们提供更多的晋升机会，让他们在公司中扮演更重要的角色。通过赋予员工职称和权力，华为展现了对员工的信任和尊重，进一步激发了员工的工作积极性和创新精神。

（3）精神激励。华为设立专门的荣誉部门，该部门负责员工的考核与评奖工作。通过给予员工各种荣誉和奖励，华为不仅认可了员工的努力和贡献，还激发了他们的自豪感和荣誉感。

同时，华为还关注员工的职业发展，为不同阶段的员工制定个性化的职业规划。通过提供培训、深造等机会，华为帮助员工提升技能水平、拓宽视野、实现个人价值。

✍ **点评**

华为通过构建全面、系统的员工激励机制，成功吸引大量优秀人才，并激发了他们的积极性和创新精神。这种独特的激励机制不仅促进员工与华为共同成长，也为华为在全球信息和通信技术领域占据领先地位奠定了坚实基础。

6.3 组建创业团队应避开的误区

组建创业团队时容易陷入一些误区，这会影响创业的进程。下面具体介绍组建创业团队应避开的误区。

1. 团队内部不能有竞争

有些大学生创业者认为：竞争是负面的，团队内部不能有竞争。这种观点是错误的。在团队内部引入竞争机制，不仅可以在团队内部形成"学""赶""超"的积极氛围，推动成员不断提高自我，保持团队的活力；还可以通过竞争筛选并发现更能适应某项工作的人才，从而实现团队结构的最优配置，激发团队成员的最大潜能。

2. 团队内部皆兄弟

不少创业团队在组建过程中过于追求"人情味"，认为"团队内部皆兄弟"，而严明的纪律是有碍团结的。这就会导致管理制度不完善，或出现虽有制度但执行不力的情况。实际上，严明的纪律不仅可以维护团队整体利益，在维护团队成员利益方面也有积极的意义。

3. 牺牲小我，换取大我

很多大学生创业者认为，培育团队精神就是要求团队的每个成员都要牺牲小我，换取大我，否则就违背了团队精神。其实，团队精神的实质不是要求团队成员牺牲自我，而是强调充分利用和发挥团队成员的个体优势去做好各项工作。

大学生创业者只有不断地鼓励团队成员充分展现自我、最大限度地发挥个体潜能，才能使团队成员迸发出巨大的力量。

6.4 本章练习

1. 创业团队的组建原则是什么？
2. 创业团队内部发生冲突怎么办？
3. 团队成员激励方式有哪些？
4. 完成贝尔宾团队角色测试。

本测试旨在让大学生了解自己的团队角色类型，以便更好地在创业团队中进行自我定位。本测试共有7道题，每道题有8个选项，请将10分分别分配给每道题的8个选项，以此来反映自己对自身行为特征的认知情况。分配的原则是最能体现你行为的选项得分最高，以此类推。你可以将10分全部分配给同一个选项，但每道题的选项所得的总分不可高于或低于10分。（此处只列出了部分题目，扫码可查看完整题目与解析。）

扫一扫

贝尔宾团队角色测试题目与解析

（1）我认为我能为团队做出的贡献是：

    A. 我能很快发现并把握住新的机遇

  B. 我能与各种类型的人合作共事

  C. 我生来就爱出主意

  D. 我的能力在于，一旦发现某些对实现集体目标很有价值的人，我就及时推荐他们

  E. 我能把事情办成，这主要靠我个人的实力

  F. 如果最终能形成有益的结果，我愿面对暂时的冷遇

  G. 我通常能意识到什么是现实的，什么是可能的

  H. 在选择行动方案时，我能不带倾向性，也不带偏见地提出一个合理的替代方案

（2）在团队中，我可能有的弱点是：

  A. 如果会议没有得到很好的组织、控制和主持，我会感到不痛快

  B. 我容易对那些有高见而又没有适当地发表出来的人表现得过于宽容

  C. 只要集体在讨论新的观点，我总是说得太多

  D. 我比较客观，这使我很难与同事们打成一片

  E. 在一定要把事情办成的情况下，我有时使人感到特别强硬甚至专断

  F. 可能由于我过分重视集体的气氛，我发现自己很难与众不同

  G. 我容易陷入突发的想象之中，而忘了正在进行的事情

  H. 我的同事认为我过分注意细节，总有不必要的担心，怕把事情搞砸

  5. 阅读以下材料，分析李波和黄小双创业成功的原因。假如你想创业，你会选择什么样的成员来组成创业团队？

 👁 **阅读材料**　　　　　**园林绿化公司的成功之道**

  李波和黄小双在大学毕业后合伙创办了一家园林绿化公司。李波在上大学时所学的专业是园林绿化，公司成立后，他就负责园林景观设计工作。黄小双则负责日常管理工作，虽然他并没有与行政管理相关的专业知识背景，但他在大学社团活动中表现出的管理能力让李波很钦佩。就这样，两个人分工合作，为这家公司的发展共同努力。

  经过两年的努力，李波带领设计团队为多家房地产开发公司、园林设计院等成功设计了不同风格和样式的景观，得到客户的一致认可。黄小双也在实践中不断学习，逐渐提升了自己的管理能力，虽然他不苟言笑，但却能够用独到的管理方式把公司管理得井井有条。经过两人的不懈努力，公司的年销售额超过100万元。但他们并未就此停止前进，年销售额突破1000万元是他们的新目标。

---

  6. 组建创业团队时，应避开的误区有哪些？

第 7 章
创业项目的选择与评估

 引导案例

　　21世纪初，全球范围内对环境保护和可持续发展的共识日益增强，政策层面对新能源产业的支持力度也在不断加大，特别是对新能源汽车的推广与普及给予了前所未有的关注。李斌敏锐地捕捉到这一历史机遇，意识到传统汽车行业正面临前所未有的转型压力，而新能源汽车则代表着未来汽车工业的发展方向。此外，电池、电机技术的突破性进展以及智能化技术的广泛应用，也为新能源汽车性能的大幅提升提供了可能，这进一步坚定了李斌投身新能源汽车行业的决心。

　　2014年，李斌正式启动了他的新能源汽车梦想，创立蔚来。李斌凭借在互联网行业积累的丰富经验和资源，邀请了一批来自汽车、互联网、科技领域的顶尖人才共同创业，构建了一个多元化的创业团队。蔚来从一开始就致力于研发高性能、高品质的新能源汽车，以满足市场对于环保与科技结合的新兴需求。

　　在创立初期，蔚来便获得多家知名企业和投资人的支持，这些支持不仅为蔚来提供充足的资金保障，还为其带来丰富的行业资源。在李斌的领导下，蔚来不仅专注于技术创新和产品打磨，还特别强调用户体验和服务体系的构建。为此，蔚来推出换电站、移动充电车等创新服务模式，旨在打造一个超越传统汽车销售和服务范畴的全新生态。

　　然而，蔚来的成长之路并非一帆风顺，它在发展过程中遭遇了诸如产品召回、股价波动、资金紧张等重大挑战。但李斌及其团队展现出坚韧不拔的精神，积极应对危机、调整策略，并在关键时刻获得政府的战略投资。蔚来成功渡过难关，并在随后几年里实现快速发展，市值攀升，其在全球新能源汽车市场中的领先地位逐渐确立。这一系列的经历，不仅验证了李斌对新能源汽车市场潜力的敏锐洞察，也彰显了他在逆境中求生存、求发展的企业家精神。

　　讨论

　　1. 蔚来创始人李斌为什么会选择新能源汽车行业？你认为这个创业项目有发展前景吗？

　　2. 进行创业项目的选择有什么策略吗？你应如何对创业项目进行评估？

　　3. 大学生在选择创业项目时有什么禁忌吗？

扫一扫
参考答案

7.1　选择创业项目的基本原则

　　在决定创业之后，大学生创业者就应该选择创业项目了，进行创业项目的选择并不简单，要选出符合自身条件和要求的创业项目更加困难。那么，大学生创业者应如何选择适合自己的创业项目呢？大学生创业者在选择创业项目时应该遵循以下8个基本原则。

7.1.1 知己知彼原则

大学生创业者在选择创业项目时需要铭记 4 个字：知己知彼。

所谓知己，就是指在选择创业项目之前，大学生创业者应该对自己的状况有清楚的认识和判断。例如，自己有多少创业资金，自己的兴趣和爱好是什么，自己的知识积累和人际关系如何，自己在性格上有哪些优势和弱点，等等。大学生创业者越深入详尽地认识自己，就越容易找到适合自己的创业项目。

所谓知彼，就是指要了解创业地区的社会经济环境。大学生创业者既要认真分析当地的各项政策（包括产业结构政策、金融政策、税收政策等），又要认真分析当地的消费情况（如居民的购买力水平、购买习惯等），还要认真分析当地的自然资源和人文资源（包括具有市场开发价值的工业原料和农副产品、传统的生产加工技术、独特的自然环境和人文景观等）。

7.1.2 量力而行原则

创业是一种风险投资，每位大学生创业者都应该遵循量力而行原则。大学生创业者若是借钱创业，就更应该规避风险较大的创业项目，把为数不多的资金投入风险较小、规模较小的创业项目，积少成多，逐步发展。

阅读材料　　　　　　**赵鹏与 BOSS 直聘**

赵鹏，毕业于北京大学法律系。他的职业生涯始于部委机关，随后他在中国青年志愿者协会担任项目发展部长，展现出出众的组织协调能力和吃苦耐劳精神。2005 年，赵鹏进入智联招聘。在智联招聘，他从公关经理一路升至首席执行官。在担任智联招聘首席执行官期间，赵鹏逐渐认识到，虽然智联招聘是一个成功的在线招聘平台，但市场上仍然存在一些未被满足的需求，特别是在求职者和招聘者之间的直接沟通方面。深思熟虑之后，赵鹏在 2013 年踏上创业征程，成立了看准科技集团。2014 年，BOSS 直聘应运而生，成为看准科技集团的主打产品。

在选择 BOSS 直聘这一创业项目时，赵鹏充分运用了知己知彼和量力而行的原则。"知己"在于赵鹏对自我的清晰认知，他对行业规则十分熟悉，既建立了良好的人际关系，又对互联网招聘业务有着深刻的理解。赵鹏明白自己在创业之路上将面临诸多挑战，但凭借过往的经验和对团队的信心，他相信自己能够克服这些困难。"知彼"则在于赵鹏对行业现状的敏锐洞察，他意识到传统在线招聘平台的不足，如信息不对称、沟通效率低等问题。赵鹏把握住了移动互联网时代下，用户对即时通信和信息高效匹配的强烈需求，决定开发一个直接连接求职者与招聘者的平台，这正是他对 BOSS 直聘的市场定位和发展方向精准判断的体现。

在执行层面，赵鹏采取稳健的发展策略，遵循了量力而行原则。在创业初期，赵鹏没有急于扩大规模或采取高风险战略，而是专注于满足特定用户群体，即初创企业的招聘者和主动寻找机会的求职者的需求，通过持续的产品优化和用户体验提升来打下用户基础和塑造良好口碑。在资金管理上，赵鹏同样展现了谨慎的态度，确保BOSS直聘有健康稳定的财务状况来支撑长期发展，而非单纯依赖外部融资。

通过这种方式，赵鹏带领BOSS直聘从一个初创项目成长为行业领先的在线招聘平台，成功上市并创造了显著的商业价值。

✐ **点评**

赵鹏依托行业经验，创立BOSS直聘，解决了传统在线招聘平台存在的问题，让求职者直接与招聘者沟通。这一项目的成功不仅为求职者提供了更直接、高效的求职通道，同时也是对赵鹏个人创业智慧的肯定，并验证了知己知彼原则与量力而行原则在创业实践中的重要性。

7.1.3　"短平快"原则

大学生创业者在创业之初普遍缺乏资金和消费者等资源。因此，为了尽快脱离创业的"初始危险期"，使创业项目的运作进入良性循环，在同等条件下，大学生创业者应优先考虑"短平快"创业项目。"短平快"创业项目指的是那些投资少、周期短、见效快、风险相对较小的创业项目。这类项目通常能够快速带来现金流，帮助大学生创业者积累经验和资源，为后续发展奠定基础。

通过选择"短平快"创业项目，大学生创业者可以更有效地利用有限的资源，快速响应市场变化，降低创业初期的风险，从而更有可能实现创业项目的良性循环和持续发展。

7.1.4　自有资源优先原则

大学生创业者在了解了创业环境之后，应该从中筛选出可以重点利用和开发的资源。大学生创业者在筛选时应贯彻自有资源优先原则。

自有资源就是大学生创业者本人拥有的或可以直接控制的资源，包括专有技术、行业从业经验、经营管理能力、个人社会关系、私有物质资产等。与非自有资源相比，自有资源的获取和使用成本往往较低。

7.1.5　以市场为导向原则

不少大学生创业者一味地认为，哪个行业热门、能带来高利润，创业时就应选择哪个行业。其实这种想法是错误的。大学生创业者必须树立"企业是为满足消费者需求而存在的"这一理念，这样才能确保企业稳定发展。

创业项目的选择是以市场为导向的，必须从社会需求出发。大学生创业者要想明确社会需求，就一定要做好市场调研，尤其是对于首次创业的大学生创业者而言，对市场进行详细的调研更是不可缺少的。市场调研可以从消费者和竞争对手两方面入手。

1．了解消费者

消费者有性别、年龄、文化水平、职业等方面的差异，大学生创业者可根据这些因素对消费者进行分析、归类，把他们细分成多个消费者群体，每个消费者群体对应一个细分市场。大学生创业者在选择创业项目时一定要明确自己所服务的消费者群体及他们对产品或服务的需求程度。消费者群体的需求程度越强，创业项目就越容易实行。

2．了解竞争对手

大学生创业者要不断地采用各种方式去了解自己的竞争对手，判断彼此之间的竞争属于恶性竞争还是良性竞争。如果彼此之间的竞争属于恶性竞争，大学生创业者应考虑自己的产品或服务有没有独特的优势，或者考虑转向其他项目。

大学生创业者不应该执着于竞争激烈的热门项目，而应该着重考虑有特色的新项目。需要注意的是，有些项目虽然很有特色，但是消费者不一定认可，所以大学生创业者应该选择既有特色又有市场需求的项目，这样才能提高创业成功率。

◉ 阅读材料　　　　　宿华与快手的故事

宿华，毕业于清华大学，他在创立快手之前，经历了多次创业尝试，多次失败。这一系列的尝试与挫折实际上是他不断探索市场需求、验证创业想法的过程，每一次失败都为他积累了宝贵的市场经验。

快手的前身是GIF快手，由程一笑创立，是一个简单的GIF制作工具。宿华加入后，两人深刻分析当时的互联网市场，尤其是社交媒体领域的发展趋势，以及用户对于内容创作与分享的潜在需求。他们意识到，随着智能手机的普及和移动网络的发展，短视频将成为一种新型的社交和内容消费形式，具有巨大的市场潜力。于是，宿华和程一笑迅速调整快手GIF的发展方向，使其从单一的GIF制作工具转型为短视频社交平台，致力于为用户提供高质量、有趣味性的短视频内容，并更名为"快手"。

这一转变不仅基于对市场趋势的敏锐洞察，还离不开对用户行为习惯的深入理解。快手降低了内容创作门槛，让用户能够轻松拍摄、编辑并分享短视频，满足了广大用户表达自我、分享生活的愿望，从而迅速吸引了大量用户。同时，快手不断引入新技术与功能，不仅提升了用户体验和互动性，也进一步增强了用户的平台黏性与忠诚度。

除了内容层面的创新外，宿华还注重快手的商业模式创新。宿华意识到，短视频平台具有较强的社交属性和较高的商业价值，可以通过多种方式实现变现。因此，快手不仅致力于内容创新，还积极探索多元化的商业模式，涵盖广告、电商、直播等领域。这些举措不仅拓宽了快手的收入来源，也进一步丰富了快手的生态体系，吸引了更多的用户。

快手的成功，很大程度上得益于宿华对市场需求的精准把握和快速响应。快手通过算法推荐个性化内容，提高用户黏性。同时，宿华领导下的快手积极探索下沉市场，关注并服务于三、四线城市及农村地区的广大用户，这部分用户的需求在过去常常被主流互联网产品忽视。快手的这一市场定位，让它在竞争激烈的市场环境中脱颖而出，实现了爆发式增长。

✎ **点评**

　　宿华与快手的故事充分展示了以市场为导向的创业项目选择原则。快手通过精准把握市场需求、不断进行内容层面的创新、探索多元化的商业模式，成功地在短视频领域占据领先地位。同时，快手的成长过程也激励着大学生创业者，让大学生创业者明白，在选择创业项目时，要深入调研市场需求、灵活调整策略，以确保自己的产品或服务能够满足用户的需求并具备竞争优势。

7.1.6　因时而动原则

　　大学生创业者应深入了解国家当前对各个行业的扶持、鼓励和限制政策，选择那些受到国家政策扶持和鼓励的行业，无疑能为企业未来的稳健发展奠定坚实的基础。

　　因此，大学生创业者选择创业项目时要因时而动，时刻保持敏锐的市场洞察力，特别要聚焦于以下两个方面。

　　（1）当前行情。大学生创业者要洞察当前的行业态势，包括当前市场的需求热点、尚待填补的市场空白以及市场畅销产品。然而，大学生创业者在追逐市场畅销产品时，切忌盲目跟风，而是应当深入剖析其畅销背后的真正动因，确保自己的决策建立在真实的数据和分析之上。

　　（2）未来前景。大学生创业者应高瞻远瞩，深入剖析所选行业的未来发展潜力，考虑它是否顺应国家产业发展导向，是否贴合民众消费行为的变化趋势。大学生创业者唯有把握住未来的行业走向，才能确保创业项目具有持久的生命力和竞争力。

7.1.7　项目特色原则

　　具有特色的创业项目是企业能持续发展的必要条件。这里所说的特色可以理解为：他人没有的、先于他人发现的、与他人不同的、强于他人的。只有选择有特色的项目，企业才有可能在激烈的市场竞争中占有一席之地。因此，大学生创业者选择的创业项目一定要有特色。

👁 **阅读材料**　　　　　　　　　　　**良品铺子**

　　良品铺子是我国知名休闲食品品牌，成立于2006年。不同于传统零食店，良品铺子强调产品品质与消费者体验，致力于打造一个覆盖全年龄段、全品类的休闲食品"王国"。

　　良品铺子自诞生之日起，就秉承"品质·快乐·家"的价值观，致力于为消费者提供安全、美味、健康的休闲食品。其产品线横跨多个类别，从精选坚果到精致糕点，每一件产品都经过严格的质量把控。良品铺子针对现代消费者对健康饮食的需求，推出低糖、低脂等系列食品，引领了休闲食品行业的健康化转型。

　　在产品创新上，良品铺子推出小包装、精选装、个性装等，并针对不同场景和人群推出定制化产品，让消费者能够更便捷地选择适合自己的产品。此外，良品铺子还根据季节变化推出季节性产品，如清凉解暑的冰淇淋和果汁，以及热饮和坚果等，以满足不同季节消费者的口味需求。

在服务创新上，良品铺子同样表现出色。良品铺子提供免费试吃服务，让消费者能够亲自品尝产品，增强购买意愿。同时，良品铺子建立了完善的会员制度，通过积分兑换、发放优惠券等方式，鼓励消费者多次购买，提高消费者的忠诚度。此外，良品铺子还实现了线上线下融合，通过线上商城和线下门店的多渠道布局，让消费者既可以在线上浏览产品信息、下单购买，也可以到线下门店体验产品、享受服务。为提升服务效率，良品铺子还统一消费者数据管理，实现了线上线下数据的共享。

在研发创新上，良品铺子还组建了研发团队，专门研究消费者喜好，确保产品紧跟市场趋势。同时，良品铺子还根据不同地区和人群的饮食习惯，推出适合当地市场的产品，确保产品能满足不同地区消费者的需求。这种对消费者需求的精准把握和对市场趋势的敏锐洞察，使良品铺子在竞争激烈的零食市场中脱颖而出。

✍ **点评**

良品铺子在项目创新方面展现出卓越的能力，通过产品创新、服务创新、研发创新等方面的努力，不仅赢得广大消费者的青睐，也在休闲食品领域树立了创业典范。

7.1.8　合法性原则

创业项目应属于国家允许进入的领域和行业。国家对部分领域是明令禁止的，如军火的生产和经营、传销等；对部分领域是有所限制的，如制药等；对部分行业是有资质限制和准入要求的，如大型的建筑安装工程、矿山开采等。而国家对生产普通民用产品的领域基本没有什么限制。大学生创业者选择创业项目及经营范围时一定要符合法律法规，不要做出扰乱市场经营秩序的行为，包括非法经营烟草，非法经营食盐，非法经营证券、期货、保险业务，非法出版，等等，否则将面临严重的后果。

🎯 **小贴士**

除此之外，大学生创业者在选择创业项目时还要考虑产品成本、价格与利润等。对于毛利率低于20%的创业项目，大学生创业者要慎重考虑，因为利润始终是创业的关键因素之一。

7.2　选择创业项目的策略

选择创业项目的过程是一个实践的过程，需要大学生创业者具备很强的创新、创造能力。随着国家"以创业带动就业"政策的出台，创业成为很多大学生的首要选择，但其成功率极低。原因之一就是他们在创业初期未能选择一个适合自己的、有生命力的创业项目。如果大学生创业者在选择创业项目时采用科学的方法，准确识别和把握市场机会，就可以大大提高创业成功的概率。选择创业项目的策略如下。

7.2.1　先加后减策略

大学生创业者在选择创业项目时，要开阔视野、发散思维、拓宽选择范围，即"做加法"，具体做法如下。

（1）多阅读创业人物传记，以及与贸易、财经有关的图书等，了解成功创业者的经历与智慧，发现潜在的市场机会，培养对创业的热情与兴趣。

（2）多参加一些投资贸易洽谈会、博览会及有针对性的创业项目洽谈会、创业项目大赛等，从而开阔眼界、刺激思维。同时，大学生创业者要努力争取与业界的专家、企业家面对面交流，获取宝贵的创业建议。

（3）多参加一些创业讲座、小企业管理课程等，多结交经销商、批发商、企业人士等，通过与他们交流，获取更多关于市场、项目、管理等方面的信息，为创业提供有力支持。

（4）多参与"创业计划大赛""创意吧"等创新活动，培养自己的创新思维，获取创业项目信息。

"做加法"后，大学生创业者可能会想到许多的创业项目，此时就需要结合相关的评价指标、筛选机制将一些政策限制的项目、启动资金较大的项目、不环保的项目等逐一排除，即"做减法"。

7.2.2　条件筛选策略

在运用先加后减策略得到一部分创业项目后，大学生创业者还需要从中筛选，筛选过程包括以下3个步骤。

1. 根据自己的兴趣进行筛选

大学生创业者可以从兴趣出发，把最想做的创业项目挑选出来。兴趣是一个人认识世界和实践的动力，影响着大学生创业者的能力和知识结构的形成。如果选择自己感兴趣的创业项目，大学生创业者就会倾注全部心血，用坚定的意志来督促自己不断努力。

2. 根据自有资源进行筛选

大学生创业者可以从自有资源出发，把自己能够做的创业项目挑选出来。在选择创业项目时，大学生创业者虽然要考虑自己的兴趣，但又不能只考虑自己的兴趣，否则将面临很大的风险。自有资源一般包括技术专长、行业经验、经营策略、管理能力及个人社会关系等，这些是完成创业项目的切实保障。

3. 根据市场需求进行筛选

大学生创业者可以把具有市场需求的创业项目挑选出来。大学生创业者在选择创业项目时必须以经济效益为导向，从市场需求出发，才能取得理想的结果。

经过以上3轮筛选后，能够同时满足以上3个条件的创业项目就是适合大学生创业者的创业项目。

阅读材料 **刘强东的电商故事**

刘强东，京东的创始人兼董事会主席，是中国电商行业的领军人物之一。

早期，刘强东在中关村摆摊销售电子产品，以诚信经营和优质服务赢得了客户的信赖。然而，他并不满足于传统的实体销售模式，随着互联网的蓬勃发展，他敏锐地捕捉到电商领域的巨大商机。

在决定进军电商领域后，刘强东面临着前所未有的挑战。技术平台的搭建、资金的筹措、市场的推广，每一个环节都充满困难。他坚信电商将成为未来商业的主流，因此不惜一切代价投入研发，打造了一个功能强大的在线购物平台——京东。

为提升客户体验，刘强东在物流配送方面进行大刀阔斧的改革。他推出"211限时达"服务，承诺产品在下单后的第二天即可送达。这一创新性举措极大地提升了京东的竞争力，也赢得了客户的广泛好评。

在团队建设方面，刘强东非常注重人才的培养和激励。他创造了一个充满激情和创造力的工作环境，吸引了大批优秀的人才加入京东。同时，他还通过股权激励等措施，让员工成为公司发展的受益者，从而使员工更加投入地为公司贡献力量。

随着京东的不断发展壮大，刘强东开始将业务拓展至金融、科技、物流等多个领域。京东金融为客户和企业提供了便捷的金融服务；京东物流则通过先进的技术和高效的运营，成了中国物流行业的佼佼者。

刘强东的成功并非偶然，而是源于他的远见卓识、坚定信念和不懈努力。他敢于冒险、勇于创新，始终坚持以客户为中心的经营理念。他的领导力和商业智慧使得京东在激烈的市场竞争中脱颖而出，成为中国电商行业的领军企业。

点评

刘强东凭借敏锐的市场洞察力和持续创新，发展成电商巨头，展现了坚持与勇气的力量。这激励大学生创业者要勇于追梦，重视团队合作，不断挑战与成长。

7.2.3 市场调查策略

选好适合自己的创业项目后，大学生创业者还要对这个项目进行市场调查，以判断其可行性。大学生创业者在展开市场调查时应抓住以下3个关键点。

1. 确定调查目标

大学生创业者要确定市场调查的目标，即明确目标人群的组成、判断自己的产品或服务能否满足其需求等。

2. 把握调查要点

把握调查要点的关键是满足客户的需求。客户需求的满足分为以下两种情形。

（1）客户需求已经存在，但还没有被满足。

（2）已有的产品或服务能够满足客户需求，但大学生创业者提供的产品或服务的价值更高。

所以，大学生创业者应该用有限的资源创造出尽可能大的价值。

3．处理与分析数据

大学生创业者应对调查结果进行数据处理与分析，了解创业项目的市场需求，从而对创业项目进行有效的市场预测和决策，为创业成功提供保障。

7.3   评估创业项目

不论是投资人还是大学生创业者，都可能会遇到需要对创业项目进行评估的情况。那么，大学生创业者如何才能合理评估创业项目呢？下面将介绍创业项目的评估准则和评估指标体系。

7.3.1   创业项目的评估准则

创业项目的评估准则主要涉及市场和效益两个方面。

1．市场方面的评估准则

市场方面的评估准则主要包括市场定位、市场规模和市场占有率3个方面。

（1）市场定位。评估创业项目首先要评估的就是这个创业项目的市场定位是否准确。一个好的创业项目必然要有特定的市场定位，能够满足客户的需求，为客户带来利益。因此，大学生创业者在评估创业项目的时候，可从市场定位是否明确、客户需求分析是否清晰、产品线是否可以持续拓展等方面来判断创业项目可能具有的市场价值。

（2）市场规模。市场规模与成长空间也是影响创业项目成败的重要因素之一。一般而言，如果市场规模较大，其准入门槛就会相对较低，市场竞争也不会太过激烈。一个十分成熟的市场，即使规模很大，但由于成长空间较小，利润空间必然很小，它也是不宜进入的。

（3）市场占有率。市场占有率这一指标可以显示创业项目未来的市场竞争力。一般而言，一个企业要成为市场中的领跑者，其市场占有率需要达到20%以上。如果市场占有率低于5%，则创业项目的市场竞争力显然不足，自然也会影响企业的价值。

2．效益方面的评估准则

效益方面的评估准则主要包括以下两个方面。

（1）合理的税后净利。一般而言，具有吸引力的创业项目能够创造15%以上的税后净利。如果创业项目预期的税后净利在5%以下，它可能就不是一个好的创业项目。

（2）投资回报率。考虑到创业可能面临的各项风险，合理的投资回报率应该在25%以上。一般而言，投资回报率低于8%的创业项目不值得考虑。

7.3.2   创业项目的评估指标体系

创业项目的评估指标体系主要包括市场评估、产品与技术评估、项目投资规模评估、经营管理评估、财务评估、风险评估等评估内容，以及各项评估指标，如表7-1所示。建立客观、可操作、有前瞻性的评估指标体系，可以帮助大学生创业者全方位了解创业项目的各方面信息。

表7-1 创业项目的评估指标体系

评估内容	评估指标
市场评估	市场需求量、目标人群收入水平、市场接受时间、市场竞争激烈程度等
产品与技术评估	替代产品、技术的先进性、技术的发展前景等
项目投资规模评估	需要的资金、生产规模、生产能力等
经营管理评估	经营规模、创业团队、员工技能等
财务评估	净利润增长率、销售收入增长率、投资回报率、内部收益率等
风险评估	财务风险、行业风险、退出壁垒等

另外，大学生创业者可以根据自身或行业特点，确定每一项评估内容的具体指标。对于一些定性的指标，大学生创业者要通过量表的形式对其进行定量化处理，给每个指标打分，然后根据给出的权重计算出最终得分。

一般情况下，优秀的创业项目通常具有以下7项明显特征。

（1）有比较优秀的掌舵人和能力互补的团队骨干成员。

（2）有独特的核心竞争优势和核心价值。

（3）发展规划及措施清晰、可行。

（4）股权结构清晰，主营业务突出，市场前景好。

（5）有创新性的技术或商业模式。

（6）具有非常强的成长性。

（7）在财务规划、盈利能力及现金流量方面表现良好。

7.4 规避创业项目选择的误区

选择一个好的创业项目是大学生创业者创业成功的关键，但大学生创业者往往由于没有经验，被各种各样的创业项目迷惑。那么大学生创业者在选择创业项目时，应该如何避免陷入误区，有效降低创业风险呢？

1. 不要盲目创业

每年都会出现一些风口行业，如近年来热门的人工智能、无人超市等。面对这些热门行业时，许多大学生创业者会盲目跟风，而不考虑自身是否适合这些行业。大学生创业者在创业时一定要综合考虑各种情况，不要盲目创业。

2. 不要以为当老板很自由

有的大学生创业者以为自己当上老板后就会很自由，不像上班族要受约束。事实上，老板所要付出的时间、精力和所要承受的压力都超过了上班族。一个真正白手起家的老板背后的辛酸、压力、责任是普通人无法体会的。

3．用心分析用户

很多大学生创业者在创业时，没有认真、仔细地分析用户和市场，所以无法判断自己的产品是否符合市场需求，是不是市场刚需。例如，上门洗车服务就是一个伪需求，用户刚开始或许会觉得新鲜，时间久了，新鲜感就过去了。

因此，大学生创业者需要有目的地观察用户，并深入了解用户的消费需求，这样才能选择相应的创业项目来解决用户真实的高频痛点。

4．切忌贪大求全

大学生创业者看准某个创业项目时最好从实际出发，切忌贪大求全，应先用较少的资金来试探市场，等到有足够的把握时再大量投入资金。俗话说"船小好调头"，在投资较少的情况下，即使出现失误，也有挽回的机会。

7.5　本章练习

1．选择创业项目的基本原则有哪些？

2．选择创业项目的策略有哪些？该如何有效应用这些策略？

3．一个优秀的创业项目通常具有哪些特征？

4．创业项目的评估指标体系有哪些评估内容？

5．大学生创业者在选择创业项目时应如何避免陷入误区？

6．阅读以下材料，分析李孟炎和小谢创业失败的原因。假如你是李孟炎或小谢，你能从这次失败的创业中学到什么？

◉ 阅读材料　　　　　　要认清自己的能力

李孟炎是企业管理专业的学生，毕业后曾在一家销售机械轴承的公司工作了一年。因为一直做销售，所以李孟炎认为自己已经掌握与人打交道的知识和技巧，于是，他渴望自己创业。一个偶然的机会，李孟炎得知同学小谢的家中有人做过机械轴承销售，而且收入颇丰，小谢也称自己有相关的工作经历，而且有一些老客户可以联系。李孟炎心动了，很快就选择将销售机械轴承作为自己的第一个创业项目。

准备好创业的启动资金和相关的合法手续后，李孟炎和小谢租了一个占地70多平方米的办公间，创立了公司，正式踏上了创业之路。由于马上就要开机械设备展览会了，李孟炎和小谢白天整理各种产品资料、报价单等，晚上就通过网络和电话等渠道向新老客户宣传公司。

转眼间，机械设备展览会就正式开始了。在展览会上，他们向往来客商递送资料，很快就收集了几百张名片，两个人高兴极了。展览会的后续效应显著，每天都有十几个客户给他们打电话或上门找他们谈业务。可是过了一个多月，公司还没有接到订单。李孟炎有点着急了，心想自己是不是选错创业项目了。随后，他和小谢向业内人士请教，并分析原因，最后他们才知道机械轴承这个行业情况很复杂，与他们想象的完全不一样。

3个月过去了，公司只接到几笔小额订单，完全不能维持正常运营，李孟炎和小谢不得不关闭公司。

事后，李孟炎说，如果自己事先能够静下心来认真对创业项目进行评估，不盲目创业，就不会有此次失败的创业经历。

7. 阅读以下材料，分析张小佳为什么会选择日租房这个项目。你觉得这个项目有发展前景吗？

👁 阅读材料　　　　　　　　　　　**张小佳的日租房**

随着社会的发展和生活水平的提升，人们出行的频率显著提升，旅馆和酒店的业务也随之繁荣。然而，出行的人在外地短暂停留期间，常常难以享受到家的温馨与便利，特别是在饮食方面。为了解决这一问题，未毕业的大学生张小佳萌生了一个想法：为出行在外的人提供日租房服务。

张小佳经过深思熟虑，认为日租房服务的目标客户主要是短期出游的年轻人，这类人群往往对价格比较敏感，同时注重居住体验。因此，张小佳决定走性价比路线，并将业务地点精心选在旅游热点区域附近，以便更好地满足目标客户的需求。

为了确保业务的顺利开展，张小佳首先向相关管理部门申请办理所有必要的经营手续。随后，张小佳租了一间合适的房屋，并投入一定的资金对其进行精心布置。这间房屋不仅配备全套的家电设施，而且环境温馨整洁，充满了家的氛围。在准备工作完成后，张小佳积极开展宣传推广工作。她不仅在网络上发布日租房的详细信息，还在校园内张贴宣传广告，以吸引更多的潜在客户。

不久之后，张小佳成功接到了第一笔业务。5位来自同一寝室的大三学生计划一起度过元旦假期，他们决定租用张小佳的日租房，自己动手做饭，这样既能保证食品的卫生和安全，又能节省开支，更重要的是能够让他们享受到家的温馨与便利。

第 8 章

商业模式

↗ **引导案例**

　　携程是一家在线旅行服务公司，其总部设在上海。携程成功整合了高科技产业与传统旅游行业，为众多注册会员提供包括酒店预订、机票预订、度假产品预订及旅游资讯等在内的全方位旅行服务，被誉为"互联网和传统旅游无缝结合的典范"。

　　互联网人士说，携程并不是一家纯粹的互联网公司；旅游业人士则说，携程并不是一家真正的旅游公司。携程成立之初，我国旅游业正处于起步阶段，旅游市场的集中度不高，边际资源丰富，业内人士所缺乏的是将市场和资源整合在一起的理念和行动。携程创始人看准时机，并通过网络与传统资源相结合的方式，整合现有资源，随即推出酒店预订业务。携程与当时国内酒店预订规模最大的公司合作，规模效应很快开始显现，携程预订量直线上升。随着酒店预订业务的成功推出，携程又开始向机票预订进军。由于携程拥有庞大、先进的呼叫中心和巨大的消费者群体，因此许多酒店、航空公司愿意将一部分业务外包给携程。

　　作为一个独特的资源整合者，携程的主营业务是"酒店+机票"预订，因此，其主要供应商是各大酒店和航空公司。而携程并不是酒店和机票的提供者，它只是将相关信息汇总，并传递给需要这些信息的消费者。整个交易过程中，携程只是充当一个中间者的角色，把供应商和消费者连接起来。

　　从携程的发展可以看出其成功的关键在于与众不同的商业模式。

　　第一，酒店预订服务是携程在旅游服务行业一个很好的切入点。

　　第二，携程利用网络资源的优势，整合了旅游服务业人员和上下游关系等边际资源，逐步奠定了其在酒店预订和机票预订行业的地位。

　　第三，携程在精细化的管理后台的支持下，进一步发挥了互联网资源与传统资源结合的优势。

扫一扫

参考答案

　　讨论

　　1. 携程的商业模式可以复制吗？

　　2. 成功的商业模式具有哪些特征？

　　3. 如何设计符合企业发展的商业模式画布？

8.1　商业模式概述

　　商业模式不是单一的或一成不变的，行业、企业类型、企业发展周期都会影响企业的商业模式。表8-1所示为电子商务行业部分企业的商业模式。

表8-1　电子商务行业部分企业的商业模式

企业	淘宝	京东	当当
商业模式	淘宝的商业模式主要基于C2C（消费者对消费者）模式，同时融合了B2C（商家对消费者）模式。它提供了一个开放的平台，允许个人和企业开设网店，销售各种商品	京东的商业模式以B2C模式为主，它通过自营和第三方商家入驻的方式，销售各类商品。同时，京东拥有强大的物流体系，能够提供快速、准确的配送服务，满足消费者对快速、便捷购物的需求	当当的商业模式以B2C模式为主。当当通过自营和第三方商家入驻的方式，提供丰富的图书和音像制品

在全球化浪潮冲击、技术变革加快和商业环境快速变化的时代，企业成功的核心要素已逐渐超越单纯的技术创新，转向商业模式的塑造与革新。因此，企业要想在激烈的市场竞争中占据一席之地，首要任务便是构建并优化其商业模式，这包括对价值主张、客户关系、核心能力、成本结构和收入来源等方面的深入思考和精心设计。商业模式已成为企业赢得市场、实现长期发展的决定性力量。

8.1.1　商业模式的含义

商业模式是一个比较宽泛的概念，与其相关的说法有很多，包括运营模式、盈利模式等。本书认为商业模式是企业在一定的动态环境中，为实现自身价值最大化，将能使自身运行的内外各要素整合起来，形成一个完整、高效率、具有独特核心竞争力的运行系统，并通过最优实现形式满足消费者需求、实现消费者价值，同时使自身达成持续盈利目标的整体解决方案。

简单来说，商业模式就是企业满足消费者需求所用的系统。这个系统组织、管理企业的各种资源，包括资金、原材料、人力资源、销售方式、创新力等，能够提供消费者无法自主生产而必须购买的产品或服务。因此，商业模式具有自己能复制而别人不能复制，或者自己在复制过程中能够占据市场优势地位的特性。

8.1.2　商业模式的演变

商业模式不是静态的，而是不断演变和发展的。为了维护商业模式结构的稳定性，更好地应对其他竞争对手的挑战，企业倾向于用各种方式来发展自身的商业模式。商业模式的演变历程如下。

1. 店铺模式

店铺模式是最古老也是最基本的商业模式，它是指在具有潜在消费者群体的地方开设门店，向消费者展示和销售产品。随着时间的推移，店铺模式从单一实体店发展到连锁店，再到线上线下融合的模式，即实体店与电子商务平台结合，为消费者提供越来越便捷的购物体验。

2. "饵与钩"模式

随着时代的进步，商业模式也变得越来越精细。"饵与钩"模式也称为"剃刀与刀片"

模式，或"搭售"模式。在这种模式下，基本产品的售价很低，但与之相关的消耗品或者服务却十分昂贵。例如，剃须刀（饵）和刀片（钩），打印机（饵）和墨盒（钩），等等。

3. 硬件+软件模式

硬件+软件模式指的是企业同时提供硬件和软件产品，并通过软件服务实现持续盈利。这种模式在信息技术领域尤为显著。企业不仅销售物理产品（硬件），还通过操作系统、应用程序、订阅服务等软件产品持续创造收入。

4. 其他商业模式

其他商业模式的演变历程如下。

- 电子商务与数字化转型：互联网的普及带动了电子商务的崛起，亚马逊、阿里巴巴等企业通过在线平台打破地域限制，改变交易方式。
- 共享经济与平台经济：代表共享经济模式的Airbnb，以及代表平台经济模式的淘宝、微信等，通过连接供需双方，创造新的价值。
- 订阅经济与服务化转型：从提供视频订阅服务的Netflix到提供音乐订阅服务的Spotify，越来越多的企业转向基于订阅的服务模式，强调持续性收入和消费者黏性。
- 体验经济与个性化服务：随着消费者偏好的变化，提供独特体验和个性化服务的商业模式受到重视，如定制旅游、高端体验式零售等。
- 循环经济模式：随着人们环保意识的增强和资源短缺问题的日益严重，循环经济模式开始受到关注。二手产品交易平台、产品租赁服务等兴起，强调资源的循环利用和减少浪费。

小贴士

"饵与钩"模式衍生出一个新的模式，即软件开发者为用户提供免费的文本阅读器，但是在用户使用文本编辑器时却要向其收费，且费用不低。

扫一扫

"互联网+"常见的商业模式

8.1.3　商业模式的要素

有了一个好的商业模式，就成功了一半。商业模式是一种包含了一系列要素及其关系的概念性工具，用以阐明某个特定实体的商业逻辑。它描述了企业能为消费者提供的价值，以及企业的内部结构、合作伙伴网络和关系资本等用以实现这一价值并产生可持续盈利的要素。具体来说，商业模式包括以下6个要素。

1. 定位

一个企业要想有足够的生存空间并实现持续盈利，就必须要明确自身的定位。定位就是指企业应该做什么，它决定了企业应该提供什么样的产品和服务来满足消费者的需求。

定位是商业模式的基本要素，也是企业战略选择的结果。

2. 业务系统

业务系统是指企业为实现其市场定位和价值主张，所构建的一系列相互关联、相互作用的业务活动、流程、合作伙伴关系及资源配置方式的总和。一个高效、灵活的业务系统能够确保企业快速响应市场变化，满足消费者需求。同时，一个高效、灵活的业务系统还能降低企业的运营成本，提高资源利用效率。

3. 关键资源能力

关键资源能力是指让业务系统运转所需要的重要资源和能力。

4. 盈利模式

盈利模式是指企业获得收入、分配成本、赚取利润的方法。具体来说，它是指在给定业务系统中，在各价值链所有权和价值链结构已经确定的前提下，企业利益相关者之间利益分配格局中的企业利益表现。

5. 自由现金流结构

自由现金流结构是企业经营过程中产生的现金收入扣除现金投资后的部分，自由现金流的贴现值反映了采用该商业模式的企业的投资价值。贴现值是将未来某一时间点的资金折算为现在的价值，深刻反映了资金的时间价值以及企业未来现金流的当前价值。

不同的自由现金流结构反映了企业在定位、业务系统、关键资源能力及盈利模式等方面的差异。它体现了企业商业模式的不同特征，决定了企业投资价值的高低、企业投资价值递增的速度及企业受资本市场青睐的程度。

6. 企业价值

企业价值即企业的投资价值，是企业预测未来可以产生的自由现金流的贴现值。它是评判企业商业模式优劣的标准。

商业模式的6个要素环环相扣，互相影响，商业模式各要素间的关系如图8-1所示。

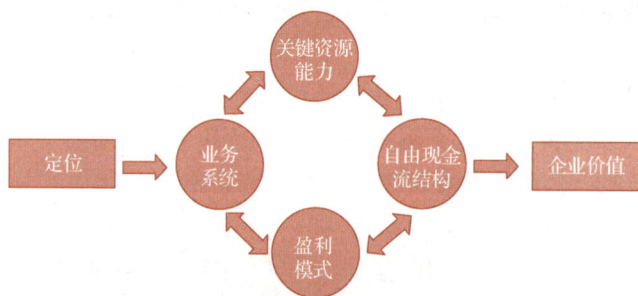

图8-1   商业模式各要素间的关系

8.1.4   成功商业模式的特征

虽然商业模式因行业、企业类型等因素的不同而不同，但成功的商业模式一般具有以下5个特征。

1. 创新性

一个商业模式成功的关键不一定是在技术上实现了突破，也可能是在某一个环节进行了改进，或是对原有模式进行了重组、创新。商业模式的创新贯穿企业经营的整个过程，涉及企业资源的开发方式、制造方式、营销体系等方面。也就是说，在企业经营的每一个环节，企业都可能通过创新造就一个成功的商业模式。

2．能提供独特的价值

企业通过确立自己的独特价值来保证其市场占有率。独特的价值有时候可能是新的思想，而更多的时候是产品和服务的独特组合。这种组合要么可以向消费者提供附加价值，要么可以使消费者用更低的价格获得同样的利益，或者用同样的价格获得更多的利益。例如，小米就是一个典型的例子。它通过"互联网+硬件"的模式，将高质量的智能手机、智能家居产品等以极具竞争力的价格提供给消费者，同时构建庞大的生态系统，该生态系统涵盖软件、互联网服务等多个领域。

3．难以模仿性

成功的商业模式往往建立了一个极难复制和迁移的商业运行系统。这种难以模仿性可能来自品牌忠诚度、专利技术、独特的运营流程或强大的网络效应等，有助于企业形成竞争壁垒，确保竞争对手难以轻易复制其模式。例如，阿里巴巴创建了一个集电子商务、金融科技、物流、云计算等于一体的复杂生态系统，这种商业模式具有极高的难以模仿性。阿里巴巴通过旗下的淘宝、天猫等平台，不仅连接亿万消费者与商家，还利用大数据和算法优化产品推荐和广告投放方式，极大地提升了交易效率和消费者体验。

4．可操作性和盈利性

商业模式必须实际可行，能够使企业实现经济上的自给自足，即能够使企业实现成本控制、收支平衡，并最终盈利。企业需要清晰理解自己的盈利途径，确保商业模式在长期运营中是可持续的。

5．具备风险控制能力

成功的商业模式能够对风险进行预警、监控和有效防范，具备较强的适应性和灵活性，能够在市场波动或危机来临时使企业保持运营效率和盈利能力。同时，成功的商业模式还能够通过多元化经营、分散投资等方式降低风险。

👁 **阅读材料**　　　　　　　　**腾讯的商业模式**

腾讯的商业模式是一个典型的多元化互联网服务平台模式，其成功之处在于构建了一个围绕用户社交生活的全方位生态系统，通过高度互动的平台吸引用户并保持庞大的用户规模，再通过多种方式变现。

腾讯依托其两大社交平台——QQ与微信，成功吸引了庞大的用户群体，通过不断优化用户体验，强化社交互动与内容分享功能，形成显著的网络效应。其中，微信作为超级应用，不仅是即时通信工具，还具备支付、服务、内容消费等功能，成为用户日常生活中不可或缺的一部分。

在增值服务方面，腾讯的游戏业务尤为突出。通过自主研发与代理发行，腾讯拥有多款热门游戏，通过游戏内购和虚拟商品销售实现盈利。此外，腾讯还推出各类会员服务，如QQ空间的黄钻、绿钻等，满足用户的个性化需求，进一步拓宽收入渠道。在广告业务方面，腾讯利用其平台所累积的海量用户数据，提供精准的广告解决方案，覆盖微信、QQ、腾讯视频等多个平台，实现广告效果的最大化。

除此之外，腾讯还积极布局金融科技。微信支付和QQ钱包不仅改变了人们的支付习惯，更成为金融科技服务的重要组成部分，通过交易手续费、金融服务费等为腾讯增加收入流。同时，腾讯云快速发展，为企业提供全面的云计算解决方案，助力企业数字化转型。

✒ **点评**

腾讯的商业模式之所以成功，关键在于其不断适应市场变化，不断创新服务内容，有效利用社交平台的巨大流量优势，实现收入来源的多元化。

8.2　商业模式的设计

一个成功的商业模式，可以帮助企业更高效地在市场竞争中取得胜利并实现快速发展。那么，商业模式设计的基本要求有哪些？商业模式的设计流程是怎样的？其设计工具有哪些呢？下面将逐一阐述。

8.2.1　商业模式的设计要求

一个好的商业模式通常满足定位精准、扩展快、竞争壁垒高、风险低4项基本要求。因此，在设计商业模式时，企业应重点从这4个方面入手。

1. 定位精准

定位精准的核心是找到一个差异化市场，并为这个市场提供满足消费者需要的、有价值的、独特的产品，让消费者愿意为此付费。

在进行定位时，企业需要考虑以下6个基本问题。

（1）是否进行了差异化的市场分析？

（2）是否为目标市场和消费者创造了价值？

（3）是否确定了独特的市场？

（4）是否设计出了消费者所需要的产品？

（5）产品本身为消费者创造了怎样的价值？

（6）消费者为什么愿意认可该价值并为此付费？

当然，不是随意找一个差异化市场并提供优质的产品就可以成功的，企业应找一个规模大、发展快速的市场，这才是定位精准的关键。

2. 扩展快

扩展快是很多企业在设计商业模式时容易忽略的一点。这里所说的扩展主要是指收入的扩展。收入是否快速扩展，是衡量商业模式能否迅速取得成功的关键因素。

任何一个企业的收入规模根本上都取决于消费者数量及平均消费者贡献额两个因素。企业要想实现收入的快速扩展，就要制定能快速增加消费者数量或者提高平均消费者贡献额的各种策略。但从商业实践的角度来看，真正起到关键作用的还是消费者数量，如果消费者数量太少，那么从单一消费者身上获得再高的收入也是枉然。

3. 竞争壁垒高

好的商业模式一定要和企业自身的优势紧密结合起来，最好有独特的优势，从而帮助企业构筑出较高的竞争壁垒。很多企业之所以发展到一定阶段就会陷入瓶颈，就是因为这些企业忽略了竞争壁垒，导致很容易被其他企业赶超。

4. 风险低

设计商业模式时，企业还要综合评估可能面临的各种风险。在评估风险时，企业需要考虑以下5个问题。

（1）是否存在政策及法律风险？

（2）是否存在行业竞争风险？

（3）是否有潜在的替代品威胁？

（4）是否已经存在价值链龙头？

（5）是否存在行业监管风险？

企业评估风险的最终目标是识别出所有可能的风险、制定相应的策略，使风险保持在可控范围内。

设计商业模式需要考虑的问题有很多，不仅仅包括上述4项。另外，商业模式的设计既不是一蹴而就的，也不是一成不变的。商业模式需要企业在实践中不断尝试、不断修正，甚至是不断试错才会日趋完美。

8.2.2 商业模式的设计流程

不同的企业因所处环境不同，拥有的资源和能力也不同，因此，其适合的商业模式也各不相同。大学生创业者应当基于自身的实际条件和对目标行业的深入了解，对商业模式进行精心的设计。商业模式设计是一项系统性的工程，其流程通常涵盖以下关键步骤。

1. 建立商业模式设计团队

在设计商业模式时，大学生创业者应避免闭门造车，要集思广益，参考不同人群的意见。因此，大学生创业者需建立一个商业模式设计团队。

商业模式设计团队应该包括3类人：一是大学生创业者等创业团队成员，这类人是创业的主力军，对自身条件和已有资源最为了解，能做好商业模式设计的决策工作；二是行业专家或经验丰富的从业者，这类人对行业更加了解，能提供很多重要信息；三是意向客户，这类人能对商业模式做出基于直觉的判断，为商业模式设计提供重要参考意见。

2. 分析内外部环境

商业模式的实施受限于内外部环境，因此分析内外部环境是设计商业模式的基础。

其中，内部环境是指创业团队拥有的技能、知识、资源等，外部环境则指政策、市场等。在进行内外部环境分析时，大学生创业者可以采用SWOT分析法。

SWOT分析法作为一种经典工具，其价值在于帮助大学生创业者全面审视企业现状，为大学生创业者进行商业模式的设计与调整提供方向。

（1）优势（Strengths）：企业相对于竞争对手而言，在某些方面所具有的优势，包括独特资源、技术、品牌或市场地位等有利条件。大学生创业者需要识别并充分利用这些优势，以便在市场竞争中占据有利地位。

（2）劣势（Weaknesses）：企业在某些方面相对于竞争对手的不足或缺陷，可能包括技术落后、资金短缺、运营效率低下或团队经验欠缺等。大学生创业者需要正视这些劣势，并寻找应对方案。

（3）机会（Opportunities）：企业可以利用的外部环境中的有利因素，可能来自市场需求的变化、政策扶持或新兴技术带来的机遇等。大学生创业者需要敏锐地捕捉这些机会，并制定相应的策略来利用这些机会。

（4）威胁（Threats）：可能对企业产生负面影响的外部环境因素，如竞争对手的行动、市场萎缩、法规变化或经济衰退等。大学生创业者需要警惕这些威胁，并制定相应的应对策略来减少这些威胁对企业的影响。

3. 发散思维

商业模式贯穿企业运营的整个过程，大学生创业者不仅可以发散思维，根据商业模式的6个要素对商业模式进行大胆创新，还可根据企业自身优势选择商业模式的设计起点和中间路径，以某一要素为起点，构建企业价值链。

4. 聚焦一种商业模式

在思维发散阶段，大学生创业者会产生大量的想法，想到多种商业模式。但回归企业本身，其最终只需要一个最合适的商业模式，为此大学生创业者需要进行聚焦，择优选取。这个商业模式应符合以下原则。

（1）消费者需求原则。商业模式理应满足消费者需求，大学生创业者可通过消费者验证选择消费者最能接受的商业模式。

（2）核心竞争力原则。大学生创业者可以利用SWOT分析法分析商业模式的门槛，了解竞争对手能否复制自己的商业模式。

（3）价值最大化原则。商业模式设计是为了使企业价值最大化，因此大学生创业者可以借助商业模式画布工具，对利润和成本做简单的评估。

5. 制作商业模式原型

大学生创业者可以使用诸如精益创业画布或商业模式画布之类的工具来具象化构想的商业模式，即将商业模式转化为一个可视化的原型。这样，大学生创业者就可以向所有关键利益相关者，包括潜在投资者、目标消费者、合作伙伴以及团队内部成员等，清晰展示商业模式的核心逻辑与运作机制。此外，通过这个原型，大学生创业者还能够有效地收集反馈，进行必要的迭代优化，确保商业模式既吸引资本关注，又切实可行，满足市场需求。

8.2.3 商业模式的设计工具——精益创业画布

埃里克·莱斯提出的精益创业理论为企业提供了一个探索商业模式的工具。精益创业理论的核心思想是，企业首先要集中资源开发符合自身核心价值的产品；然后通过不断的学习和有价值的用户反馈对产品进行快速迭代优化，以适应市场发展的需求；最后进入良性发展轨道，投入较少的资源就能够取得成功。

对初创企业而言，精益创业画布是一个非常优质的工具，可以用于清晰地梳理商业模式。

1. 精益创业画布的基本要素

精益创业画布的基本要素包含图8-2所示的9项内容。

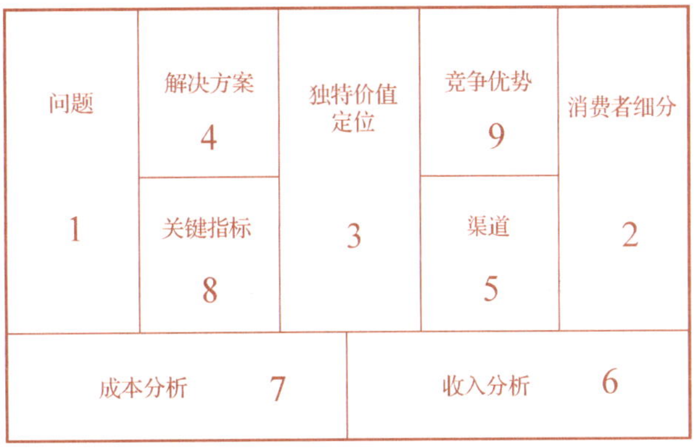

（1）问题。问题即需求痛点，它和消费者群体的匹配是商业模式设计的核心。大学生创业者明确将要服务的目标消费者群体后，针对每个细分群体列出1～3个最大的需求痛点，再想想目标消费者群体在什么时候迫切需要解决这些痛点，然后就可以据此寻找"让需求痛点消失"的方案。

当然，大学生创业者还应该多和

图8-2 精益创业画布的基本要素

目标消费者群体交流、沟通，最好做一些小规模的测试、调研来验证需求痛点是否真正存在。

（2）消费者细分。创业一定要从消费者细分开始，因为消费者是有差异的，没有一种产品能够满足市场中所有消费者的需求。大学生创业者只有对消费者的定位足够准确，由此推出的产品或服务的针对性才会更强，才更符合消费者的核心需求。与此同时，大学生创业者还可以对目标消费者群体进行细分，列出重点消费者，锁定潜在的早期消费者，通过他们来获取消费者的需求痛点、提出解决方案。

（3）独特价值定位。简单地说，独特价值定位就是用一句简短有力的话来描述自己的企业和其他企业的不同，这是商业模式设计中最重要也是最难的部分。寻找独特价值最好的方法是直接从要解决的首要问题出发去寻找独特卖点，也可以针对重点消费者来设计独特卖点。例如，京东除了采用自营模式，还强调物流服务水平，就是因为物流一直是影响消费者体验的重要因素。

（4）解决方案。大学生创业者在创业早期可以利用有限资源，开发出MVP（最小化可行产品）去验证自己的解决方案。如果消费者接受了MVP，那说明大学生创业者在创业初期设计的解决方案是可行的；若反馈不佳，大学生创业者就需要深入洞察消费者需求，针对每个核心痛点构思更为简洁的解决方案，并据此调整策略。大学生创业者应通过持续的验证、测试与迭代，逐步优化和完善解决方案，确保产品能够精准满足市场需求。

（5）渠道。在创业初期，任何能把产品推销给潜在消费者的渠道都可以利用。大学生创业者主要可以选择以下4种渠道。

- 内联式渠道使用"拉式策略"，利用有价值的内容引导消费者主动发现并接近产品，常见形式包括利用SEO（搜索引擎优化）的官网、社交媒体知识分享、互动式在线研讨会等。
- 外联式渠道主要使用"推式策略"让产品"接触"消费者，即通过主动出击的方式，如电子邮件营销、社交媒体定向广告、线下直邮以及行业会议等，将产品直接推送给潜在消费者。这种渠道旨在快速扩大产品的覆盖面，提高产品的市场占有率。
- 通过推销产品来获取消费者。与消费者面对面交流是一种比较有效的方式。
- 通过良好的口碑来留住消费者。口碑营销是一种很有效的手段，大学生创业者在运用这种手段前必须获得消费者的认可。

（6）收入分析。在创业初期，大学生创业者需要在合适的时机通过不同的方式让消费者付费，以此来验证企业盈利模式的可行性。目前企业主要的盈利模式包括销售产品、广告收费、会员服务收费、增值服务收费等。

（7）成本分析。大学生创业者在对成本进行分析时，应重点关注产品发布前需要多少成本，包括固定成本和变动成本；然后把收入和成本结合起来分析，计算出一个盈亏平衡点，以此来预估需要花费多长时间、资金和精力才能达到盈亏平衡点，从而进一步检验企业的商业模式是否可行。

（8）关键指标。不管是何种类型的产品，都能用图8-3所示的5个关键指标来评估。

> **🎯 小贴士**
>
> 大学生创业者在筹措资金时，必须细致考虑融资成本。无论是承担利息的债权融资，还是会导致股权稀释的股权融资，都需要大学生创业者慎重权衡。前者要求大学生创业者评估偿债能力，避免高额利息负担；后者则需要大学生创业者把握融资时机，合理稀释股权，同时考虑新投资者对决策的影响，确保融资既满足资金需求，又不影响企业的长远发展。

- 获取：把普通访客转换成对产品感兴趣的潜在消费者的过程。如服装店把路人吸引到店铺内就是获取。
- 激活：让对产品感兴趣的潜在消费者对产品留下了较好的第一印象。例如，潜在消费者走进服装店后发现店内服装物美价廉，服装店就成功激活了消费者。
- 留客：产品的"回头率"高或者消费者的忠诚度高。例如，对服装店来说，留客就是让消费者再次光顾店铺。
- 收入：消费者为购买产品实际支付的金额。
- 口碑：对产品满意的消费者会向他人推荐产品或者促成其他潜在消费者来购买产品，这是一种比较高级的消费者获取渠道。例如，服装店的消费者向朋友推荐该店铺。

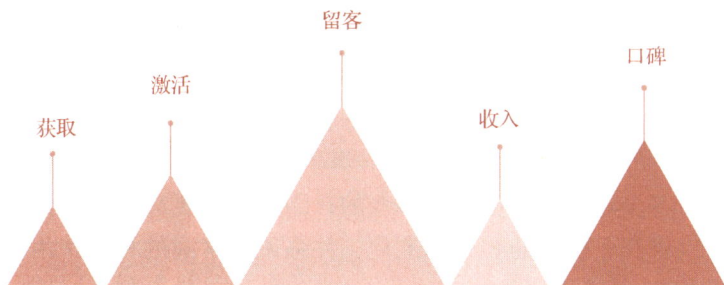

图8-3 5个关键指标

（9）竞争优势。形成竞争优势的方法有以下两种。

● 先让竞争对手看不见、看不起、看不懂，然后让竞争对手学不会、拦不住、赶不上。

● 把贵的变便宜，把收费的变免费。这种方法实际上是指从低端市场切入，开辟一个新的、之前被大企业忽视的市场，先在低端市场提升市场占有率，然后再慢慢地提升产品档次。

2. 精益创业画布的制作步骤

制作精益创业画布的过程可以分为以下3个步骤。

（1）编写初步计划。大学生创业者在编写初步计划时，不要刻意追求提供最好的问题解决方案，而要试着形成一整套完整的商业模式，并保证在该模式下所有要素都能够相互配合。编写初步计划的要点如下。

● 迅速起草一张精益创业画布，在这张画布上消耗的时间最好不超过15分钟。

● 画布中有部分内容空着也没关系。

● 将商业模式的精华部分提炼出来。

● 站在当下的角度思考，想想下一步应该先测试哪些想法。

● 以消费者为本。

（2）找出风险最高的部分。大学生创业者需识别商业模式中风险最高的部分，并根据图8-4所示的创业3个阶段的理论来进行验证。通过验证各环节，及时改善不合理之处，以加速执行优化后的方案。第一阶段的核心是针对要解决的关键问题提出一套最为精简的对应方案；第二阶段的核心是检验企业所提供的产品是不是消费者想要的，消费者是否愿意为此付费；第三阶段的核心是明确怎样才能使企业快速发展壮大。

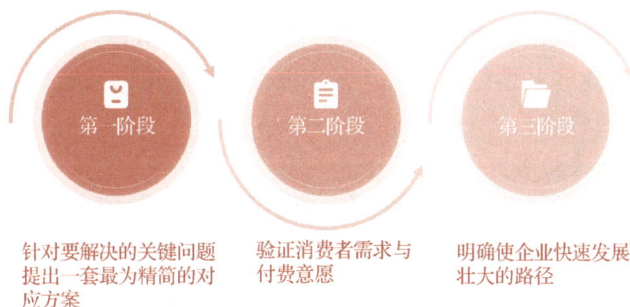

第一阶段 — 第二阶段 — 第三阶段

针对要解决的关键问题提出一套最为精简的对应方案

验证消费者需求与付费意愿

明确使企业快速发展壮大的路径

图8-4 创业的3个阶段

（3）测试可行性。对商业模式的各个环节进行参与式观察，有效地测试该商业模式的可行性。

8.2.4 商业模式的设计工具——商业模式画布

商业模式画布不仅能够提供更灵活多变的计划，而且更容易满足消费者的需求。更重要的是，它可以将商业模式的要素标准化，并强调要素间的相互作用。下面将介绍商业模式画布的基本模块和制作步骤。

1. 商业模式画布的基本模块

商业模式画布主要由9个模块组成，这9个模块之间相互作用、相互关联，商业模式画布各模块间的关系如图8-5所示。

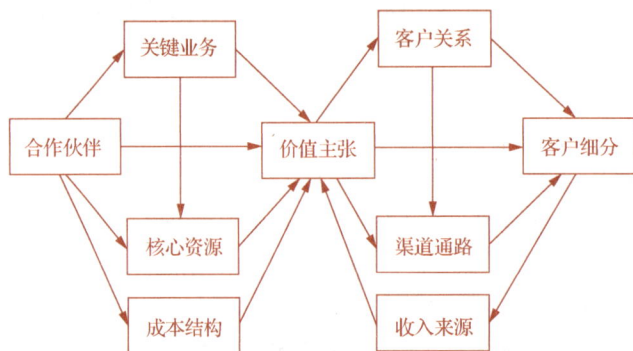

图8-5 商业模式画布各模块间的关系

下面具体介绍各模块的含义。理解每个模块的含义及模块间的相互关系之后，大学生创业者就可以按照特定的流程，利用商业模式画布来设计属于自己企业的商业模式。

（1）价值主张。价值主张是一个企业或品牌承诺带给其目标客户的独特价值或利益，即其产品或服务如何满足客户的需求、解决客户的问题或提升客户的生活质量。价值主张应解决的问题如下。

● 应该向客户传递什么样的价值？

● 正在帮助客户解决哪些难题？

● 正在满足客户的哪些需求？

（2）客户细分。客户细分是指企业经过市场划分想要获得的和期望服务的不同目标群体。目标群体即企业瞄准的享受服务或购买产品的客户群体。这些群体具有某些共性，从而使企业能够针对这些共性创造价值。客户细分所要解决的问题如下。

● 正在为谁创造价值？

● 谁是企业最重要的客户？

（3）渠道通路。渠道通路是指企业用来接触客户并将价值主张传递给客户的各种途径。常见的渠道通路有直接渠道、销售队伍、自有店铺、合作伙伴店铺等。企业在建立渠道通路时应思考以下问题。

● 渠道通路如何整合？

- 哪些渠道通路最有效？
- 哪些渠道通路经济效益最好？
- 如何对渠道通路和客户的联系与沟通过程进行整合？

（4）客户关系。客户关系是指企业针对某个客户群体所建立的关系。良好的客户关系是企业立足的根本。客户关系的类型有直接关系、间接关系、交易型关系等。企业在其商业模式当中必须明确如何建立良好的客户关系这一问题。企业在建立客户关系时应思考以下问题。

- 每个客户细分群体希望企业与之建立和保持哪些关系？
- 建立这些关系的成本如何？
- 哪些关系已经建立？
- 如何对客户关系与商业模式的其余部分进行整合？

（5）核心资源。每种商业模式都需要核心资源，这些资源使企业能够创造和提供价值主张、接触市场、与客户细分群体建立关系并赚取收入。核心资源可以是实体资产、知识资产、金融资产及人力资源。

（6）关键业务。关键业务是指为了确保商业模式的可行性，企业必须要做的重要事情。关键业务可以分为产品制造、问题解决等类型。建立关键业务时应思考以下问题。

- 实现价值主张需要哪些关键业务？
- 维护客户关系需要哪些关键业务？
- 取得收入需要什么样的核心资源？

（7）收入来源。如果客户是商业模式的心脏，那么收入来源就是商业模式的动脉。收入来源主要有两种：一种是通过客户一次性支付而获得的交易收入；另一种是客户为获得价值和享受售后服务而持续支付的费用。企业在确定收入来源时应思考以下问题。

- 什么样的价值能让客户愿意付费？
- 客户是如何支付费用的？
- 客户更愿意如何支付费用？
- 每种收入来源占总收入的比例是多少？

（8）合作伙伴。合作伙伴即为与企业实现共同目标而建立合作关系的其他企业。合作关系主要有上下游关系、互补关系、合资关系、非联盟合作关系等。

（9）成本结构。成本结构被用来描述运营一个商业模式所需要的所有成本。成本结构分为成本驱动型和价值驱动型两种，前者侧重低价的价值主张，后者侧重增值型的价值主张和高度个性化的服务。企业在建立成本结构时应思考以下问题。

- 哪些核心资源花费最多？
- 哪些核心业务花费最多？
- 什么是商业模式中最重要的固定成本？

2. 商业模式画布的制作步骤

将商业模式画布打印出来或在白板上画出来，团队成员共同描绘和讨论商业模式中的 9 个模块，这样就可以最大限度地发挥商业模式画布的价值。图 8-6 所示为某在线教育平台的商业模式画布。

合作伙伴 内容提供商、技术服务商、支付平台等	关键业务 内容研发、技术支持、市场营销等	价值主张 提供个性化、高质量、互动性强的在线学习体验，帮助学生和家长提升学习效果，实现教育资源的均衡分配	客户关系 客户服务：建立一对一专属客服，提供定制化学习规划与建议；关键关系维护：定期举办家长交流会、学生成果展示会，增强用户黏性	客户细分 VIP客户：高收入家庭，追求高端定制教育服务，愿意为优质教育资源支付溢价；常客：中等收入家庭，注重性价比，经常购买平台课程以持续提升孩子能力；高价值客户：教育机构和企事业单位，批量采购课程用于员工培训或员工福利
	核心资源 品牌影响力、优质内容库、技术团队等		渠道通道 自有平台（官网、App）、社交媒体推广、线下合作等	
成本结构 内容成本、技术成本、营销成本、人力资源成本等			收入来源 课程销售收入、会员服务收入、广告与合作收入等	

图8-6　某在线教育平台的商业模式画布

下面将介绍商业模式画布的制作步骤。

（1）描绘客户细分群体。团队在制作商业模式画布时，先描绘出企业所服务的客户细分群体。根据客户细分群体的不同，将不同颜色的便利贴贴在画板上，将它们分别用来代表一个特定的群体，并描述其特定需求。

（2）描述对价值主张的理解。描述对每个客户细分群体所提供的价值主张的理解，使用相同颜色的便利贴代表一个价值主张和对应的客户细分群体。如果一个价值主张涉及两个差异很大的客户细分群体，那么应当使用这两个客户细分群体对应颜色的便利贴。

（3）用便利贴标示剩余的各个模块。用便利贴将商业模式画布中剩余的所有模块标示出来。相关的客户细分群体使用同一颜色的便利贴标示。

（4）评估商业模式的优劣势。利用商业模式画布映射出整个商业模式后，开始评估商业模式的优劣势。将代表优势的便利贴和代表劣势的便利贴分别贴在商业模式画布中运行良好的模块和有问题的模块旁边。

（5）对现有商业模式进行改进。团队可以在步骤（1）～（4）中对现有商业模式进行改进，也可以另外设计一个全新的商业模式。在理想情况下，团队可以使用一张或几张商业模式画布来改进现有商业模式。

🎯 **小贴士**

　　大学生创业者在制作商业模式画布时应掌握以下3项原则：第一，收集资料时应该尽量仔细，不要漏掉看似不起眼的信息；第二，抛开以往所有的固有观念和逻辑，去掉思维定式的枷锁，大胆想象；第三，不要轻易否定任何一个创新性的概念和想法，运用最小试错原理，用最低的成本换取更大的可行性。

小红书的商业模式画布

小红书在创始人的引领下，始终坚守UGC（用户生成内容）的核心理念，让用户的声音成为最真实的产品背书。起初，小红书的内容主体以详尽的产品攻略为主，但团队敏锐地意识到，静态的信息流难以形成用户与产品间即时、紧密且双向的交流。因此，小红书迅速转型，成为了一个充满生机与活力的社区，让用户在其中"畅游""翻阅"。

小红书的商业模式聚焦于年轻女性这一核心客户群体，同时也在积极拓展男性市场。这些客户追求生活品质、潮流趋势，并愿为提升生活体验进行额外消费。小红书通过其App、小程序及网页端等多元化渠道，为用户提供了一个集社交购物分享与跨境电商于一体的平台。其核心价值在于构建了一个内容丰富的社区，让用户能够分享生活、记录美好，同时借助大数据精准营销，为用户提供个性化的购物推荐。

在收入来源方面，小红书通过广告、商家入驻、平台推广等多渠道实现了盈利。为了支撑这一商业模式，小红书建设了以用户为中心的社群资源、大数据检索分析能力以及自营的供应链平台。此外，小红书还专注于平台运营、内容运营、用户运营以及广告合作和招商维护等关键业务。同时，小红书与品牌公司、达人及其他潜在商户建立了紧密的合作关系，形成了重要的合作伙伴网络。在成本结构方面，小红书需要承担平台运营成本、人力资源成本以及采购成本等。

小红书能迅速爆红并维持良好的发展，与其商业模式的成功密不可分。小红书的商业模式画布如图8-7所示。

合作伙伴	关键业务	价值主张	客户关系	客户细分
品牌公司、KOL/KOC、潜在商户、支付平台等	内容生态构建、平台运营、用户运营、招商维护等	为用户提供发现、分享和购买美好生活方式的社交平台，通过海量UGC（用户生成内容）和PGC（专业生成内容）满足用户对时尚、美妆、旅行、美食等领域的兴趣和需求	个性化推荐：基于用户行为和兴趣进行内容推荐；品牌合作等	年轻女性：是小红书的主要用户群体；品牌商家：寻求精准营销和品牌推广的商家；KOL/KOC（关键意见领袖/关键意见消费者）
	核心资源 用户社区、内容创作能力、技术平台		**渠道通路** App、小程序、网页端、社交媒体、线下活动等	
成本结构 平台运营成本、采购成本、技术成本、营销成本、人力资源成本等		**收入来源** 广告收入、电商佣金、平台推广费、KOL/KOC合作收入等		

图8-7 小红书的商业模式画布

8.3　商业模式设计实战

　　了解了商业模式的设计流程和设计工具后，下面将以一款创新型智能健康手环——"健康守护环"为例，讲解如何使用商业模式画布工具来设计其商业模式。

　　1．分析内外部环境

　　首先，团队需要对"健康守护环"所处的市场环境进行深入分析，主要包括内部环境分析和外部环境分析。

　　（1）内部环境分析：准确分析出"健康守护环"的优势、劣势、机会和威胁。例如，优势可能包括独特的产品功能、强大的研发团队等；劣势可能是品牌知名度不够高、市场竞争激烈等；机会可能是消费者对健康管理的需求增长、新技术的发展等；威胁可能是竞争对手的模仿、政策变化等。

　　（2）外部环境分析：主要从政治、经济、社会和技术4个方面评估智能健康手环市场的现状和未来趋势。例如，从政治方面考虑政策对智能健康产业的支持程度；从经济方面分析消费者购买力及市场增长潜力；从社会方面关注用户的健康意识和社会的老龄化趋势；从技术方面研究物联网、大数据和人工智能等技术的发展和应用。

　　2．价值主张设计

　　在明确了内外部环境后，团队需要设计"健康守护环"的价值主张。这涉及"我们的产品为哪些人解决了什么问题？提供了什么独特的价值？"等问题。

　　该手环着重于健康监控，依托前沿生物传感科技，实现对心率、血氧饱和度等核心健康参数的高精度追踪。针对个性化健康管理的迫切需求，手环提供定制化健康策略，依据个人健康数据分析，为用户定制饮食、运动及睡眠的专属改善计划。此外，该手环内置的即时医疗咨询服务，确保用户在有健康疑虑时能即刻连线医疗专家，获得专业的实时指导。这一系列价值主张旨在将"健康守护环"打造为一款为关注健康的人群提供全方位、个性化的健康管理解决方案，并帮助他们更好地了解自己的身体状况，预防疾病，提高生活质量的个人健康伴侣。

　　3．发散思维

　　在明确了价值主张之后，团队便可通过头脑风暴进一步拓展思路，探索如何从产品创新、服务创新以及营销创新等方面来强化"健康守护环"的市场竞争力。例如，在功能创新方面，团队可以考虑引入心率监测、睡眠分析及运动记录等功能；在增强用户互动上，团队可以创建一个健康生活社区，鼓励社区成员分享健康挑战任务，从而提升用户黏性；此外，团队还可以引入奖励机制，通过设立健康积分系统让用户在实现个人健康目标的同时能够获得商品或服务的奖励；对于企业客户，团队则可以提供定制化的员工健康管理方案，以此增强企业客户对平台的依赖度。

4. 制作商业模式画布

整合分析结果和创意，制作完整的商业模式画布。商业模式画布包含以下9个关键模块。

（1）价值主张：描述产品为用户提供的独特价值。

（2）客户细分：明确目标用户群体，如关注健身的年轻人、老年人及专业运动员等。

（3）渠道通路：确定如何将产品或服务传递给用户，如线上销售、线下体验店、合作伙伴渠道等。

（4）客户关系：描述与用户建立的关系类型，如长期合作伙伴、一次性购买者等。

（5）核心资源：识别实现商业模式所需的关键资源，如人才、技术、资金等。

（6）关键业务：列出实现商业模式所需的关键活动，如产品研发、生产制造、市场营销等。

（7）收入来源：明确产品或服务的收入来源，如产品销售、服务收费、广告收入等。

（8）合作伙伴：列出与实现商业模式相关的重要合作伙伴，如供应商、渠道商等。

（9）成本结构：分析实现商业模式所需的成本，如固定成本、可变成本等。

接下来，使用商业模式画布工具将这些构思填入图8-8所示的商业模式画布中。

合作伙伴 原材料供应商、生产商、零售店、医疗健康机构	关键业务 产品研发、市场营销、用户服务	价值主张 提供全方位的健康监控服务、生成个性化的健康状况改善方案	客户关系 7×24小时客户支持、用户社区、定期回访	客户细分 关注健身的人群、专业运动员等
	核心资源 研发团队、供应链资源、品牌资源		渠道通路 "线上+线下"结合模式	
成本结构 研发成本、生产成本、营销费用、运营维护成本等		收入来源 产品销售、增值服务、订阅服务费等		

图8-8 "健康守护环"的商业模式画布

8.4 本章练习

1. 成功的商业模式应具有哪些特征？

2. 试描述精益创业画布的基本要素。

3. 根据自己的经验，列举几个商业模式不同的企业，并说明它们的特点和经营模式，填写表8-2。

表8-2　商业模式不同的企业的特点和经营模式

企业类型	企业名称	特点	经营模式
电子商务类企业			
服务类企业			
科学技术类企业			
创新类企业			

4. 假如你想实施一个创新项目，使用商业模式画布来设计其商业模式时，你应该如何填写各个模块的内容呢？

5. 大学生创业者应该如何设计出独一无二的商业模式？

6. 阅读以下材料，分析商业模式形成的步骤。京东到家是如何满足消费者对购物便利性和时效性的需求的？如何衡量京东到家商业模式的价值？

⊙ 阅读材料

京东到家

京东到家是京东旗下的一个即时零售平台，它连接了消费者、商家和配送员，为消费者提供超市货品、生鲜果蔬、鲜花绿植等商品，以及快速配送服务。

京东到家的主要特点如下。

（1）一站式购物：消费者可以在平台上购买来自不同商家的商品，包括超市货品、生鲜食品、药品等，无须跳转至不同的应用或网站。

（2）快速配送：平台提供1小时达、半日达等快速配送服务，确保消费者能够尽快收到所购商品。

（3）丰富的商家资源：京东到家与众多知名品牌合作，包括世纪华联、元祖食品等，保证了商品的多样性和品质。

京东到家的盈利模式主要包括以下几个方面。

（1）交易佣金：平台从每一笔成功的交易中抽取一定比例的佣金作为收入。

（2）广告与推广：平台为商家提供广告位和推广服务，帮助商家增加曝光度。

（3）增值服务：平台提供更优质的配送服务、会员特权等，这些都可以作为增值服务。

第 9 章

创业营销手段

引导案例

沪江网校是由伏彩瑞（阿诺）于2009年创建的，是沪江旗下的海量优质课程平台，以社群学习为核心，致力于为亿万用户提供丰富、系统的学习课程和专业的教学服务。

沪江网校自诞生以来，其发展历程就充满了创新与挑战。在初创阶段，沪江网校通过细致的市场调查，深入洞察了在线教育市场的需求和潜在用户的学习习惯。基于这些洞察，沪江网校迅速定位其市场策略，推出了涵盖多种语言的在线课程，并持续优化用户体验，确保用户能够享受到高效、便捷的学习服务。同时，沪江网校还积极利用线上线下活动，如免费公开课、学习交流会等，增强用户黏性和推动口碑传播，迅速积累了一批忠实用户。

随着市场的不断扩大和竞争的加剧，沪江网校进一步细分市场，针对不同用户群体推出了个性化的学习方案和服务。例如，针对职场人士推出了实用的职场英语课程，以满足他们提升职业技能的需求；针对学生群体则提供了留学考试课程，助力他们顺利实现留学梦想。这些定制化的学习方案和服务不仅提高了用户的满意度，也进一步巩固了沪江网校在在线教育市场的领先地位。

在营销策略上，沪江网校不断创新，采用多元化的推广手段。除了传统的线上广告投放和合作推广外，沪江网校还积极拥抱社交媒体和短视频等新兴渠道，通过精心策划的营销活动，吸引了大量年轻用户的关注和参与。此外，沪江网校还注重与知名博主、网络达人等合作，借助他们的影响力提高品牌的曝光度、知名度和美誉度。

进入成熟期后，沪江网校在保持国内市场领先地位的同时，还积极拓展国际市场。通过与国际教育机构的合作，沪江网校将优质的教育资源引入国内，同时也将中国的在线教育模式和经验推向全球。这些努力不仅提升了沪江网校的国际竞争力，也为中国在线教育行业的发展贡献了力量。

扫一扫
参考答案

讨论

1. 沪江网校的创业营销思路是如何产生的？
2. 初创企业的营销策略与成熟企业的营销策略有何不同？

9.1 创业营销概述

创业营销不仅具有重要的理论指导意义，还对国家"以创业带动就业"政策的实施具有积极的现实意义。那么，什么是创业营销？创业营销的主要阶段又有哪些？创业营销与互联网有无联系？下面将对相关内容进行介绍。

9.1.1 创业营销的含义

大学生创业者要想创业成功，除了需要优秀的团队成员、充足的资金和好的创业项目外，还需要通过有效的创业营销来获得创业所需的各种资源。创业营销就是创业者凭借创业精神、创业团队、创业计划及创新成果，获取企业生存发展所必需的各种资源的一种崭新的营销模式。创业营销要求创业者对沟通活动做出反应，并经常为消费者发现新的价值来源，从而为企业发现新市场。

创业营销本质上是指在不确定的市场环境下，企业为把握市场机会、突破资源束缚、创造消费者价值而实施的营销新模式。创业营销整合了市场营销和创业管理两方面的要素，在市场导向的基础上，更加强调机会驱动、理性冒险、资源整合、持续创新、超前行动。因此，创业营销具有灵活性和环境适应性。

9.1.2 创业营销的主要阶段

成功的创业营销一般需要经历创意营销、商业计划营销、产品潜力营销及企业潜力营销4个主要阶段。

1. 创意营销阶段

创业者萌生一种创业构想后，这种构想往往只停留在大脑中，创业者需要将其转变为一个清晰的概念或者某种产品原型，才能与他人进行沟通交流。但要完成这项转变工作，仅凭一个人几乎很难成功，此时创业者就需要寻找志同道合者来组成创业团队。

2. 商业计划营销阶段

创业团队形成之后，创业者就要着手撰写详尽的商业计划，通过商业计划来吸引投资者，并获得投资。

成功的商业计划除了要有概念上的创新，还要有严谨的市场调研和分析。如果商业计划营销获得成功，创业团队获得了投资后，就可以进行商业化的新产品开发。这一阶段是企业的商业计划营销阶段，同时也是对新产品和创业团队进行全面检验的阶段。

3. 产品潜力营销阶段

当新产品研发成功后，创业者就需要大量的投资来进行产品的批量生产和大规模销售。而创业者由于资历尚浅，缺乏业界关系和融资经验，获得传统银行贷款或供应商信用支持对他们来说并非易事。此时，吸引外部投资者尤其是战略投资者的关注，是创业者实现产品商业化和市场拓展的关键。战略投资者不仅能为创业者提供资金支持，更重要的是能为创业者带来宝贵的管理智慧和市场资源，为企业的长远发展铺路搭桥。

例如，蔚来在创立后不久便成功研发出了其首款电动SUV车型——ES8。然而，随着生产线的建立、大规模生产的展开以及市场推广的进行，蔚来面临巨大的资金挑战。为了筹集资金，蔚来决定寻求外部投资者的支持。它成功吸引了包括腾讯、百度、红杉资本等在内的一系列知名企业和投资机构作为战略投资者。这些战略投资者不仅为蔚来提供了大量的资金支持，还带来了丰富的行业经验和资源网络。

4. 企业潜力营销阶段

在大多数情况下，产品上市后企业并不能快速盈利，但产品和企业的市场前景会比较明朗。此时，创业者可以将产品公开上市，以获得快速扩张所需要的资金。产品公开上市可以打通企业从资本市场获取资金的渠道，它是创业阶段的结束，也是规范经营阶段的开始。

9.1.3　创业营销与互联网的内在耦合性

互联网经济的兴起给企业带来了新的机遇与挑战，而创业营销理念在全新的营销背景下为企业带来了竞争优势。由此可见，互联网与创业营销之间存在内在耦合性，这种内在耦合性主要体现在以下3个方面。

1. 互联网背景对创业营销运作的影响

互联网为传统营销带来了颠覆性的变革，这种变革不仅体现在企业外部运作环境、目标市场、细分市场、企业营销战略及促销等运作模式的改变上，还体现在企业在适应动态市场环境、应对多样化的消费者需求、创造性地利用资源创新等方面的一致性上。

2. 互联网环境下创业营销要适应消费者的变化

在互联网环境下，消费者的变化主要体现在消费者范围、消费者偏好、消费者行为3个方面。

（1）从消费者范围来看，与传统营销环境相比，互联网环境下企业的营销机会更多。因此，企业应考虑重新定义消费市场，明确细分市场。这一点与创业营销的机会驱动特点十分吻合。

（2）从消费者偏好来看，对特定的消费者群体而言，许多新的价值因素成为该群体关注的焦点，如支付风险因素、配送因素等。由此可见，企业快速地适应消费者的变化对于创业营销成功十分重要。

（3）从消费者行为来看，互联网环境下的消费者不再是产品和服务的被动接受者，而是营销的主动参与者。例如，通过互联网，消费者可以参与产品的开发设计过程。

3. 创业营销能适应互联网环境下的竞争同质化和迅速化

与传统营销环境相比，互联网环境下竞争状况的变化特点要求企业实施创业营销。

（1）从市场进入壁垒来看，互联网的开放性使许多中小企业能进入国际市场中并参与竞争。在这种经济环境下，中小企业的机会更加均等。许多中小企业可能通过创业营销获得超常规的发展。

（2）从竞争的激烈程度来看，企业要在互联网环境下生存与发展就必须在某方面成为行业的佼佼者。如果不以创业营销理念来武装市场人员的头脑，企业就无法得知自己的发展机会在哪里，更不会通过不断创新来获取长期的竞争优势。

（3）从竞争焦点的变化来看，在传统营销环境下，企业的竞争焦点主要是产品的内在质量和服务；而在互联网环境下，企业的竞争焦点除了产品的内在质量和服务，还包括信息查询是否方便、支付是否安全等。竞争焦点的多样化为企业开展营销活动提供了更大的空间，而创业营销则有助于企业不断地把握各种市场机会。

9.2　初创企业的市场调查

在新产品的销售过程中，对初创企业而言，市场调查是必不可少的。初创企业在进行市场调查之前，应先回答以下3个问题。

- 自己能做市场调查吗？
- 市场调查真的有必要吗？
- 通过市场调查获得的资料有价值吗？

无论最终是否决定做市场调查，初创企业都应该仔细衡量在这方面投入的时间和金钱，同时还要重视市场调查的品质与客观性，否则达不到市场调查的真正目的。

9.2.1 明确所要调查的内容

市场调查的第一步是确定调查的主题，并拟定市场调查计划。如果调查的主题不明确，初创企业收集到的信息往往对做出决策没有实际的意义，甚至还会导致创业者判断错误、决策失败。广义的市场调查包括多方面的内容，可以概括为宏观和微观两方面，如图9-1所示。

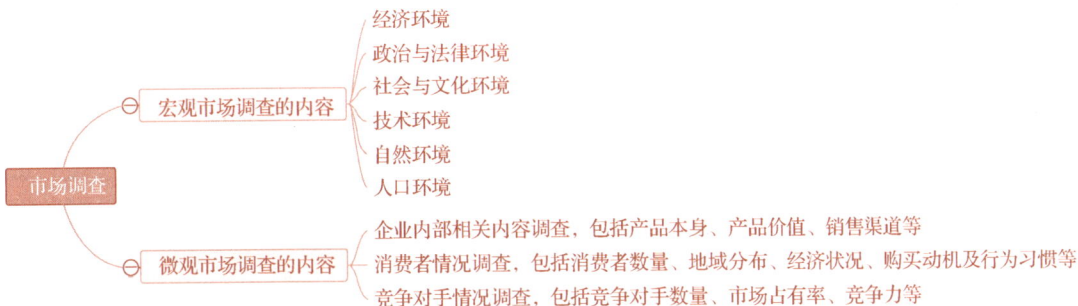

图9-1 市场调查的内容

当然，对初创企业而言，能投入市场调查的资源是有限的，因此，市场调查的内容通常不会像图9-1所示的那样全面，一般只涉及以下问题。

- 市场的规模到底有多大？自己能占多少份额？
- 与竞争对手相比，自己有无优势？
- 潜在的消费者想得到何种类型的产品或服务？
- 促销活动对消费者会产生什么样的影响？

初创企业必须在市场调查之前做好充分的准备，明确所要调查的内容。

9.2.2 资料收集

明确所要调查的内容后，初创企业就可以正式进入调查阶段了。初创企业的市场调查既可以由自己完成，也可以委托给专门的市场调查机构完成，这主要取决于调查内容的复杂性、调查的难易程度及调查所需的成本。

市场调查的各种资料可以分为原始资料和第二手资料两大类。初创企业在进行进一步的研究之前应该从一切可能的渠道收集第二手资料，这些资料可以来自商贸企业、图书馆、政府相关部门、大学或专门的咨询机构等。但是，运用第二手资料时通常会面临以下问题。

- 准确性问题：第二手资料可能经过多次加工，这导致其准确性受到影响。
- 时效性问题：市场环境快速变化，第二手资料可能已经无法反映当前的市场状况，过时的信息可能导致决策失误。
- 适用性问题：不同的研究问题或决策目标需要不同类型和精度的数据支持，第二手资料可能无法满足当前的特定需求。

如果第二手资料不充分，那么初创企业下一步的工作就是收集原始资料。在原始资料收集过程中，初创企业可以使用观察法和问卷调查法。观察法是最简单的一种方法，初创企业可以通过对潜在消费者的观察，记录潜在消费者购买行为的一些特点。下面主要介绍问卷调查法。

调查和测验是问卷调查法中常用的两种方法。

（1）调查可以通过邮件调查、电话调查和个人访谈的方式进行。当被调查者分布较广时，通常可以采用邮件调查的方式。电话调查与个人访谈由于采用的是语言交流的方式，所以通常能保证较高的反馈率。其中，个人访谈尤其适用于需要深入了解被调查者观点和感受的情况。

（2）测验是一种市场调查形式，重点在于找出因果关系。测验的目的是弄清测试变量对独立变量的影响，如价格对市场份额的影响。其中价格是测试变量，而市场份额是独立变量。如果两种变量都是单一变量，那么测试它们之间的关系就并不困难。

9.2.3　资料加工与处理

收集的大量原始资料和第二手资料还比较杂乱，若想其有利用价值，初创企业就必须对资料进行编辑、整理、分类、统计、分析等。总结简化资料的方法有图表法及其他直观的方法，众数、平均数、中位数等描述性的统计数据对资料的加工与处理也很有帮助。

9.3　初创企业的目标营销

基于深入的市场调查结果，初创企业开始实施精准的目标营销策略。事实上，众多成功的初创企业正是凭借对目标市场的精准定位和营销策略，取得了显著的商业成果。

目标营销是指企业在市场细分的基础上，通过评估分析，选定一个或若干个消费群体作为目标市场，并相应地制定营销策略的过程。营销策略的核心框架是STP策略，STP策略由市场细分（Market Segmenting）、目标市场选择（Market Targeting）和市场定位（Market Positioning）3个连续的步骤构成。通过以上3个步骤，初创企业能够更有效地分配资源，设计符合目标市场需求的产品，实施有针对性的营销计划，从而在竞争激烈的市场中脱颖而出，实现可持续增长。

9.3.1　市场细分

市场细分指企业按照消费者的收入水平、职业、年龄、文化、购买习惯以及偏好等分割变量，把整个市场划分成若干个需求不同的细分市场的过程，其中任意一个细分市场都由拥有相似需求的消费者构成。企业进行市场细分时通常需要注意以下3个方面。

● 消费者是多元的，不同的消费者有不同的需求。

● 部分消费者会表现出相似的需求，对同一个营销行为有相似的反应。

● 不同企业具有不同的优势，可以选择不同的细分市场。

初创企业应根据消费者需求的不同进行市场细分，评估并选定最容易切入且具有竞争优势的细分市场，避免因没有明确的目标市场而盲目创业。有市场研究者提出市场细分的步骤，其如表9-1所示，可以为创业者带来一些启发。

表9-1 市场细分的步骤

步骤	具体描述
以需求为基础进行细分	以相似需求和利益为依据将消费者群体进行细分
细分识别	为每个以需求为基础的细分消费者群体找出其独特性和可识别性
细分吸引力	使用预先确定的细分吸引力标准确定每个细分市场的总吸引力
细分概况	确定细分市场的相关情况
定位	为每个细分市场制定相关的产品定价策略
细分"酸性测试"	测定每个细分定位战略的吸引力
营销组合战略	把细分定位战略扩展到营销组合的各个方面，包括产品、价格、促销方式和渠道等

对于初创企业来说，市场细分必须定期反复进行。而成长中的小企业也不能一直固守在最初的细分市场，在适当的时候要做出相应的调整。成功的企业应不断检验有关目标和细分市场的决策、承认错误并采取纠正措施。

👁 **阅读材料** **喜茶的市场细分**

喜茶的成功，始于对市场深入而细腻的洞察。在创立初期，面对茶饮市场普遍存在的同质化现象，喜茶并未随波逐流，而是通过周密的市场调查，敏锐地捕捉到一个未被充分挖掘的细分市场——追求品质、个性化表达的年轻消费群体。这一群体乐于尝试新事物，对饮品的品质、创新性及消费体验抱有更高期待。

基于此，喜茶将目标市场定位于中高端市场，特别是年轻消费群体。通过市场调查、社交媒体互动、线下门店体验等多种方式深入了解年轻消费群体的需求，喜茶发现他们不仅追求口感上的满足，还注重消费体验和品牌文化。

在深入了解目标消费者的需求后，喜茶推出一系列差异化的产品。例如，芝士奶盖茶、水果茶等，它们不仅口感独特，而且颜值高、拍照效果好，满足了年轻消费群体对于品质和个性的追求。同时，喜茶还注重产品的健康属性，使用优质茶叶和新鲜水果作为原料，减少添加剂和糖的使用，符合年轻消费群体对于健康饮食的需求。

与此同时，喜茶深知品牌形象与文化建设的重要性，通过美观的店铺环境、独特的品牌故事，以及高标准的消费者服务，构建出一个与目标消费者价值观高度契合的品牌形象，传递"灵感之茶"的品牌理念，这使喜茶成为一种生活态度的象征。

✎　**点评**

　　喜茶依靠对年轻消费群体的挖掘，在茶饮市场中脱颖而出。它的成功不仅源于精准的市场定位和差异化的产品策略，还源于对消费者需求的深入了解和满足，以及对品牌形象的精心塑造。

9.3.2　目标市场选择

　　在完成市场细分后，初创企业就需要从众多细分市场中选择一个或几个作为目标市场。选择目标市场的标准通常包括市场规模、增长率、竞争状况、潜在利润以及企业自身的资源与优势能否有效满足该市场的需求。而在选择目标市场之前，初创企业首先应该充分评估细分市场的吸引力。初创企业在评估细分市场的吸引力时应考虑以下两个方面。

- 初创企业必须分析细分市场对自身是否有吸引力，考虑细分市场的大小、成长性、利润率、风险性等内容。
- 初创企业必须考量细分市场是否与自身的目标和资源相匹配。某些细分市场虽然吸引力较大，但与企业发展目标不符，有时甚至会分散企业的精力。此外，初创企业还需要考虑自身的资源条件能否在某一细分市场的经营中得到高效利用。只有将有条件进入且能在其中充分发挥竞争优势的细分市场作为目标市场，初创企业才有成功的机会。

　　一般情况下，具有一定规模和成长空间的细分市场比较适合初创企业，在这样的市场里，各个初创企业都忙于占领市场份额，相互之间的竞争不会特别激烈。若细分市场规模较小或者趋于萎缩，初创企业难以获得发展，就不宜轻易进入。当然，市场吸引力并不能作为初创企业选择细分市场的唯一依据，初创企业还应结合差异性目标市场策略和集中性目标市场策略进行选择。

- 差异性目标市场策略通常是把整体市场划分为若干细分市场。企业根据不同目标市场的特点，分别制订出不同的营销计划，然后按计划生产目标市场所需要的产品，满足不同消费者的需要。
- 集中性目标市场策略是选择一个或几个细分市场，集中企业的优势力量，对某细分市场展开营销攻势，以在市场上取得优势地位。该策略对初创企业尤为适用。

9.3.3　市场定位

　　市场定位是指企业根据竞争对手现有产品在市场上所处的位置，针对消费者对该类产品某些特征或属性的重视程度，为本企业产品塑造与众不同的、独一无二的形象，并将这种形象生动地传递给消费者，从而使该产品在市场上确定适当的位置。具体来说，市场定位就是塑造企业及其产品在消费者心目中的形象。

　　有的企业往往忽略了消费者真正需要的不是产品特征而是利益。因此，企业不仅要开发出具有不同于竞争对手的产品，还必须让消费者理解这些产品特征与他们需要的利益是息息相关的。下面将从市场定位方法和传播定位观念两个方面来帮助企业进行准确、有效的市场定位。

　　1．市场定位方法

　　市场定位方法一般有以下5种。

　　（1）差异定位法。在市场竞争日益激烈、产品和硬件同质化现象普遍的情况下，差异定位法成为企业脱颖而出的关键策略。此方法强调通过产品特点、服务方式或品牌形象，使消费者在心中对企业的产品形成独特的认知。

　　具体而言，企业需要明确自身的核心优势，比如创新技术、优质服务或独特的用户体验，进而将这些优势转化为品牌差异点。这种差异化策略使消费者在众多同质化产品中，能够快速识别并选择该品牌，从而有效提高品牌的市场竞争力。企业可以从许多方面入手来制定差异化营销策略，如产品、价格、服务、形象等。

👁 阅读材料　　　　完美日记的差异化营销策略

　　完美日记作为近年来快速崛起的国货美妆品牌，其差异化营销策略在产品、价格、营销策略等方面表现得尤为突出。

　　（1）产品差异化

　　完美日记注重自主研发和技术创新，致力于在彩妆产品上形成差异化优势。通过与代工工厂合作建立自由生产线，并加大研发引智力度，完美日记推出一系列具有"黑科技"特点的彩妆产品，满足了消费者对高品质、健康彩妆产品的需求。同时，完美日记还利用差异化的产品线，如联名限定款、季节限定系列等，保持品牌的新鲜感和独特性。

　　（2）价格差异化

　　完美日记采用灵活的价格策略，推出覆盖全价位段的产品，满足不同消费者的需求。例如，针对不同业务线进行差异定价，如大学生、白领等分别对应不同业务线，相关产品的功效、价格均可分类设定。通过心理定价、产品组合策略等手段，完美日记既保证了产品的高性价比，又塑造了品牌层次感，在市场细分中实现了差异化竞争。

　　（3）营销策略差异化

　　完美日记运用大数据分析工具，对消费者的购买行为、浏览记录等数据进行分析，为消费者提供个性化的推荐和建议；同时，通过数据反馈和消费者评价，完美日记不断优化产品和服务，提高消费者满意度和复购率。此外，完美日记还充分利用社交媒体平台，如微博、抖音、小红书等，与消费者互动和沟通，通过发布精美的产品图片、视频等，吸引消费者的注意力，提高品牌曝光度和消费者黏性。

✍ 点评

　　完美日记的差异化营销策略是一个全面而系统的战略，涵盖产品、价格、营销策略等多个方面。该策略使完美日记拥有了独特的竞争优势和品牌形象，在彩妆市场中脱颖而出。

（2）主要属性或利益定位法。采用主要属性或利益定位法的目标是研究企业所提供产品的利益在目标市场中的重要性。

消费者购买并使用产品是为了获取价值，这种价值既包括产品本身的价值，又包括产品的形象价值和外延价值等。一般来说，低端产品应该从本身的价值和成本出发，而高端产品则应从附加价值出发，这样才更容易适应目标市场的需求。

（3）产品使用者定位法。在目标市场中为企业的产品塑造出一种鲜明的形象，会使其在目标市场中的定位更加突出。例如，一家专注于年轻科技爱好者的游戏笔记本计算机品牌，通过与电竞领域知名选手携手，展现出产品高性能、运用前沿科技的特性，还吸引了热衷于高质量游戏体验的年轻消费者群体，有效提升了品牌在该细分市场的影响力和市场份额。

> **小贴士**
>
> 虽然初创企业能通过差异定位法短暂获得优势，但在激烈的市场竞争中，竞争对手往往会迅速模仿并复制成功的创意和策略。因此，大学生创业者应在初创企业的成长道路上时刻保持敏锐性和前瞻性，不断寻找并开发新的利益点。

（4）针对特定竞争者定位法。针对特定竞争者定位法是一种直接针对某个竞争者的定位法。这种定位法在短期内比较有效，但就长期而言，存在一定的限制。初创企业如果采取针对特定竞争者定位法，除非自身拥有足够强大的实力，否则最好先从目标市场中选择相对较弱的竞争者，在抢占了一定市场后再选择实力比较接近的竞争者，直到具备足够的实力后再去挑战市场领先企业。

（5）使用定位法。使用定位法是根据产品的使用地点或使用时间来定位的方法。企业有时可根据消费者如何及何时使用产品，为自己定位。例如，农夫山泉将自己定位为"大自然的搬运工"，这一定位与产品的使用场景和消费者的需求紧密相连。农夫山泉强调其水源来自大自然的优质山泉，通过独特的生产工艺和严格的质量控制，确保每一瓶水都保持纯净和甘甜。这种定位使得消费者在购买农夫山泉的瓶装水时，不仅是在购买一瓶饮用水，还是在享受一种健康、自然的生活。

2. 传播定位观念

企业在明确市场定位后就应该传播定位观念，让消费者记住该观念，使消费者在购买同类产品时第一时间想到自身的产品。需要注意的是，企业在传播定位观念时只需要突出自己的特色，不需要面面俱到。

一个成功的企业具有产品稳定、价格合理、服务优质、销售便利和体验独特5个属性。出色的企业也大多是在这5个属性中的某一个属性上有绝对优势，在另一个属性上保持领先，而在其他3个属性上保持平均水平。以国内家电市场为例，海尔凭借其优质的售后服务（服务优质）和广泛的销售网络（销售便利）在家电行业中脱颖而出；美的则在产品性能和节能技术（产品稳定）上表现突出，同时其产品价格也相对较低（价格合理）；而格力则以其产品出色的制冷技术和高效能耗比（体验独特）受到消费者的青睐。这些企业在市场上各自展现出强大的核心竞争力，并得到广大消费者的认可和喜爱。

9.4 初创企业的营销策略

企业一旦确定市场定位后，就需要借助一组可控的战术性营销策略来夯实自己在目标市场上的基础，并获得预期的市场反馈。4P营销策略是市场营销领域的经典策略，由美国营销学教授杰罗姆·麦卡锡在20世纪60年代提出，包括产品（Product）、价格（Price）、渠道（Place）和促销（Promotion）4个关键要素。

通过产品、价格、渠道和促销4个方面的策略组合，企业可以在目标市场上形成独特的竞争优势，赢得消费者的信任，增强消费者黏性，从而实现可持续发展。

9.4.1 产品策略

初次向市场导入产品时，企业不仅需要确保产品本身的品质，还要重视产品的外部特征、设计、包装等。初创企业由于经验不足，一般会进行成本、专利保护、竞争可能性及市场潜力等方面的分析，但却容易忽略从消费者处获取有关产品的真实反馈。在这种情况下，初创企业可以通过概念测试的方式，获取消费者对即将上市的产品所做出的比较系统的评价与信息反馈。

概念测试是将某种产品的概念展示给潜在的消费者，然后分析消费者做出的反馈。概念测试可以给初创企业带来以下好处。

- 预估产品可能面临的失败。
- 有效区分好的产品设想和差的产品设想。
- 对即将上市的产品提出改进建议。
- 估计出某种产品在不同价格水平的需求变化。

新产品设计完成后，首次的推广对新产品的销售同样起着关键的作用。初创企业在设计新产品推广方案时应考虑参考消费者和产品展示方式两个关键因素。

（1）参考消费者是企业产品的早期使用者，他们有意愿向身边的人传播自己使用产品的感受和传递产品信息，从而促进产品的推广。

（2）为吸引参考消费者并得到他们使用产品后的反馈，企业必须经常向他们提供低价甚至免费的产品。对不太愿意尝试新产品的参考消费者，企业可以采用具有鼓励性和推动性的展示方式，加以低价的优惠，进一步排除参考消费者心中的顾虑，鼓励其尝试新产品。

9.4.2 价格策略

价格策略是营销策略中一个十分关键的组成部分。价格通常是影响交易达成的重要因素。过高的定价容易让价格敏感性较高的消费者产生抵触心理；过低的定价则会让消费者认为"便宜没好货"，使企业在消费者心目中留下低端、不上档次的印象。因此，对产品进行定价时，企业既要考虑成本，又要考虑消费者对价格的接受能力。下面提供了3种定价方法供企业选择。

1．成本定价法

在成本定价法中，价格是在产品固定成本基础上加上一定百分比的产品利润计算得出的，该百分比可以是行业内的标准，也可自行决定。

成本定价法的优势是比较容易解释产品的价格，劣势是产品成本并不容易估计，而且价格一旦确定就很难提高。另外，现在消费者常利用网络来比较各企业的报价以寻找对自己最有利的价格，因此，企业要想对产品进行合理定价变得越来越难。

2．价值定价法

在价值定价法中，价格是依据消费者从产品中获得的利益和消费者为购买产品所愿意支付的金额而确定的。消费者愿意支付的金额，取决于消费者对产品价值的感知及市场上能够选择的产品的数量。企业可以通过定位、品牌和其他营销组合因素影响消费者的价值感知。

例如，某品牌的咖啡售价为35元一杯，其成本可能只有10元。这种溢价反映了消费者对咖啡的价值感知。如果该品牌使用成本定价法而非价值定价法，其咖啡的价格可能更低，品牌赚取的利润也会更少。

即使企业的产品呈现出很大的差异，若没有明确的市场定位和品牌承诺，也很难溢价。企业要想提高产品价格，其产品应当满足以下4个条件。

- 产品需求大于供给。
- 产品能满足消费者强烈的需求。
- 产品提供了额外价值。
- 产品价值细化。

3．渗透定价法

渗透定价法是指企业在产品刚进入市场时将产品价格定在较低的水平，尽可能吸引消费者，使产品给消费者物美价廉的感觉。对初创企业而言，由于前期投入资金有限，自身也缺乏品牌知名度，因此，初创企业需要采用低价策略打开市场，提升自身知名度并树立品牌形象，以获得较高的市场占有率。

企业使用渗透定价法应满足以下3个条件。

- 低价不会引起实际和潜在的竞争。
- 市场需求对价格极为敏感，低价会刺激市场需求迅速增长。
- 企业的生产成本和经营成本会随着生产经营经验的积累而下降。

9.4.3　渠道策略

渠道策略是营销策略的重要组成部分，它对降低企业成本和提高企业竞争力具有重要意义。初创企业由于缺乏知名度，且暂时没有较强的媒体推广能力，所以可以先从渠道规划做起，集中全部的精力，扎扎实实地从点到面，逐步建立起属于自己的销售领地。

初创企业构建销售渠道的过程可以分为以下5个步骤。

1．制定产品招商方案

招商是企业构建销售渠道的第一步。很多初创企业由于策划能力有限，对招商工作不重视或者方法不当，导致好产品无人问津。因此，在正式招商之前，初创企业一定要明确产品的卖点、推广方案和配套的销售制度，在此基础上，制定切实可行的产品招商方案。

2．选择经销商

经销商是初创企业的产品在市场上赖以生存并发展的支柱。初创企业应该选择那些刚起步、经济实力和市场运作能力较一般的经销商。这类经销商对企业的忠诚度比较高。但这类经销商的经济实力和运作市场能力均有限，初创企业需要保持高度警惕，通过强大的市场管理团队指导和协调经销商，帮助经销商与自己一同成长。

3．选择渠道模式

初创企业的知名度不高，经济实力、市场管理能力不强，其应尽量简化渠道模式，在每个省区市最好只选择一个经销商，然后由该经销商自主向下游招商，组建省区市内的销售网络。

4．建立完善的渠道管理体系

一旦销售渠道形成，企业就要聘用专门的渠道管理人员进行严格管理。管理的内容包括经销商的库存情况、资金信用情况、产品的销售情况、区域市场整体销售情况及经销商对企业产品的具体反馈等。为了使经销商与企业的市场战略时刻保持一致，除了需要渠道管理人员对市场进行管理，企业还需要适时地对经销商和经销机构的员工进行专业知识和技能培训。

5．完善渠道激励制度

渠道激励制度一定要与企业整体的销售制度一致，通常的做法是先设定一个保底销售指标，然后再设定一个销售激励目标，后者比前者高出20%～50%。假设保底销售指标是10万元，那么销售激励目标可以是12万～15万元。

👁 **阅读材料**　　　　　　**全面的渠道激励制度**

娃哈哈取得的市场业绩与其对渠道的有效管理密不可分。娃哈哈实行返利激励和间接激励相结合的全面的渠道激励制度。每年娃哈哈会根据市场实际情况推出各种促销策略，提供一定比例的促销费用，并派出销售人员协助经销商开展市场工作。这种策略旨在激发经销商的积极性，同时确保各层经销商的利润，在不扰乱市场价格体系的前提下促进销售。

为进一步激励经销商，娃哈哈制订了年度奖励制度，并投入大量资金来奖励优秀经销商。这种奖励制度不仅扩大了奖励范围，还加大了奖励力度，以表彰那些在销售、市场推广和客户关系管理等方面表现突出的经销商。娃哈哈还重视经销商的管理与运作，通过提供培训、支持和指导等方式，帮助经销商提高业务水平和服务质量。此外，娃哈哈还加强与经销商的沟通与协作，与经销商共同确定市场策略和推广计划，以实现双赢。

娃哈哈的经销商遍布全国各地，娃哈哈采取保证金的形式对其实行有效控制，要求经销商先交预付款（这笔预付款通常是经销商年销售额的固定比例，如10%，作为未来一段时间内提货的预付金）。对于这笔预付款，娃哈哈并非简单占用，而会向经销商支付与银行存款利率相符的利息，经销商在预先投入资金的同时，还能获得一定的财务收益，这降低了资金占用的成本，增强了资金流动性。这种做法显示出娃哈哈对经销商利益的重视，有助于巩固双方的合作关系和信任基础。

娃哈哈全面的渠道激励制度有效地规范了上千家经销商的销售行为，为庞大渠道网络的正常运转提供了有力保障。

点评

娃哈哈通过实施一系列渠道激励制度来支持经销商的发展，不仅提升了经销商的销售动力，还维护了良好的渠道关系，为自身的持续发展奠定了坚实基础。

9.4.4　促销策略

促销策略是一种促进商品销售的谋略和方法。促销策略的常见形式有打折、推广活动、促销折扣、消费返现、送礼品等。

初创企业与成熟企业相比，拥有较低的社会认知度和有限的资源。因此，初创企业应极力追求以最少的投入快速获得显著成效。在此背景下，企业进行宣传推广和产品促销时可采用以下4种方式。

1. 广告

广告是指企业通过支付费用的方式，借助大众传播媒体向目标市场传递其产品或服务等的相关信息，旨在促进消费者购买的一种促销方式。广告可以通过许多媒体来实现，包括互联网、杂志、报纸、广播电台及电视等。

初创企业应该仔细评估每个可选媒体，不仅要考虑成本，而且要考虑这些媒体帮助企业达到市场目标的效果，同时还要考虑把相关宣传方式与其他促销手段结合起来以增强广告效应。此外，初创企业还应当注意广告时长，以降低成本。

2. 营业推广

营业推广是指企业在某一时间段内，采取特殊的手段或方法强烈刺激消费者，使消费者较快或大量购买特定产品或服务。与其他促销方式不同，营业推广多用于短时期内的特殊促销。营业推广有以下3种方式。

（1）优惠促销。优惠促销是一种很有效的促销方式，消费者可以享受折价、特价、换购等优惠活动。

（2）免费试用促销。免费试用促销是企业将产品免费赠送给潜在消费者使用，通过消费者的实际体验促进口碑传播和后续购买的一种促销方式。这种方式能够提高产品的入市速度，是企业获取其他品牌忠诚消费者的较好途径之一。

常用的免费试用促销方式主要有入户直接派送、户外样品发放、派发优惠券、在线申请试用、直播与社交媒体互动等。

- 入户直接派送：企业直接将试用产品送到消费者的家中。这种方式针对性强，能有效触达目标消费者群体，使产品更容易赢得消费者的欢心，从而使部分消费者回购，成为品牌的忠诚消费者。

- 户外样品发放：企业在人流量大的公共场所如购物中心、商业街等设置摊位，向过往行人免费发放样品。
- 派发优惠券：企业通过媒体广告、店内宣传活动或合作渠道派发优惠券，消费者凭优惠券领取免费试用品。
- 在线申请试用：消费者在企业官方网站、社交媒体或电商平台在线申请试用产品，企业以邮寄或电子形式为其提供试用装。
- 直播与社交媒体互动：企业通过直播平台或社交媒体开展免费试用活动，观众参与互动即可获得试用资格。

（3）有奖促销。有奖促销利用人的侥幸心理和追求刺激的心理，通过抽奖赢取现金或奖品的方式刺激消费者购买产品的欲望。抽奖活动的类型主要有即开即中式、多重连环抽奖式、回寄式等。有奖促销集竞赛、抽奖与促销于一体，能有效地吸引消费者，从而增加销量。

3．人员推销

人员推销是指推销人员面向中间商或消费者进行直接的宣传介绍活动，使其产生购买行为的促销方式。该方式有以下4个显著特点。

（1）推销人员可以与消费者直接接触，并就近观察其态度和需要。因此，针对不同类型的消费者，推销人员可采取不同的、有针对性的推销手段和策略。

（2）推销人员可直接从消费者处得到信息反馈，如消费者对推销人员的态度、对产品和企业的看法和要求等。

（3）推销人员可提供售后服务和追踪服务，能及时发现并解决产品在使用时出现的问题。

（4）该方式可以促进买卖双方建立友谊，保持长期联系。

因此，对某些产品来说，人员推销是最有效的促销方式，特别是在取得消费者信任、了解消费者偏好和促成购买行为方面，其效果更为突出。不过，人员推销需耗费较多的人力、物力、财力且时间成本高，初创企业要慎重考虑。

4．公共关系

公共关系是指企业通过新闻媒体宣传和积极参与社会公益活动等方式，树立良好的公众形象，获取公众的信任与支持，从而促进销售的一种促销方式。公共关系是一种间接的促销方式，并不要求企业直接达到销售目标，但它对企业的发展具有特殊意义。例如，新闻媒体报道企业开发的新产品可以将产品的相关信息有效地传递给消费者。

9.5 互联网背景下的创业营销

一般来说，初创企业利用互联网资源开展营销活动是必不可少的，因此，了解有关互联网的营销方式极其重要。下面将介绍网络营销方式，以及互联网背景下创业营销的实施策略。

9.5.1　网络营销方式

网络营销就是以互联网为主要手段，为达到一定的营销目的而采取的营销活动。常见的网络营销方式有以下5种。

1．搜索引擎营销

搜索引擎营销是一种新的网络营销方式，它是指全面而有效地利用搜索引擎来进行网络营销。搜索引擎营销追求以最小的投入，获得最大的来自搜索引擎的访问量，并使其产生商业价值。

2．视频营销

视频营销是一种以视频为主体、以内容为核心、以创意为导向，通过精细策划进行产品营销与品牌传播的营销方式。电视广告、网络视频、宣传片、微电影等都是视频营销的常见形式。视频营销类似于电视短片，但其传播方式更加灵活，同时，互联网提供的平台使视频营销兼具互动性强、主动性强、传播速度快等优势，其实际应用更加广泛。

3．微博营销

微博营销是指商家、个人通过微博为用户创造价值的一种营销方式。微博营销注重价值的传播、内容的互动、系统的布局和准确的定位，是基于粉丝的营销方式。对于营销者而言，微博上的每一个活跃粉丝都是潜在营销对象。企业用户可以通过微博向粉丝传播品牌信息、产品信息，树立良好的企业形象，提升品牌影响力。个人用户也可以通过微博建立自己的粉丝圈，打造个人品牌，开展各种营销活动。

4．微信营销

在移动互联网时代，随着人们生活方式的不断变化，越来越多的营销方式逐渐向移动设备转移。微信基于移动设备而产生，更加适应移动设备的应用需求，同时其凭借简洁的界面、便捷的操作，不仅满足了年轻人的移动通信需求，也吸引了大批中老年用户。微信成为一款渗透率高、覆盖面广的主流即时通信软件，积累了大量的活跃用户，并渗透到人们生活和工作的方方面面。

微信营销正是建立在微信大量活跃用户的基础上，其特殊的点对点营销模式、灵活多样的营销方式和强关系属性，为企业营销提供了更多的可能性。微信营销不受营销距离的限制，微信个人用户可以通过微信订阅自己所需的信息，企业用户可以通过提供消费者需要的信息来推广产品，从而实现点对点营销。微信营销具有很高的营销价值。

5．网络软文营销

网络软文营销是指通过特定的概念诉求，以摆事实、讲道理的方式使消费者不自觉地走进企业设定的"思维圈"，以一种春风化雨、润物无声的方式迅速实现产品营销。网络软文一般由专业的市场策划人员或者文案专员撰写。在发布网络软文前，市场策划人员或者文案专员一定要仔细检查其准确性，切忌出现错别字。

9.5.2　互联网背景下创业营销的实施策略

在互联网时代，初创企业制定创业营销方案时，需充分利用网络环境的特性和优势，创造性地融合多种营销手段，以更精准地触达并吸引目标用户群体，加速品牌建设与市场拓展。下面列举6种常见的创业营销实施策略，以供大家参考。

1. 社交媒体营销策略

初创企业可以积极利用微博、微信、抖音、小红书等热门社交平台，构建品牌社群，发布吸引眼球且富含价值的内容，如故事化短片、互动问答、赞助捐赠等，增强用户的参与感与品牌忠诚度；同时，初创企业还可以通过精准投放广告等方式增加品牌影响力。

2. 内容营销策略

内容营销策略的核心在于构建品牌的专业性与深度。初创企业应创造丰富多样的高质量内容，如专业文章、教程视频、行业报告等，不仅能解决用户的实际问题，也能展现品牌的专业性和深度，从而吸引并留住潜在用户。内容营销应紧密围绕目标受众的兴趣点和需求，以提升企业在搜索引擎中的可见度。

👁 阅读材料　　　　　　　　　**得到App的内容营销**

得到App作为知识付费领域的先行者，通过持续产出高质量的知识内容，如专栏、音频课程等，满足用户对个人成长和终身学习的需求。

众多行业"大咖"和知名学者在得到App通过开设专栏的形式，分享各自领域的专业知识和见解。这些专栏不仅内容质量高、专业性强，而且更新频率稳定，能让用户持续获得有价值的信息，因此成为用户深度学习的首选，得到App的品牌影响力也进一步提升。

得到App推出"每天听本书"栏目，每天为用户推荐一本好书，并邀请专业的主播解读书中内容。这种形式充分利用了用户的碎片化时间，使用户能够在短时间内了解某书的精华内容。通过这种高效的阅读方式，用户不仅拓宽了知识面，还提高了阅读效率和阅读体验。同时，这一栏目也成为得到App的标志性内容之一，得到大量用户的关注和喜爱。

除专栏和"每天听本书"栏目外，得到App还推出"李翔知识内参"和"罗辑思维"等特色栏目。这些栏目以独特的观点和深入的剖析，为用户提供有用的知识和信息。这些内容不仅具有专业性，还注重实用性和启发性，能够帮助用户解决实际问题，提升个人能力。

此外，得到App还推出众多精品课程，涵盖商业、方法技能、互联网、创业、心理学、文化、职场等多个领域。这些课程由行业专家主讲，内容质量高、实用性强，能够满足不同用户的学习需求，不仅提升了用户的个人能力，还进一步增强了用户对得到App的信任和忠诚度。

✍ **点评**

得到App的内容营销以提供有价值、有深度的内容为核心，通过多样化的栏目满足用户的学习需求，增强用户对品牌的认知和信任。这种策略不仅提高了得到App的知名度和影响力，还有利于其长期发展。

3. 合作与联盟营销策略

合作与联盟营销策略强调资源共享与互利共赢。初创企业可以与品牌、博主或影响者合作，通过联名活动、嘉宾帖子、产品评测等方式增加品牌曝光度，借助其粉丝基础快速提升知名度。利用合作与联盟营销，初创企业与合作者可以共享资源、降低成本，实现互利共赢。

👁 阅读材料

小红书与品牌博主携手共赢

在小红书这个充满活力和创造力的社交媒体平台上，品牌博主们以其独特的魅力和影响力，成为吸引流量的重要力量。小红书深知品牌博主的影响力，因此积极与这些博主合作，共同打造了许多成功的营销案例，从而有效地引导用户流量，提升平台曝光度。

首先，小红书会与品牌博主建立联系，了解他们的专业领域、用户群体以及内容创作风格。这是因为品牌博主通常拥有一定的粉丝基础和影响力，他们的内容能够精准地触达目标用户群体。小红书通过筛选与营销活动主题相符的品牌博主，确保与他们合作能够取得良好的营销效果。

其次，小红书会与品牌博主共同制定合作方案。这包括确定合作形式、内容规划、推广渠道等。品牌博主会根据自己的专业知识和用户喜好，创作出符合品牌调性的优质内容。这些内容可以是产品评测、穿搭分享、生活小贴士等，旨在展示产品的特点和优势，同时吸引用户的关注。在内容发布后，品牌博主会注重与用户的互动和沟通，积极回应用户的评论和反馈，解答用户的疑问，从而与用户建立起良好的关系。

最后，随着内容的发布和推广，小红书会利用自身的智能推荐系统，将优质内容推送给更多潜在用户。这些用户可能原本对品牌并不了解，但在优质内容的影响下，开始关注品牌，了解产品信息，并产生购买意愿。这种流量引导的方式不仅提高了品牌的曝光度，促进了产品的销售转化，也进一步提升了小红书的平台声量，使品牌与小红书实现了双赢。

✍ 点评

小红书通过与品牌博主合作，成功地将流量引导至品牌，提升了品牌的曝光度和知名度。这种合作模式不仅促进了小红书的发展壮大，也为品牌博主们提供了更广阔的发展空间。

---

4. 数据分析和精准营销策略

在互联网背景下，数据分析是提升营销效果的关键。初创企业可以运用大数据分析工具深入挖掘用户行为数据，如浏览习惯、购买历史等，构建精细化用户画像，从而实施高度个性化和有针对性的营销活动。同时，初创企业还可以通过邮件营销、定制推送、动态再营销等手段，提高转化率和用户满意度。

5. 线上线下结合营销策略

初创企业可以利用线上平台（如官方网站、电商平台等）进行产品展示、销售和用户服务，提高用户购买体验；通过线下活动（如产品发布会、体验店、促销活动等）与用户面对面交流，增强用户对品牌的认知和信任。通过线上线下结合营销，初创企业可以实现品牌全渠道覆盖，提升品牌影响力。

6. 创新营销策略

在互联网背景下，创新营销策略是企业保持市场竞争力、持续吸引用户的关键。初创企业需要密切关注市场趋势和用户需求的变化，灵活调整营销策略。例如，初创企业可以尝试采用短视频营销、直播营销等新型营销方式，吸引更多年轻用户的关注和参与。

👁 **阅读材料**   **元气森林的创新营销策略**

元气森林作为近年来快速崛起的国产饮料品牌，其成功在很大程度上得益于其创新营销策略，特别是围绕"健康概念"的一系列营销活动。

元气森林从一开始就将自己定位为追求"无糖、低热量"的健康饮品品牌，改变了人们对传统碳酸饮料高糖、高热量的固有印象。元气森林通过使用天然代糖如赤藓糖醇替代传统糖，推出了"0糖0脂0卡"的气泡水、茶饮等产品，直接面向健康意识增强的年轻消费者群体。这一产品创新本身就成为有力的营销武器，迅速吸引了大量追求健康生活方式的消费者。

在品牌传播方面，元气森林利用社交媒体营销的力量，通过微博、抖音、小红书等平台，与健身、时尚、美食领域的博主合作，以生活方式内容营销为核心，展示其产品的健康属性和时尚元素。例如，与健身博主合作，展示健身博主运动后饮用元气森林，将元气森林作为健康补水的选择，有效传递品牌健康生活的价值观。

此外，元气森林在包装设计方面同样注重创新。元气森林采用简约、清新的设计风格，以绿色、蓝色等色调为主，营造出一种健康、自然的氛围。同时，元气森林的产品包装上还印有"0糖0脂0卡"等文字，让消费者迅速了解产品的特点。元气森林还注重与消费者的互动。例如，通过线上抽奖、发放优惠券等促销活动，激发消费者的购买欲望；建立消费者反馈机制，及时收集消费者的意见和建议，不断优化产品和服务。

✍ **点评**

元气森林通过一系列的创新营销策略，深刻诠释并推广了"健康概念"，将品牌与消费者追求的健康生活方式紧密结合，从而在竞争激烈的饮料市场中脱颖而出。

9.6   本章练习

1. 创业营销分为哪几个主要阶段？
2. 初创企业应该如何进行市场调查？
3. 面对众多的细分市场，初创企业应该如何选择目标市场？

4．初创企业可实施的价格策略有哪几种？分析各种价格策略的特点和使用条件，填写表9-2。

表9-2　价格策略分析

价格策略	特点	使用条件

5．在互联网背景下，初创企业应如何实施创业营销策略？

第10章 商业计划书

引导案例

　　萌兽医馆由一群热爱宠物并深谙医疗服务的专家创立，自创立以来便致力于为宠物提供全方位、高品质的医疗服务。它秉持"宠爱有道，健康至上"的理念，不断追求卓越的医疗品质和贴心的服务体验，为宠物提供从预防、诊疗到康复的全方位医疗服务。经过多年的发展，萌兽医馆旗下有超过100家宠物医院。萌兽医馆的成功离不开其精心策划的商业计划书，其商业计划书的核心内容如下。

　　（1）愿景与使命

　　萌兽医馆在商业计划书中阐述了其想要成为国内宠物医疗行业领导者的宏伟愿景，期望通过不断的科技创新和高标准的服务，确保每一只宠物都能享受到便捷、安心的医疗服务体验，向投资者展示了自己的长远目标和坚定信念。

　　（2）市场分析与定位

　　萌兽医馆深入剖析了宠物医疗行业的市场规模、增长趋势和竞争格局。通过对市场的细致研究，萌兽医馆精准地定位于中高端市场，专注于为有较高需求的宠物主人提供专业服务。这种深入且精准的市场定位，为投资者描绘了一个具有巨大潜力和竞争优势的市场。

　　（3）商业模式与策略

　　萌兽医馆的商业模式和策略包括线上线下服务的融合、数字化管理系统的应用和专业医疗团队的组建。这些创新措施不仅提升了服务效率和质量，还有效降低了运营成本。

　　（4）财务预测与规划

　　萌兽医馆在商业计划书中对关键财务指标进行预测分析，这些预测分析为投资者展现了清晰的投资回报预期。

扫一扫

　　讨论

　　1. 商业计划书在创业过程中的作用是什么？

　　2. 商业计划书具体包含哪些内容？

参考答案

10.1　商业计划书概述

　　商业计划书是大多数创业者寻找投资的敲门砖，而撰写商业计划书的过程，也是创业者审视、分析自身企业及产品的好机会。好的商业计划书不仅能够帮助创业者获取投资者和合作伙伴的支持，还能使企业在经营中达到事半功倍的效果。

10.1.1　商业计划书的撰写目的

　　商业计划书是呈现创业构想的载体，也是展现创业者如何实现创业目标的资料。商业计划书是全方位的项目计划，撰写商业计划书的主要目的是让投资者对某一新项目做出评判，从而使创业者获得融资。一份好的商业计划书应具备细致的产品介绍、充分的市场调研信息、有力的资料说明、表明行动的方针、对团队风采及良好发展前景的展示等内容。

10.1.2 商业计划书的撰写原则

一份好的商业计划书必须呈现企业的竞争优势及投资者可以获得的利益，同时要切实可行，并尽可能地提供较多的客观数据来加以佐证。在商业计划书的具体撰写过程中，创业者应遵循以下5项原则。

1. 简洁明了原则

简洁明了是撰写商业计划书的基本原则。创业者应使用简洁明了的语言，避免复杂的行业术语，保持句子结构的简洁性，使投资者能够轻松理解商业模式和计划。同时，商业计划书的结构也要清晰有序，以便投资者能够迅速捕捉到关键信息。

2. 目标明确原则

商业计划书的目标一定要明确。在商业计划书中，创业者要明确阐述商业目标，包括市场定位、目标客户以及预期的市场份额等。商业计划书应围绕这些目标展开，详细解释如何实现这些目标，从而为投资者提供一个清晰的蓝图。

3. 实事求是原则

实事求是也是撰写商业计划书的重要原则。商业计划书中所有的信息和预测都应基于实际的市场调研和数据分析。创业者一定要避免夸大或虚构信息，以保持商业计划书的可信度和专业性。只有真实可信的数据和分析，才能赢得投资者的信任和认可。

4. 展示优势原则

创业者撰写商业计划书的主要目的之一是为投资者提供决策依据，从而得到融资。因此，商业计划书应尽可能地呈现出企业的竞争优势，显示出创业者创造利润的强烈愿望，并明确投资者预期可以获得的利润。与此同时，创业者也不能忽视投资过程中可能会遇到的困难或威胁，不能一味地强调投资的优势和机遇而忽略潜在的不足与风险。

5. 前后论述一致原则

商业计划书要内容完整，尽量提供各项材料及佐证资料，并使预估与论证相互呼应、前后论述一致，具有较强的逻辑性。

10.1.3 商业计划书的作用

一份好的商业计划书是创业者的行动指南，同时也是创业者成功获得投资的关键。商业计划书的作用主要体现在以下3个方面。

1. 指导创业者的行动

撰写商业计划书的过程是一个调研与思维碰撞的过程，整个创业团队会对新企业、新项目、新业务或新产品的未来发展进行思考。创业者能在这个过程中清楚地认识到哪

小贴士

商业计划书主要是为创业团队、潜在投资者和其他相关者3个群体服务的。创业团队可以利用商业计划书梳理思路，吸引潜在投资者的注意并与之顺利达成合作，得到其他相关者，如创业大赛评委等的好评。

些才是符合企业未来发展需求的要素，从而进一步明确自己的创业思路和经营理念。

2．提供创业信息

一份完整、规范的商业计划书包含创业过程中的各种信息，如产品或服务介绍、市场预测及分析、营销策略、风险预测等。它可以告诉投资者，创业者的创业计划并不是纸上谈兵，而是科学的、可行的。

3．寻求融资支持

对于寻求外部资金支持的创业者来说，商业计划书能向潜在投资者展示项目的吸引力和盈利能力。商业计划书需要清晰、有力地阐述企业的市场机会、竞争优势、财务预测情况以及资本需求等，用数据和事实说明企业的成长潜力和投资者的回报预期。一份结构清晰、逻辑严密、数据翔实的商业计划书，能够大大增加创业者成功获得银行贷款、天使投资、风险投资等外部资金的概率。投资者可以通过商业计划书评估项目的可行性与投资价值，决定是否投资以及投资的条件。

> **小贴士**
>
> 对于大学生创业者而言，商业计划书是展示其创新思维和创业决心的重要载体。商业计划书应内容翔实，以证明大学生创业者对行业的深入理解和对企业发展的全面规划；同时商业计划书需要简明扼要，以确保投资者能迅速把握核心要点，评估项目的可行性和投资潜力。

10.1.4　商业计划书的撰写要求

撰写商业计划书是一项非常复杂的工作，必须有逻辑地、系统地思考和分析许多可变因素，并得出相应结论。因此，创业者要撰写一份内容真实、有效并对企业日后的生产经营活动有帮助的商业计划书，应遵循以下基本要求。

1．保证信息的准确性和可靠性

创业者如果想要撰写一份较为全面、完善的商业计划书，一项很重要的工作就是进行调研，并对所有的信息进行综合分析，以确定这些信息是否可以用来充实商业计划书。因此，撰写商业计划书的首要要求就是保证信息的准确性和可靠性。在信息技术如此发达的时代，创业者可以通过许多渠道来收集信息，真实、可靠的信息不仅可以保证商业计划书的实用性，还可以让投资者更加信服。

2．保证内容的全面性和条理性

商业计划书要尽可能全面地涵盖各个方面。如果创业者的项目很多，创业者在商业计划书中就要对每一个项目进行分析和比较，从而得出最优方案。一般来说，商业计划书有较为固定的格式，创业者可以按这些格式来撰写商业计划书，以便潜在投资者找到其想要重点关注的内容。

除此之外，将项目存在的每一个问题及所需要的东西全面、有条理地展示出来，这也是撰写商业计划书的要求之一。

3．保证叙述的简洁性和通俗性

商业计划书的全面性与简洁性之间并不冲突。简洁性是指商业计划书应当使用平实的语言，最好开门见山，让投资者明白创业者想要做什么，不使用过于艳丽的图片和过于夸张的版式。通俗性是指商业计划书应尽量避免使用复杂的专业术语，做到通俗流畅。

4．提升计划的可实施性

商业计划书要明确哪些资源是可以利用的，并分析计划的定位。不管是在商业计划书撰写之前还是之后，创业者都应该通过市场调查等方法查漏补缺。通过经常性的市场调查，创业者可以弥补商业计划书中的不足，提升计划的可实施性。

5．体现市场导向性

创业者投身创业活动的主要目的是通过创业活动获取收益。从客观环境看，创业活动产生的收益主要来自市场和消费者，因此，一个创业活动能否成功，主要取决于其是否能满足市场的需求。市场对创业项目所提供的产品的需求越高，创业项目的潜力就越大，投资者的投资意愿也就越强。因此，创业者在撰写商业计划书时，应当着重体现创业项目的市场导向性，清晰阐述创业项目是如何基于深入的市场调研和分析，精准把握消费者需求，并据此开展产品的开发和生产经营活动的。

10.2　商业计划书的内容

商业计划书的内容往往会直接影响创业者能否找到合作伙伴、获得资金及政策的支持。因此，一份完整的商业计划书至关重要。商业计划书一般应包括封面、计划摘要、项目概况、产品或服务介绍、行业分析、市场预测与分析、营销策略、经营管理计划、团队介绍、财务规划、风险与风险管理等内容。下面以流云 π——标准化托盘循环共享商业计划书为例，介绍其具体内容。

扫一扫

商业计划书
示例

10.2.1　封面

封面的设计要给人美感。好的封面会使阅读者对其产生好感，形成良好的第一印象。商业计划书的封面应包括项目类别、团队成员、联系方式等内容。如果企业已经设计好 Logo，也可以在封面中将其展示出来。图 10-1 所示为流云 π——标准化托盘循环共享商业计划书的封面。

图 10-1　流云 π——标准化托盘循环共享商业计划书的封面

10.2.2　计划摘要

计划摘要是商业计划书的主体部分，也是投资者首先要看的内容，它是商业计划书的精华和灵魂。因此，创业者在撰写计划摘要时要反复推敲，并使其涵盖商业计划书的要点，以便在短时间内给投资者留下深刻印象。一般来说，计划摘要可以概述项目亮点，介绍产品或服务、行业前景，分析竞争对手，等等。

1. 概述项目亮点

采用最具吸引力的话语来解释为什么该项目是一个商机，通常可以直接、简洁地描述解决某个重大问题的方案或产品。

2. 介绍产品或服务

首先清晰地描述消费者当前面临的或未来可能会面临的某个重大问题，然后说明该项目将怎样解决这个问题。最好采用通俗易懂的语言来描述企业的产品或服务，尽量不要使用复杂的专业术语。

3. 介绍行业前景

用科学、客观的语言简要描述市场规模、行业发展趋势及美好前景，要有调查、有结论、有数据，必要时也可对调查的局限性做出说明，避免使用空洞、宽泛的语句。

4. 分析竞争对手

简述主要竞争对手及其取得的成果，指出其优势与不足，同时强调自身产品或服务的相比较而言的优势。然后，概述自身的竞争策略，包括如何通过差异化竞争、市场细分或建立合作伙伴关系等方式在竞争中脱颖而出，表明自身对市场动态的持续关注及策略调整能力。

5. 介绍团队

用简洁的语言展示创业者和核心管理团队的背景及成就。注意不要用套话，如"李萧，有8年的新媒体运营管理经验"，比较理想的描述为"李萧，曾在互联网公司工作8年，负责新媒体运营管理"。

6. 财务分析

一般使用表格（如现金流量表、资产负债表、利润表）展现企业未来1～3年的核心财务指标。

7. 融资说明

陈述该项目期望的融资金额、融资的主要用途及使用计划等。例如，融资100万元，用于新设备的购买。

> **🎯 小贴士**
>
> 需要注意的是，上述计划摘要仅可作为参考，不可直接套用。创业者需要根据自身实际情况，灵活调整计划摘要的内容，确保它贴合实际需求。

10.2.3　项目概况

项目概况是商业计划书的开篇，它通常是对整个项目的简要介绍，一般包括项目的主旨、核心内容、创新亮点、产品或服务的先进性、应用领域、市场潜力等。其目的在于快速吸引投资者或合作伙伴的注意力，使他们对项目产生兴趣并愿意深入了解。这一部分应当简洁明了，通常控制在几段或几页之内。

10.2.4　产品或服务介绍

在评估投资项目时，投资者非常关心产品或服务是否具有新颖性、先进性、独特性和竞争优势，以及产品或服务能否或能多大程度地解决现实生活中的问题。因此，产品或服务介绍是商业计划书中不可或缺的内容。通常来说，产品介绍应包括以下内容。

- 产品的概念、性能及特性。
- 产品的研究和开发过程。
- 使用产品的人群。
- 产品的市场竞争力。
- 产品的市场前景预测。
- 产品的品牌和专利。

在产品介绍部分，创业者需要确保以清晰、生动的方式阐述产品的核心特征、功能优势、满足的市场需求以及与竞品的区别，同时保持内容通俗易懂，以便非专业的投资者也能轻松理解。

> **小贴士**
>
> 创业者在撰写产品或服务介绍部分时，要避免陷入一些误区，如苛求细节，过于细致地展现产品；追求大而全，目标太多，让项目失去焦点；只表述想法和创意，没有明确介绍相应的实施过程。

10.2.5　行业分析

一般来说，创业者在撰写商业计划书时，应该把行业分析放在市场预测与分析前面。在行业分析中，创业者应该正确说明所选行业的基本特点、竞争状况和未来的发展趋势等。行业分析可以从以下4个方面展开。

- 简要说明企业所涉及的行业。如果企业涉及多个行业，应该分别说明。
- 说明该行业的现状。这一部分尽可能多用数字、图表等方式展示，如行业增长率、销售百分比等。
- 说明该行业的发展趋势和前景。在预测行业的发展趋势时，创业者不仅要考虑微观的行业环境变化，还要考虑整个行业乃至整个社会的发展状况，并在此基础上对行业前景做简短的说明和预测。
- 说明进入该行业的障碍及克服障碍的方法。

10.2.6　市场预测与分析

行业分析关注的是企业所涉及的行业，而市场预测与分析则强调将市场细分，并瞄准企业所涉及的细分市场。市场预测与分析应包括以下4个方面的内容。

1. 市场细分和目标市场的选择

市场细分和目标市场的选择是指在行业分析的基础上，找到企业具体的目标市场，它可以是一个细分市场，也可以是两个或者多个细分市场。创业者在撰写商业计划书时，要详细分析和说明每个细分市场。

2．消费者行为分析

消费者行为分析是专门针对目标市场的消费者的分析。只有深入了解目标市场的消费者，企业才能提供满足其实际需求的产品或服务。在商业计划书中，创业者通常采用调查问卷的形式分析消费者行为。

3．竞争对手分析

分析竞争对手，包括分析其采用的销售策略及其产品或服务的优势等。对竞争对手进行详细分析有助于企业了解竞争对手所处的位置，使企业更好地把握市场机会。

4．销售额和市场份额预测

市场预测与分析的最后一步是预测销售额和市场份额。有的商业计划书将这一部分内容放在财务规划中。创业者对销售额和市场份额进行预测时，可采用以下3种方法。

- 联系行业协会，查找行业相关的销售数据。
- 寻找一个竞争企业，参考竞争企业的销售数据。
- 通过网络、报纸、杂志等渠道收集行业内企业的相关文章，并从中找到可用数据。

10.2.7　营销策略

营销策略是商业计划书中最具挑战性且非常重要的部分，消费者特点、产品特征、企业自身状况及市场环境等各方面的因素都会影响企业的营销策略。商业计划书中的营销策略应当包括总体营销策略、定价策略、渠道与销售策略、促销策略等。

1．总体营销策略

总体营销策略简单介绍企业为销售其产品所采用的总体方法。

2．定价策略

定价策略是营销策略中一个非常关键的组成部分。企业定价的目的是促进销售、获取利润，这就要求企业在定价时既考虑成本，又考虑消费者对价格的接受能力。定价策略的类型有折扣定价、心理定价、差别定价、地区定价、组合定价及新产品定价6种。

3．渠道与销售策略

渠道与销售策略主要说明企业的产品如何从生产者到达消费者手中，具体分为两种：依托中间商和发展自己的销售网络。

4．促销策略

促销策略主要说明企业打算采用什么方法来促销产品。一般来说，促销策略有4种：广告、人员推销、公共关系以及营业推广。在实际经营中，以上4种促销策略都是组合使用的，因此，促销策略又称为促销组合策略。

10.2.8　经营管理计划

经营管理计划旨在使投资者了解产品的生产经营状况。因此，创业者应尽量使经营管理计划的内容更加详细、可靠。经营管理计划的内容一般包括生产工艺和服务流程、设备的购置、人员的配备、新产品投产的计划、产品质量控制与管理等。

一般来讲，经营管理计划应阐述清楚以下6个方面。

（1）企业开展生产制作所需的厂房设备和设备的引进与安装。

（2）新产品的设计和研制、新工艺攻克和应用前的技术准备。

（3）物料需求计划及其保证措施。

（4）质量控制方法。

（5）产品单位成本计划、全部产品成本计划和产品成本降低计划等。

（6）实施生产计划所需的各类人员的数量、劳动生产率提高水平、工资总额和平均工资水平、奖励制度和奖金等。

10.2.9　团队介绍

在商业计划书中，创业者还应该简要介绍团队成员，详细介绍其中的管理人员，如介绍管理人员的能力、主要职责及过往经历与背景。此外，创业者还应对企业目前的组织结构进行简要介绍，具体包括各部门的功能和责任、各部门的负责人及主要成员等。

10.2.10　财务规划

财务规划可以帮助投资者判断企业未来的财务状况，进而判断投资者能否通过投资获得理想的回报。财务规划的重点是编制资产负债表、利润表及现金流量表。

扫一扫

财务报表
模板

- 资产负债表。资产负债表反映企业在一定时间段的财务状况。投资者可通过查看资产负债表得到所需数据，以此来衡量可能的投资回报率。
- 利润表。利润表反映的是企业的盈利状况，即反映企业在一段时期内的经营成果。
- 现金流量表。现金流量表能够反映企业在一定会计期间经营活动、投资活动和筹资活动产生的现金流入与现金流出情况，在特定期间内现金收入和支出的信息，以及有关投资活动和理财活动的信息。

10.2.11　风险与风险管理

在商业计划书中，创业者要如实向投资者分析企业可能面临的各种风险，同时还应阐明企业为降低或防范风险所采取的各种措施。投资风险被描述得越详细，交代得越清楚，就越容易引起投资者的兴趣。

企业面临的风险主要有战略风险、市场风险、管理风险、竞争风险、核心竞争力缺乏风险及法律风险等。这些风险中哪些是可以控制的，哪些是不可控制的，哪些是需要极力避免的，哪些是致命的或不可管理的，都应该在商业计划书中被详细说明。

预估企业可能面临的风险后，企业可以从以下角度来阐述风险管理的方式。

- 企业还有什么样的附加机会？
- 在最好和最坏的情形下，企业未来3年计划取得怎样的表现？
- 企业在现有资本的基础上如何进行扩展？

10.3　商业计划书的撰写技巧与步骤

商业计划书是在充分研究行业、市场的基础上撰写的，在撰写商业计划书时，创业者除了要注意措辞准确、条理清晰，还应了解相关的撰写技巧与步骤。

10.3.1　商业计划书的撰写技巧

为了提高商业计划书的可读性和吸引力，创业者掌握一些商业计划书的撰写技巧是非常有必要的。

1．关注产品

在商业计划书中，创业者要详细描述所有与企业的产品有关的细节，包括产品正处于研发的哪个阶段，产品的独特性体现在哪里，产品的生产成本和售价是多少，等等。这样才能使投资者更加了解企业的产品，让投资者感受到企业产品的优势和与众不同。

2．条理清晰

清晰的布局可以使投资者快速找到他们的兴趣要点，提升其阅读兴趣。另外，不同的投资者对创业项目的关注点会有所不同，因此，创业者撰写商业计划书时不能套用固定模板，而应该根据不同的阅读对象进行调整，突出重点。

3．借助AI工具完善商业计划书

商业计划书草稿完成并获得团队全体成员的认可后，创业者可以借助AI（人工智能）工具来完善商业计划书，为项目赢得更多关注和支持。

- 内容扩写与优化。创作者在确定商业计划书的结构框架，包括计划摘要、项目概况、产品或服务介绍、行业分析、市场预测与分析、营销策略等内容后，可以利用AI工具，如文心一言、Kimi等扩写或优化商业计划书。图10-2所示为利用文心一言扩充文本内容的效果。

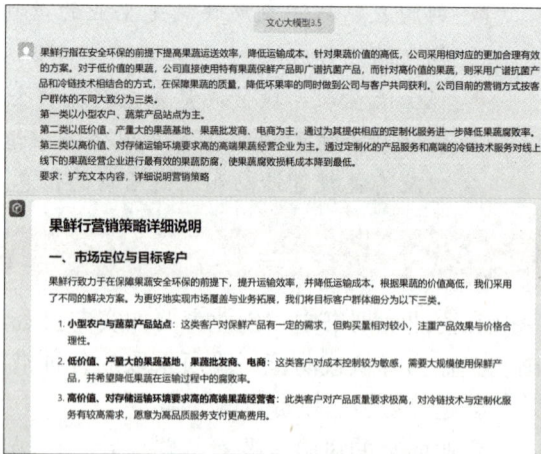

图10-2　利用文心一言扩充文本内容的效果

- 数据验证与补充。AI工具可以通过大数据分析验证市场数据、行业趋势预测等信息的准确性，并补充最新的统计数据。例如，使用通义AI工具可以获取最新的行业数据，同时还能查看其来源，以确保商业计划书中的数据是最新的、可靠的。图10-3所示为利用通义搜索果蔬行业数据的结果，创业者同时可单击搜索结果下方的超链接，查看相关数据的详细出处。

- 自动生成摘要。利用自然语言生成技术，AI工具可以从长篇幅的商业计划书中提炼出关键信息，自动生成简洁明了的摘要，帮助投资人快速抓住要点。例如，利用橙篇自动生成摘要的效果如图10-4所示。

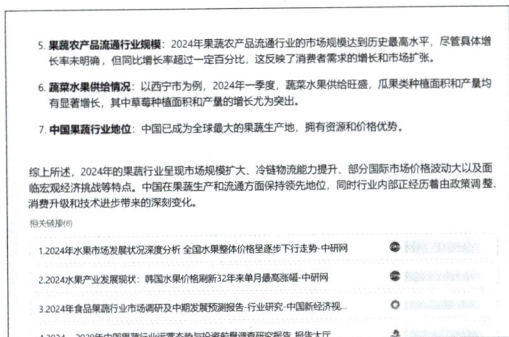

图10-3　利用通义搜索果蔬行业数据的结果

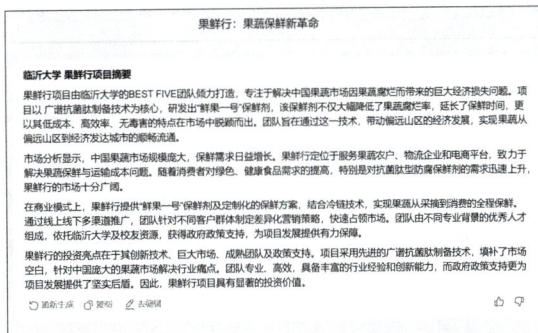

图10-4　利用橙篇自动生成摘要的效果

4．尽量使用第三人称

相对于频繁使用"我""我们"，使用第三人称"他""他们"会有更好的效果，这样会给投资者留下更专业和更客观的印象。

5．注意格式和细节

创业者在撰写商业计划书时，不要使用过于花哨的字体，如艺术字、斜体字等，以免给人留下不够严肃、正式的印象。另外，在商业计划书的细节处理上，创业者要多花一些心思，如在封面、页眉或页脚加上设计精美的企业Logo。

6．使用PPT格式

绝大多数投资者更喜欢PPT格式的商业计划书，其图文展示更直观，表现更丰富，便于创业者清楚介绍创业项目。另外，PPT格式的商业计划书更适合在展示或路演时使用；而Word或PDF格式的商业计划书则适合后续的进一步展示，在内容上也更翔实。

7．阅读优秀的商业计划书

阅读他人优秀的商业计划书可以在一定程度上帮助创业者提高自己的写作能力。因此，创业者在撰写商业计划书之前，可以多阅读他人的商业计划书，从中找到灵感，并得到一定的启发。

10.3.2　商业计划书的撰写步骤

商业计划书的撰写可以分为以下6个步骤。

1．经验学习

创业者大多没有撰写商业计划书的经验，可以先通过网络收集一些商业计划书范文、模板及相关资料，研究它们所包含的内容和所采用的写作手法后，吸收其中的精华，理清自己的撰写思路。

2．创业构思

优秀的创业构思对初创企业的成功起着至关重要的作用。如果创业者只是单纯地跟着别人的步伐来创业，那么很可能会以失败告终。因此，创业者在进行创业构思时，要冷静分析、谨慎决策，考虑多方面的问题，如项目的切入点是什么、如何寻找合适的创业模式、怎样找到投资者、怎样预见可能遇到的各种问题等。

👁 **阅读材料**　　　　　　　　　**开店前的准备工作**

赵小丽自幼热爱烘焙，尽管大学期间主修食品科学与工程专业，但她仍然决定深入学习烘焙技能。暑假期间，赵小丽进入专业烘焙学校学习，并获得相应的证书。大四实习期间，她在一家大型蛋糕店表现出色，但没有选择加入该店，而是怀揣梦想，打算自主创业。开店前，赵小丽进行了以下自我测试，以帮助自己完善创业构思。

问：想要进入哪个行业？

答：我大学期间主修的是食品科学与工程专业，而且烘焙是我从小就有的爱好，再加上我已取得相应的证书，因此烘焙行业比较适合我。

问：具体到哪个细分市场？

答：在大型蛋糕店的工作经历让我的理论知识和实践经验更加丰富，并使我掌握了相关的店铺运营知识，因此我想开一家蛋糕店。

问：有充足的创业资金吗？

答：蛋糕店需要的资金投入较少，我有父母的支持，再找朋友合伙，在资金上完全没有问题。

问：为店铺所需的食材找到合适的供货商了吗？

答：在蛋糕店实习的经历让我积累了一定的供货商资源，待实地考察后我再确定最终的供货商。

问：店铺有消费者需求吗？

答：我们镇上类似的蛋糕店只有一家，这说明我的竞争对手少；蛋糕等烘焙食品受到人们的喜爱，从消费者年龄段来说，蛋糕店的覆盖面较广。由此可以判断，蛋糕店的消费者需求会越来越大。

问：怎么维护与消费者的关系？

答：以高质量的产品和真诚的态度吸引和留住消费者，并为其提供派送服务。

✏️ **点评**

赵小丽的创业构思主要是从自身爱好和消费者需求出发的，这使她成功创业的可能性大大增加。有了好的创业构思，还必须要有市场机会和利用这个市场机会的技能和资源，由案例可知，赵小丽都具备这些条件。

3. 市场调研

市场调研就是市场需求调查，即通过运用科学的方法，有目的、有计划地收集、整理、分析有关信息，并撰写调研报告，以了解营销环境，发现问题和机会。市场调研的主要内容包括市场环境调查、市场需求调查、市场供给调查、市场营销调查和市场竞争调查5个方面。

（1）市场环境调查。市场环境主要包括政治法律环境、社会文化环境、经济环境和自然地理环境等。市场环境调查的具体内容可以是国家的方针、政策和法律法规，以及经济结构、市场的购买力水平、风俗习惯、气候等各种影响市场营销的因素。

（2）市场需求调查。如果要生产或销售某个产品，创业者应该调查该产品的市场需求。市场需求调查的主要目的是估计某个产品市场规模的大小及产品潜在的需求量。创业者在调查市场需求时，应重点关注以下问题。

- 产品的需求量有多大？
- 消费者的月 / 年收入是多少？
- 让消费者产生购买行为的动机是什么？
- 消费者喜欢以哪种方式购买产品？
- 消费者能够接受的产品价格大概在什么范围内？
- 消费者在购买产品时是通过何种方式进行决策的？
- 消费者对产品有什么其他的要求？
- 产品最令人不满意的地方在哪里？
- 消费者知道产品的途径是什么？
- 对于同类型的产品，消费者更喜欢哪个品牌的？为什么？

（3）市场供给调查。市场供给调查主要包括产品生产能力调查、产品实体调查等。创业者在调查市场供给情况时，应重点关注以下问题。

- 产品的生产周期有多长？
- 产品的产量有多大？
- 产品的特色功能是什么？产品是否满足了市场的需求？
- 产品的规格是否符合消费者的使用习惯？
- 进货的渠道有哪些？

除上述问题外，创业者还应调查供应商的基本情况，如办公地址、负责人等，确保供应商的信誉，以便日后与其长期合作。

（4）市场营销调查。市场营销调查主要是指调查目前市场上某种产品的促销手段、营销策略和销售方式等。创业者在调查市场营销情况时，应关注以下问题。

- 销售的渠道有哪些？
- 销售的区域主要分布在哪些地方？
- 产品的主要宣传方式是什么？
- 产品有什么价格策略？
- 产品有什么促销手段？

创业者基于以上问题进行调查并分析，比较各个营销策略的优缺点，从而决定采取什么样的营销手段来推销产品。

> **🎯 小贴士**
>
> 当以消费者为对象进行市场调查时，创业者应注意某些产品的购买者和使用者并不一致。例如，在针对婴儿用品的市场调查中，尽管产品的最终使用者是婴儿，但调查对象应聚焦于婴儿的父母，因为他们通常是做出购买决策的人。

（5）市场竞争调查。市场竞争调查是指创业者通过一切可获得的信息来了解竞争对手，包括竞争对手的规模、数量、营销策略、分布与构成等，以制定出合理的营销策略，使企业快速占领一定的市场份额，在激烈的市场竞争中占据有利位置。

4. 起草商业计划书

收集到足够的信息后，创业者就可以开始起草商业计划书了。由于商业计划书包含的内容较多，创业者在起草商业计划书时要明确其各个部分的作用，做到有的放矢。同时，在起草商业计划书的过程中，创业者还可以咨询律师或顾问，确保商业计划书中的内容没有歧义，不会被他人误解。

5. 修饰

商业计划书的封面要简洁、有新意，并且要坚硬耐磨，尽量使用彩色纸张，但颜色不要过于夸张。商业计划书在装订上要精致，按照顺序排列资料，并提供目录和页码，还要在末尾附上相关材料的复印件。

6. 检查

检查商业计划书的文本和内容框架，以保证其准确和美观。

- 对文本进行检查。主要是查看文字描述、数据运算等是否准确，表格、图形、资料引用、格式、数据处理等是否合理。
- 对内容进行检查。主要是从投资者的角度出发，对商业计划书所反映的内容的完整性、科学性和合理性等方面进行检查。商业计划书的检查内容如图10-5所示。

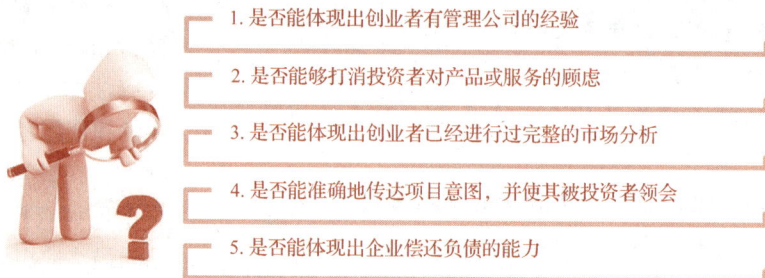

1. 是否能体现出创业者有管理公司的经验
2. 是否能够打消投资者对产品或服务的顾虑
3. 是否能体现出创业者已经进行过完整的市场分析
4. 是否能准确地传达项目意图，并使其被投资者领会
5. 是否能体现出企业偿还负债的能力

图10-5　商业计划书的检查内容

10.4　本章练习

1. 什么是商业计划书？
2. 商业计划书的撰写原则与要求是什么？
3. 商业计划书包含哪些内容？
4. 商业计划书的计划摘要一般包含哪些内容？
5. 结合本章内容，谈谈你对商业计划书的理解，并试着撰写一份PPT格式的商业计划书。

第 11 章
路演准备

引导案例

动漫设计专业的张小朴凭借过硬的专业技能，受到许多动漫企业的青睐，他们纷纷向他抛出橄榄枝。然而，这些诱人的机会并未动摇张小朴创业的决心。为了实现这个梦想，张小朴迅速组建了一个团队，大家共同奋斗，希望通过集体的智慧和努力，将梦想变为现实。经过数月的深入调研和市场分析，团队终于撰写出一份详尽且充满创意的商业计划书，这份商业计划书详细介绍了动漫工作室的运营策略、目标市场、预期收益以及可能面临的风险与挑战。

然而，光有商业计划书是远远不够的。为了将计划付诸实践，张小朴和他的团队需要找到投资者。于是，他们开始着手准备路演，这是向投资者展示项目价值和潜力至关重要的一步。

张小朴深知路演的重要性，因此投入大量的时间和精力，力求筹备工作尽善尽美。他精心制作了路演PPT，将商业计划书中的关键内容以图文并茂的形式呈现出来，力求使投资者清楚地了解项目的全貌。他反复观看路演PPT，以确保自己在演讲过程中能够流利地展示每一个细节。

然而，在实际路演的过程中，张小朴却遭遇了前所未有的挑战。由于他过于紧张，在整个演讲过程中不断使用"嗯"或"啊"这样的词，这不仅打乱了他的演讲节奏，也让投资者们对他的专业能力和项目产生了怀疑。更为严重的是，由于过于紧张，张小朴的演讲思路变得混乱不堪，他未能清晰地陈述出该项目最大的价值所在，也没有有效地传达出团队对于该项目的热情和信心。

原本充满期待的投资者们坐在台下，逐渐变得失望。他们开始议论起来，对于张小朴和他的团队是否能够成功运营这个项目产生了严重的怀疑。最终，路演以失败告终。

扫一扫
参考答案

讨论

1. 创业者为什么要进行路演？路演有没有通用的步骤可以遵循？
2. 路演PPT与商业计划书有哪些区别？

11.1　路演概述

合理有效的商业计划书推介可以使创业者少走弯路，节省时间和精力。推介商业计划书最好的方式就是路演，路演可以充分展示创业者的想法，增强投资者的信心，使商业计划书有用武之地。

11.1.1　路演的含义

路演是指在公共场所演讲、演示产品、推介理念，以及向他人推广自己的企业、团队、产品和想法的一种方式。路演可以让投资者真正了解企业的项目，从而做出更为准确的判断。

随着移动互联网技术的发展，路演的形式也越来越多元化，如企业产品发布会、媒体发布会、产品展示以及产品特卖等。若是线下路演，创业者可以在活动专场与投资人面对面地沟通与交流；若是线上路演，创业者则可以借助腾讯会议、微信群、QQ 群等，以在线视频的形式讲解项目。

11.1.2　路演的目的

路演的优势是可以同时让多个投资者认真倾听创业者的讲解和说明，还可以让他们有一个思考和交流的过程。通常情况下，投资者每天看到的商业计划书和接触的项目很多，有的投资者甚至一天就要阅读上百份商业计划书，所以只能凭借市场份额、盈利水平等硬性指标来筛选项目，很难了解项目的独特之处，这导致很多优秀的创业设想都与投资者擦肩而过。

路演是为了促进投资者与创业者之间的沟通和交流，让初创企业达到融资的目的。所以，路演不是目的，融资才是目的。

11.1.3　路演的主要形式

路演的主要形式之一是举办推介会。在推介会上，创业者需要展示企业的产品特性、发展规划、盈利模式等关键信息，深刻阐述其投资价值，确保投资者能够透彻理解企业的现状与潜力，并针对投资者关切的问题提供准确而详尽的回答。

此外，融资路演也是十分常见的路演形式，其核心目的在于帮助创业者为新创项目或初创企业的持续发展筹集必要的资金。简而言之，融资路演是指创业者向潜在投资人进行陈述和展示，旨在赢得投资支持，为启动或扩展业务提供财务助力。当前，不断涌现的初创企业与高度活跃的资本市场相互促进，形成了一个资本寻求优质项目、项目亟须资本助推的动态环境。在这一背景下，融资路演成为沟通双方的关键桥梁。

11.2　路演的 5 个要点

不管是线上还是线下路演，最终目的都是让创业者和投资者双方高效对接。在路演前，创业者需要做好准备，以向投资者充分展示企业的产品或服务。那么，要想路演成功，创业者就要明确以下 5 个要点。

11.2.1　有一个大愿景

创业者需要展示一个吸引人的大愿景，告诉投资者企业未来的发展方向，这点非常重要。通常来说，首次创业的人抱有的愿景都比较小，但要想成功，创业者应尽可能把它合理放大，并让它变得更加吸引人。

一开始，创业者表达自己的愿景时可能会感到有些紧张，甚至会有些不安，这是正常的。但创业者切忌将这些情绪表现出来，应尽量表现出自信、热情的精神面貌。

11.2.2　详细解释如何使用投资资金

投资者打算出资时，通常会询问创业者会如何使用这笔投资资金。此时创业者就需要一个详细的财务规划，其在时间上至少应涵盖未来3年，不仅应包含企业的运营成本，还应包含企业的收入增长率、利润等。

最重要的是，创业者需要了解不同部门的资金使用情况，以及每一个创业项目的资金使用情况。如果创业者已经有了一个可预知投资回报率的营销策略，也需要向投资者陈述清楚。

11.2.3　展现竞争力

无论创业项目是否已经产生收入，创业者都需要在路演时向投资者展示出该项目的竞争力。如果该项目已经产生收入，且发展速度很快，那么创业者一定要在路演时将相关内容展示出来。如果该项目暂时还做不到这一点，创业者可以在所有的业务指标里面找一个最具发展潜力的指标来展示，如用户总量、访问总量等。

11.2.4　展现团队的力量

创业者在路演时至少要用一页PPT来介绍创业团队，告诉投资者该团队的与众不同之处。最好对团队创始人做一个简单的介绍，介绍内容包括团队创始人的工作履历和具体的工作内容等。

投资者很清楚，一个强大的团队通常会推出较好的产品，并最终赢得市场。创业者如果拥有一个强大的团队，就应该毫不犹豫地将其展示出来，但对于团队中的缺点也不要刻意回避。

11.2.5　展现解决痛点的能力

出色的路演几乎都是围绕某个行业痛点展开的，因此，创业者在路演时，一定要表述清楚自己的产品或服务是如何解决这一行业痛点的。

🎯 小贴士

路演的核心在于通过讲述企业故事来展现企业的实力与文化底蕴，特别是融入励志、梦想、创新等时代元素，以吸引并打动投资人，从而赢得他们的认可与支持。新兴的电动汽车品牌"蔚来汽车"创始人李斌，通过分享自己从互联网行业跨界到新能源汽车领域的决心与愿景，以及蔚来汽车致力于打造智能、环保、可持续出行的故事，深深触动了众多对绿色出行充满期待的投资者和消费者。

因此，创业者在路演时，同样应当学会运用故事讲述的方式，精心构建场景，引导投资者沉浸于故事情节之中，激发他们的共鸣，使路演成为他们的一次深刻而难忘的体验。

11.3 路演需要准备的资料

部分创业者认为，只要自己对项目了如指掌，路演就是很简单的事。但事实上，很多创业者都会在路演时出现表述不流畅、手足无措、时间分配不合理的情况。所以，路演前的准备工作是必不可少的。下面介绍路演需要准备的相关资料。

11.3.1 路演台本

在路演前，为了保证路演质量，避免忘词、表述混乱，创业者应先梳理并记录路演内容，确保心中所想与口头表述一致。此外，路演是有时间限制的，最短10分钟，最长不超过2小时。因此，创业者应根据不同路演时长来准备不同的路演台本，有效地利用路演时间，突出重点，扬长避短。准备路演台本应注意以下问题。

（1）根据路演结构撰写演讲内容。路演一般可以分为项目介绍和项目展示两大部分。

● 在项目介绍部分，用3句话阐述项目：第一句话说明项目是做什么的，第二句话阐明市场有多大，第3句话说明项目的增长潜力究竟有多大。

● 在项目展示部分，阐明项目解决的行业痛点、项目的竞争优势，并介绍团队成员，提出融资需求。

（2）梳理演讲内容并标注重点。可以对路演台本的逻辑关系、核心数据进行梳理，切忌表述前后矛盾、数据错误。同时，创业者还可以在路演台本上标注重点，概括核心内容，做到详略得当。另外，创业者在优化语言时，应力求简洁明了。

（3）针对提问环节进行准备。路演前进行角色扮演，创业者可以假设自己是投资者，想一想有哪些问题是投资者常问的，提前准备这些问题的答案。投资者常问的问题如下。

● 项目的商业模式是怎样的？请说清楚一点。

● 你们的产品能解决什么行业痛点？

● 你们的产品具体能满足消费者的什么需求？

● 你们为什么会创建这样的企业？

● 你们的产品凭什么吸引消费者？

● 为什么是由你的团队来做这样的事？

● 你们会面对怎样的市场？

● 为什么大家没有做这样的事？

● 为什么你们能做得比其他企业更好？

● 我为什么要向你们投资？

● 你们打算怎么利用投资？

● 如果你们有足够的投资资金，你们会做什么？

扫一扫

路演PPT
模板

11.3.2 路演PPT

一份图文并茂、文字精练的路演PPT可以为创业者提供思路，让投资者抓住项目重点。因此简洁、清晰、有力是制作路演PPT时必须遵循的原则。下面将从篇幅、制作和内容这3个方面来介绍路演PPT。

1. 篇幅

路演PPT的篇幅以控制在15页左右为宜。创业者应根据路演台本上标注的重点，把想要强调的关键内容，如产品或服务、市场状况、竞争情况、商业模式、团队介绍、融资需求等醒目地展示给投资者。

2. 制作

制作路演PPT应注意以下几点。

（1）PPT的版式设计、色彩风格要统一。色彩切忌超过4种，字体不应超过3种（但不适用于创业者所要展示的项目跟艺术相关的情况）。

（2）能用图就尽量不用文字，切忌使用过多的文字。路演更注重的是演讲，如果PPT中的内容太多，会吸引投资者大部分的注意力，影响演讲效果。

（3）在话题承接的地方，使用过渡页或问句引入下一个话题，以吸引投资者的注意力。图11-1所示为路演PPT中的过渡页。

图11-1　路演PPT中的过渡页

3. 内容

下面介绍路演PPT应包含的内容，这些内容仅供参考，创业者可以根据具体的情况灵活调整。

（1）项目名称页：主要包含企业Logo和项目名称。创业者可以用一句话把项目介绍清楚，用项目最大的亮点吸引投资者关注。

（2）需求、痛点与时机页：展示创业者发现了什么样的需求，目标消费者有哪些痛点，为什么现在是进入市场的最好时机，等等。创业者在讲述该页内容时应尽量营造真实的应用场景，引起投资者的共鸣。例如，创业者可以提问："在当今这样的电子支付时代，当你面对手机没电无法扫码支付的尴尬局面时，你会如何应对？"

（3）解决方案页：向投资者展示目前针对某痛点的解决方案是什么，该方案有哪些不足，是不是还有更好的方案，等等。

（4）市场规模页：向投资者展示他们最关心的市场问题。如果是人尽皆知的市场，创业者可略讲，否则需要详细解释。此外，创业者也可以拿已成功的项目来类比自己的项目。

（5）产品或服务展示页：展示产品或服务，突出其核心竞争力，把产品或服务的特色转化为投资人的利益。

（6）竞争优势页：详细说明企业的竞争优势，尽量用表格、图片来直观展示企业的竞争策略，或相对于竞争对手的优势。

（7）商业模式页：参考商业模式画布，梳理业务逻辑以及企业与消费者、合作伙伴之间的关系，说清具体的盈利模式。

（8）团队页：主要说明项目拥有一个凝聚力极强的团队。同时，创业者要突出团队核心成员的亮点，如名校高才生、名企高管、连续创业者、拥有独占资源者等，介绍团队成员是如何帮助项目更好发展的。

（9）融资计划页：主要说明企业将以什么方式分配股权，出让多少股权，等等。如果路演不侧重于融资，此页可以忽略。

（10）结束页：再次强调项目的亮点（如项目愿景），或者再次展示企业的联系方式等。

11.4　路演的步骤与技巧

很多创业者在路演方面往往没有什么经验，不知道应该如何去完成一场成功的路演。下面对路演的步骤与技巧进行具体介绍。

11.4.1　路演的步骤

路演通常可以分为图11-2所示的5个步骤，创业者可以按照这5个步骤进行路演。

图11-2　路演的5个步骤

（1）提出问题是指创业者首先应该提出一些具有社会共性的问题，这样不仅可以激发投资者的兴趣，还可以为后面将要推介的产品做铺垫。

例如，将要推介的产品是新型汽车轮胎，作为创业者，不应直接讲述产品有多么好，而应采用提问的方式说明汽车轮胎的重要性，让投资者意识到即将推介的产品是与人们的生活息息相关的。

（2）扩大问题即挖掘消费者的痛点。例如，指出由传统汽车轮胎引发的交通事故影响的不是一个人，而是整个家庭，由此把问题扩大，加深投资者对产品的印象。

（3）提出解决方案就是创业者解说在此次路演中要推介的产品。假设要推介的产品是新型汽车轮胎，创业者就可以从技术、特点、安全性等方面对其进行详细解说。

（4）展示成功案例就是创业者展示产品或服务在实际应用中的成功案例或消费者的积极反馈，以增强投资者的信任感和产品的可信度。通过分享真实的使用体验或消费者评价，让投资者感受到产品或服务的真实性和实用性。

（5）塑造价值最重要的是让消费者产生物超所值的感觉。创业者应着重讲述产品的品质价值、概念价值、附加价值等。

11.4.2　路演的技巧

现在路演的机会越来越多，部分创业者可能进行了多次路演，但效果都不太理想，其原因之一就是他们没有掌握路演的技巧。下面将从7个方面具体介绍路演的技巧。

1．路演的内容

路演的内容就是创业者要向投资者传达的内容，也是决定路演是否成功的一个重要因素。路演的内容一定要符合路演的主题，并具备较强的逻辑性。创业者在介绍时一定要抓住要点。如果时间充裕，创业者在路演前可以多排练，以保证对路演的内容充分熟悉。

2．语音、语调、语速

强调语音和语调的主要原因是创业者需要声情并茂地将项目信息传达给投资者，让投资者更易接受和理解。

在语速问题上，创业者需要考虑两方面的因素。一方面，创业者要使投资者清楚地了解其传达的信息要点；另一方面，创业者要保持良好的节奏感，应在指定时间内不急不缓地完成一场完整的路演。此外，创业者应注意以下两点内容。

（1）在语速上要做到该快的时候快，该慢的时候慢。

（2）精准评估路演时长。假设创业者要完成一场时长为8分钟的路演，那么就一定要根据路演时长准备相关内容，然后根据要点调整语速，使整场路演完成得更为完美。

3．个人状态

在向投资者推介自己的项目时，创业者要表现出充满激情、积极向上的个人状态，要展现出对项目的信心和愿意为项目付出巨大努力的决心。

4．肢体语言

肢体语言利用身体部位来传达思想，如手势、面部表情等。除了沟通外，创业者使用肢体语言最重要的目的是与投资者互动，让投资者感受到自己对他们的关注。

5．时间和场地

创业者应严格控制时间。例如，发言时间为30分钟，其中最后5分钟要用来回答问题，那么创业者就必须在25分钟之内结束演讲，不能超时。

另外，创业者应尽可能多地了解场地的情况，避免因不熟悉场地而出现紧张忘词、材料和演示工具准备不足、时间把握不当等问题。

6. 表露个人素质

投资者需要创业者有倾听的能力。如果创业者在推介自己的项目时只顾表现自己而不顾投资者的感受，那么就很难得到投资者的青睐。与此同时，创业者需要诚实地回答投资者的问题，不要过分夸大，要让投资者觉得创业者是可以信任的。

7. 运用数据支持

创业者应运用数据明确告诉投资者，该企业的目标消费者、项目实施计划和产品的竞争优势，同时还要给投资者提供一份详细准确的财务预测报表。

👁 **阅读材料**　　　　　　　　**芯瞳的成功路演**

芯瞳半导体技术（山东）有限公司（以下简称"芯瞳"），是一家自主设计研发图形处理单元芯片及提供图形处理单元解决方案的高科技企业。其在秦创原科技成果转化项目系列路演中的出色表现，成功吸引了市场和投资者的关注。

芯瞳在路演中突出了其图形处理单元芯片设计的创新之处，展示了相关的技术参数、性能对比等；并阐述了其市场定位策略，展示了如何利用国产替代趋势和国家对集成电路产业的支持政策，在国内外市场中实现差异化竞争。路演中，芯瞳宣布完成超亿元A轮融资，体现了资本市场对其技术与发展潜力的认可。此外，芯瞳还详细介绍了团队的技术实力、管理经验，以及与高校、研究机构、行业伙伴的紧密合作关系，彰显了其研发能力和资源整合能力。同时，芯瞳还提出了明确的未来发展规划，为投资者描绘了其美好的发展前景。最终，芯瞳的路演大获成功。

✎ **点评**

路演作为一种有效的融资方式，能够帮助企业充分展示自身的优势和前景，吸引投资者的关注和支持。但企业在路演前需要充分准备、精心策划，以充分展示自己的价值并成功获得资金支持。

11.5　本章练习

1. 路演的5个要点是什么？
2. 正式路演之前，创业者需要准备的资料有哪些？
3. 路演的技巧有哪些？
4. 结合本章内容，谈谈你对路演的理解，并试着制作一份路演PPT。

第 12 章

大学生创新创业大赛

> **引导案例**

在2023年中国国际大学生创新大赛中，一支来自北京大学的团队——"进化医疗"，以开创性的项目"跨物种肿瘤基因治疗"脱颖而出，获得冠军。团队的核心成员包括负责人齐烨，以及参赛队员李诗雨和丁力。在指导教师杜鹏、刘德英、孔寅飞的悉心指导下，他们致力于开发一种跨物种肿瘤基因治疗方法，通过修复肿瘤细胞中特异存在的异常miRNA来实现广谱的抗肿瘤效果。

该项目源自一项重大科研成果，该成果在国际上首次揭示出几乎所有肿瘤中都存在的miRNA结构缺陷，并成功找到用于编辑这些缺陷的首个植物免疫蛋白。这一创新突破不仅破解了传统疗法高毒性、高耐药性、低应答率等难题，更为复发难治、无药可治的临床疾病提供了全新的解决方案。

在大赛的准备过程中，团队经历了从理论构想到实验验证的艰辛历程。其不仅要克服技术上的重重困难，还要在有限的时间内优化项目展示形式，确保评委能充分理解项目的科学价值和社会意义。通过无数次的讨论、实验和迭代，团队最终提炼出既科学严谨又引人入胜的项目介绍，成功吸引了评委和观众的注意力。

比赛期间，团队成员的默契配合、对专业知识的深入理解和对科研梦想的执着追求，给所有人留下了深刻印象。他们不仅在技术层面展示出高超的创新性设计，更在答辩环节以清晰的逻辑和准确的数据赢得了评委的一致好评。最终，团队以独树一帜的项目理念和引人注目的科研成果摘得桂冠，为中国乃至全球的肿瘤治疗研究开辟了新的视野。

通过此次比赛，团队成员收获了丰富的经验。他们深刻认识到团队合作的重要性，通过分工协作和互相支持共同面对挑战，增强了团队凝聚力。同时，团队成员还深入了解了市场需求和商业运作规律，对项目的市场潜力和商业价值有了更清晰的认识，并学会了根据市场需求优化项目设计。此外，团队成员还结识了众多业内专家和投资人，与他们建立了良好的关系，为未来踏上创业之路奠定了坚实基础。

讨论

1. 什么是中国国际大学生创新大赛？参加该项赛事要满足哪些要求？

2. 大学生可以参加的大赛还有哪些？

3. 大学生应该如何选择适合自己参加的比赛？

扫一扫

参考答案

12.1 中国国际大学生创新大赛

中国国际"互联网+"大学生创新创业大赛于2023年正式更名为中国国际大学生创

新大赛。2024年中国国际大学生创新大赛由教育部等多个部门和上海市人民政府共同主办，上海交通大学和闵行区人民政府共同承办。该大赛旨在通过开展创新创业活动，加强拔尖创新人才自主培养，培育新质生产力发展新动能，为教育强国建设支撑引领中国式现代化做出更大贡献。目前该大赛已经成为覆盖全国所有高校、面向全体高校学生、影响巨大的赛事之一。"青年红色筑梦之旅"活动作为大赛的重要内容，已经成为帮助广大青年学生接受革命传统教育，传承红色基因，赓续红色血脉的一堂创新创业实践课，也是一堂生动的思政课。

　　由于每届大赛的主题、赛道、参赛组别有所不同，下面以2024年中国国际大学生创新大赛为例，介绍大赛的相关信息。

12.1.1　参赛要求

　　参赛项目的具体要求如下。

　　（1）参赛项目能够紧密结合经济社会各领域现实需求，充分体现高校在新工科、新医科、新农科、新文科建设等方面取得的成果，培育新产品、新服务、新业态、新模式，促进制造业、农业、卫生、能源、环保、战略性新兴产业等产业转型升级，促进人工智能、数字技术与教育、医疗、交通、金融、消费生活、文化传播等深度融合。

　　（2）参赛项目应弘扬正能量，践行社会主义核心价值观，真实、健康、合法，不得含有任何违反《中华人民共和国宪法》及其他法律法规的内容。所涉及的发明创造、专利技术、资源等必须拥有清晰合法的知识产权或物权。参赛项目如有涉密内容，参赛前须进行脱敏处理。如有抄袭盗用他人成果、提供虚假材料等违反相关法律法规或违背大赛精神的行为，一经发现即刻丧失参赛资格、所获奖项等相关权利，并自负一切法律责任。

　　（3）参赛项目只能选择一个符合要求的赛道报名参赛，根据参赛团队负责人的学籍或学历确定参赛团队所代表的参赛学校，且代表的参赛学校具有唯一性。参赛团队须在报名系统中将项目所涉及的材料按时如实填写提交。已获本大赛往年总决赛各赛道金奖和银奖的项目，不可报名参加今年大赛。

　　针对上述参赛要求，参赛大学生应该从以下几个方面进行准备。

　　（一）明确项目方向与目标。在准备参加"中国国际大学生创新大赛"之初，参赛大学生的首要任务是明确项目的方向与目标。这要求参赛大学生要深入调研经济社会各领域的现实需求，特别要关注制造业、农业、卫生、能源、环保等关键领域的发展动态，确保项目能够紧密结合这些领域的实际需求。同时，项目应充分体现高校在新工科、新医科、新农科、新文科建设等方面的最新成果，致力于培育新产品、新服务、新业态、新模式，以促进相关产业的转型升级。在此过程中，参赛大学生应注重将人工智能、数字技术等前沿科技与教育、医疗、交通、金融、消费生活、文化传播等领域深度融合，创造出具有创新性和实用性的项目，为经济社会发展贡献智慧和力量。

　　（二）确保项目合规合法。在参赛项目的准备过程中，确保项目的合规合法是至关重要的。首先，参赛项目内容必须弘扬正能量，践行社会主义核心价值观，传递积极向上的信息，避免任何违反《中华人民共和国宪法》及其他法律法规。其次，参赛项目所涉及的发明创造、专利技术、资源等必须拥有清晰合法的知识产权或物权，避免侵犯他人权益。如有需要，参赛大学生应及时申请相关专利或进行版权登记，以保护项目的知识产权。此外，若参赛项目包含涉密内容，参赛大学生需要在参赛前进行严格的脱敏处理，确保不泄露敏感信息。最后，参赛大学生要严格遵守大赛的各项规则和要求，确保项目在报名、参赛过程中不出现违规行为，以维护大赛的公正性和权威性。

（三）精准选择赛道与提交材料。参赛大学生应根据项目的实际情况和优势，选择一个适合的赛道进行报名参赛。在选择赛道时，参赛大学生要注意赛道间的差异和限制条件，避免误选或漏选。同时，参赛大学生需明确团队成员的学籍或学历信息，以确定参赛学校。在提交材料时，参赛大学生应在报名系统中按时如实填写参赛项目所涉及的材料，包括项目计划书、技术文档、证明材料等。这些材料应真实、准确、完整地反映项目的实际情况和成果，避免虚假或误导性信息。通过精准选择赛道和认真提交材料，参赛大学生可以为项目在比赛中脱颖而出打下坚实的基础。

12.1.2 大赛安排

大赛的主要内容包括主体赛事、"青年红色筑梦之旅"活动、同期活动3部分。

（1）主体赛事。主体赛事包括高教主赛道、"青年红色筑梦之旅"赛道、职教赛道、产业命题赛道和萌芽赛道。

（2）"青年红色筑梦之旅"活动。该活动主要目标是不断拓展"青年红色筑梦之旅"活动的时代内涵，推动习近平新时代中国特色社会主义思想入眼入耳入脑入心，使广大青年学生深刻领悟"两个确立"的决定性意义，自觉增强"四个意识"，坚决做到"两个维护"，坚定不移听党话、跟党走，厚植家国情怀、扎根中国大地，用创新实践服务国家、服务人民，将个人奋斗融入强国建设、民族复兴伟业，成为社会主义合格建设者和可靠接班人，为全面建设社会主义现代化国家贡献青春力量。

（3）同期活动。同期活动即大赛优秀项目资源对接会、大学生创新成果展、世界大学生创新论坛、世界大学生创新指数框架体系发布会等系列活动。

1. 比赛赛制

大赛主要采用校级初赛、省级复赛、总决赛三级赛制（不含萌芽赛道以及国际参赛项目）。校级初赛由各院校负责组织，省级复赛由各地负责组织，总决赛由各地按照大赛组委会确定的配额择优遴选推荐项目。大赛组委会将综合考虑各地报名团队数（含邀请国际参赛项目数）、参赛院校数、往年获奖项目情况和创新教育工作情况等因素分配总决赛名额。

2. 赛程安排

大赛赛程分为参赛报名、初赛复赛和总决赛3个阶段，各阶段的时间安排和要求如下（以2024年为例）。

（1）参赛报名（2024年5—8月）。参赛团队通过登录全国大学生创业服务网进行报名，在"资料下载"板块可下载学生操作手册指导报名参赛。通过微信公众号（名称为"全国大学生创业服务网"或"中国国际大学生创新大赛"）进行赛事咨询。

报名系统开放时间为2024年5月15日，报名截止时间由各地根据复赛安排自行决定，但不得晚于8月1日。国际参赛项目通过全球青年创新领袖共同体促进会官网进行报名，具体安排另行通知。

（2）初赛复赛（2024年6—8月）。各地各学校登录大赛官网进行大赛管理和信息查看。省级管理用户使用大赛组委会统一分配的账号进行登录，校级账号由各省级管理用户进行管理。初赛复赛的比赛环节、评审方式等由各学校、各地自行决定。各地应在8月31日前完成省级复赛，并完成入围总决赛的项目遴选工作（推荐项目应有名次排序，供总决赛参考）。国际参赛项目的遴选推荐工作另行安排。

（3）总决赛（2024年10月）。大赛设金奖、银奖、铜奖；另设省市组织奖、高校集体奖及若干单项奖。入围总决赛的项目将通过评审，择优进入总决赛现场比赛，决出各类奖项。大赛组委会通过全国大学生创业服务网、国家大学生就业服务平台为参赛团队提供项目展示、创业指导、人才招聘、资源对接等服务，各项目团队可登录上述网站查看相关信息，各地各学校可充分利用网站资源，为参赛团队做好服务。

12.1.3　参赛指南

下面介绍大赛的报名流程、参赛组别和对象、评审规则、提交资料等内容，帮助广大学生更好地做准备。

1．报名流程

搜索进入全国大学生创业服务网的首页，单击网页中的"报名参赛"按钮，进入"用户登录"页面，在其中填写手机号/邮箱、密码等基本信息，单击"登录"按钮，如图12-1所示。若未注册账号则需填写手机号、身份证号、邮箱等进行注册，在打开的网页中完善个人信息，单击"立即注册"按钮提交申请。

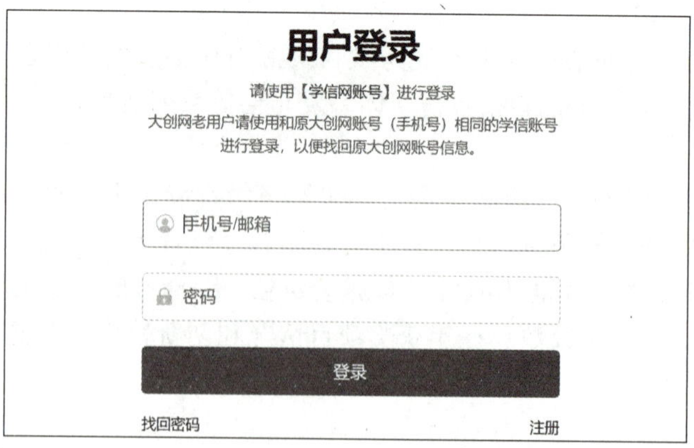

图12-1　"用户登录"页面

成功登录后，便可进行项目申报，具体流程为：在"身份选择"页面中单击"立即创建项目"按钮，在打开的页面中完善基本信息和进行学历认证后，单击"提交申请"

按钮；然后在打开的页面中单击"创建项目"按钮，打开提示对话框，单击"继续创建"按钮，在打开的网页中根据页面提示填写项目详细信息，包括项目Logo、项目名称、项目概述、项目进度、团队信息等内容，完成后单击"保存"按钮。

返回"个人中心"页面，单击"报名参赛"按钮，在打开的提示对话框中核对个人信息，确定无误后单击"确定参赛"按钮，进入"报名参赛"页面，在其中选择参赛赛道、组别、类别等内容，最后单击"确认参赛"按钮，完成网上报名。

> **小贴士**
>
> 网上报名必须由学生本人进行，指导教师不能作为项目负责人报名。网上报名填写的姓名要用汉字，不能用拼音代替。另外，网上报名填写的团队资料要与商业计划书中的相关信息一致，网上报名填写的项目名称要与商业计划书上的名称一致。

2. 参赛组别和对象

大赛共设有5个不同的赛道，其中，高教主赛道因其参赛项目众多、奖项设置丰富，成为学生们最为关注的赛道。下面介绍该赛道的参赛条件，以便参赛团队结合对应分类及项目实际，合理选择参赛项目类型。

根据所处创业阶段，本科生组和研究生组均内设创意组、创业组，并按照新工科、新医科、新农科、新文科、"人工智能＋"设置参赛项目类型。具体参赛条件如下。由于本科生组和研究生组的参赛条件基本相同，仅在学历要求上有所不同，所以，这里以本科生组为例进行介绍。

本科生组包含创意组、创业组两种类别。

● 创意组。参赛项目具有较好的创意和较为成型的产品原型或服务模式，在大赛通知下发之日前尚未完成工商等各类登记注册；参赛申报人须为项目负责人，项目负责人及成员均须为普通高等学校全日制在校本专科生（不含在职教育）；学校科技成果转化项目不能参加本组比赛（科技成果的完成人、所有人中参赛申报人排名第一的除外）。

● 创业组。参赛项目须已完成工商等各类登记注册（在大赛通知下发之日前注册）；参赛申报人须为项目负责人且为参赛企业法定代表人，须为普通高等学校全日制在校本专科生（不含在职教育），或毕业5年以内的全日制本专科学生（不含在职教育）。企业法定代表人在大赛通知发布之日后进行变更的不予认可；项目的股权结构中，企业法定代表人的股权不得少于10%，参赛团队成员股权合计不得少于1/3。

3. 评审规则

无论是创意组还是创业组，其项目内容的核心都不应仅是一个点子、一项发明或一个实验室的成果。参赛团队应该从项目的"市场""产品""技术""团队""业绩""未来的发展"这6方面展开思考，并进行自查，明确项目的短板。

另外，对于参赛项目的评审规则，参赛团队也应该有所了解，这样才能做到有的放矢。不同的组别，其评审规则有所差别。下面总结了创意组的项目评审要点和创业组的项目评审要点，如表12-1和表12-2所示，供参赛团队参考。

表12-1　创意组的项目评审要点

评审要点	评审内容	分值
教育维度	1. 项目应弘扬正确的价值观，厚植家国情怀，恪守伦理规范，有助于培育创新精神。 2. 项目符合将专业知识与商业知识有效结合并转化为商业价值或社会价值的创新创业基本过程和基本逻辑，展现创新教育对大学生基本素养和认知的塑造力。 3. 体现团队对创新创业所需知识（专业知识、商业知识、行业知识等）与技能（计划、组织、领导、控制、创新等）的娴熟掌握与应用，展现创新教育提升大学生综合能力的效力。 4. 项目充分体现团队解决复杂问题的综合能力和高级思维；体现项目成长对团队成员创新精神、创新意识、创新能力的锻炼和提升作用。 5. 项目能充分体现院校在"三位一体"统筹推进教育、科技、人才工作，扎实推进新工科、新医科、新农科、新文科建设方面取得的成果；体现院校在项目的培育、孵化等方面的支持情况；体现产教融合、科教融汇、多学科交叉、专创融合、产学研协同创新等模式在项目的产生与执行中的重要作用	30
创新维度	1. 项目遵循从创意到研发、试制、生产、进入市场的创新一般过程，进而实现从创意向实践、从基础研发向应用研发的跨越。 2. 团队能够基于学科专业知识并运用各类创新的理念和范式，解决社会和市场的实际需求。 3. 项目能够从产品创新、工艺流程创新、服务创新、商业模式创新等方面着手开展创新创业实践，并产生一定数量和质量的创新成果以体现团队的创新力	30
团队维度	1. 团队的组成原则与过程是否科学合理；团队是否具有支撑项目成长的知识、技术和经验；团队是否有明确的使命愿景。 2. 团队的组织构架、人员配置、分工协作、能力结构、专业结构、合作机制、激励制度等的合理性情况。 3. 团队与项目关系的真实性、紧密性情况；对项目的各项投入情况；创立创业企业的可能性情况。 4. 支撑项目发展的合作伙伴等外部资源的使用以及与项目关系的情况	15
商业维度	1. 充分了解所在产业（行业）的产业规模、增长速度、竞争格局、产业趋势、产业政策等情况，形成完备、深刻的产业认知。 2. 项目具有明确的目标市场定位，对目标市场的特征、需求等情况有清晰的了解，并据此制定合理的营销、运营、财务等计划，设计出完整、创新、可行的商业模式，展现团队的商业思维。 3. 项目落地执行情况；项目对促进区域经济发展、产业转型升级的情况；已有盈利能力或盈利潜力情况	15
社会价值维度	1. 项目直接提供就业岗位的数量和质量。 2. 项目间接带动就业的能力和规模。 3. 项目对社会文明、生态文明、民生福祉等方面的积极推动作用	10

表 12-2 创业组的项目评审要点

评审要点	评审内容	分值
教育维度	1. 项目应弘扬正确的价值观，厚植家国情怀，恪守伦理规范，有助于培育创新精神。 2. 项目符合将专业知识与商业知识有效结合并转化为商业价值或社会价值的创新创业基本过程和基本逻辑，展现创新教育对大学生基本素养和认知的塑造力。 3. 体现团队对创新创业所需知识（专业知识、商业知识、行业知识等）与技能（计划、组织、领导、控制、创新等）的娴熟掌握与应用，展现创新教育提升大学生综合能力的效力。 4. 项目充分体现团队解决复杂问题的综合能力和高级思维；体现项目成长对团队成员创新精神、创新意识、创新能力的锻炼和提升作用。 5. 项目能充分体现院校在"三位一体"统筹推进教育、科技、人才工作，扎实推进新工科、新医科、新农科、新文科建设方面取得的成果；体现院校在项目的培育、孵化等方面的支持情况；体现产教融合、科教融汇、多学科交叉、专创融合、产学研协同创新等模式在项目的产生与执行中的重要作用	20
创新维度	1. 项目遵循从创意到研发、试制、生产、进入市场的创新一般过程，进而实现从创意向实践、从基础研发向应用研发的跨越。 2. 团队能够基于专业知识并运用各类创新的理念和范式，解决社会和市场的实际需求。 3. 项目能够从产品创新、工艺流程创新、服务创新、商业模式创新等方面着手开展创新实践，产生一定数量和质量的创新成果，获得相应的市场回报。 4. 项目能够从创新战略、创新流程、创新组织、创新制度与文化等方面进行设计协同，对创新进行有效管理，进而保持公司的竞争力	30
团队维度	1. 团队的组成原则与过程是否科学合理；团队是否具有独特的支撑项目成长的知识、技能、经验以及成熟的外部资源网络；团队是否有明确的使命愿景。 2. 公司是否具有合理的组织构架、清晰的指挥链、科学的决策机制；公司是否有合理的岗位设置、分工协作、专业能力结构；公司是否有良好的内部沟通机制；公司是否有合理的股权结构、激励制度等。 3. 团队对项目的各项投入情况及团队成员的稳定性情况。 4. 支撑公司发展的合作伙伴等外部资源的使用以及与公司关系的情况	15

续表

评审要点	评审内容	分值
商业维度	1. 充分掌握所在产业（行业）的产业规模、增长速度、竞争格局、产业趋势、产业政策等情况；具有明确的目标市场定位，充分掌握目标市场的特征、需求等情况；具有完整、创新、可行的商业模式。 2. 经营绩效方面，重点考察项目存续时间、营业收入（合同订单）现状、企业利润、持续盈利能力、市场份额、客户（用户）情况、税收上缴、投入与产出比等情况。 3. 经营管理方面，是否有清晰的企业发展目标；是否有完备的研发、生产、运营、营销等制度和体系；是否采用先进、科学的管理方法，以确保企业具有较强的竞争力。 4. 成长性方面，是否有清晰、有效、全方位的企业发展战略，并拥有可靠的内外部资源（人才、资金、技术等方面）实现企业战略，以建立企业的持续竞争优势。 5. 现金流及融资方面，关注项目融资情况、获取资金渠道情况、企业经营的现金流情况、融资需求及资金使用情况是否合理。 6. 项目对促进区域经济发展、产业转型升级的情况	25
社会价值维度	1. 项目直接提供就业岗位的数量和质量。 2. 项目间接带动就业的能力和规模。 3. 项目对社会文明、生态文明、民生福祉等方面的积极推动作用	10

4. 提交资料

大赛要求提交的资料有商业计划书、作品申报书、项目PPT。其中，项目PPT由于参赛阶段的不同，其内容也会有差别。

晋级复赛项目才需要提交项目PPT，待评审结果出来后，赛事负责人会尽快通知本单位晋级复赛的项目团队准备项目PPT，并收集晋级复赛项目的作品申报书、商业计划书，以及项目PPT和复赛晋级项目统计表。需要注意的是，项目PPT作为配合路演人演说的演示型PPT，起到演讲大纲的作用，所以不需要罗列全部内容，且篇幅不宜过长，但商业计划书应结构清晰，方便评委在短时间内找到想要查看的信息。

扫一扫

获奖项目

12.2　全国高校商业精英挑战赛

全国高校商业精英挑战赛是由中国国际贸易促进委员会商业行业委员会牵头，会同有关专业协会（学会）、事业单位联合主办的系列赛事，于2013年首次举办，已被纳入中国高等教育学会高校竞赛评估与管理体系研究工作组发布的《全国普通高校大学生竞赛排行榜》。

每届全国高校商业精英挑战赛的主要比赛形式和内容基本相同,本章以2024年全国高校商业精英挑战赛为例,介绍该赛事的相关内容。

12.2.1　系列赛项

全国高校商业精英挑战赛经过十余年的发展,已成为我国高等商科教育领域中,专业全覆盖、赛项最齐全、校企合作最深入、国际交流最广泛的赛事活动;打造了集学科竞赛、产学合作与国际交流于一体的创新实践平台,形成了政府认可、企业肯定、媒体关注和院校欢迎的良好局面。

全国高校商业精英挑战赛设置品牌策划竞赛、国际贸易竞赛、创新创业竞赛、文旅与会展创新创业竞赛、会计与商业管理案例竞赛等8个赛项,各赛项下设若干专业赛事,每个赛事独立进行,累计参赛院校达2000余所。

1．品牌策划竞赛

品牌策划竞赛基于产学合作模式,采取团体赛形式(每个团队由3～5名选手和1～2名辅导教师组成),参赛团队以"×××品牌策划工作室"名义参赛,并需要事先征得相关企业的书面同意。参赛团队必须选择真实存在的产品品牌或服务品牌为策划对象撰写品牌策划方案,竞赛鼓励参赛团队选择中小微企业的产品品牌或服务品牌为策划对象,但不限定各类规模的企业,全国总决赛采取品牌策划方案陈述(10分钟)与答辩(5分钟)的方式进行,竞赛语言为中文。

2．国际贸易竞赛

国际贸易竞赛已发展成为我国国际经贸教育领域,基于校企合作的规模最大的综合实践平台和学科竞赛活动。该竞赛包括国际贸易业务模拟赛道、国际贸易与商务专题赛道、RCEP国际市场开拓策划赛道、涉外商事法律服务赛道、跨境电商赛道5个赛道。

3．创新创业竞赛

创新创业竞赛包括创业计划赛道、流通业经营模拟赛道、创业模拟赛道、营销模拟决策赛道等多个赛道,旨在激发大学生的创新精神和创业能力,促进学科交叉融合与实践应用。竞赛强调团队合作,每个团队由3～5名全日制在校大学生组成,不限专业。

扫一扫

创新创业竞赛
其他赛道
参赛要求

4．文旅与会展创新创业竞赛

文旅与会展创新创业竞赛已连续多年被纳入全国普通高校学科竞赛排行榜。2024年第十八届全国高校商业精英挑战赛文旅与会展创新创业竞赛组委会决定将学生组竞赛调整为3个专业方向,它们分别为文化旅游竞赛(策划、调研、营销和新媒体短视频创作4个组别)、会展竞赛(策划、调研、设计、新媒体短视频创作和会展安全应急沙盘演练竞赛5个组别)、酒店竞赛(策划、调研和收益管理赛3个组别)。

5．会计与商业管理案例竞赛

该竞赛自2014年首次举办以来,参赛院校数量逐年递增,规模不断扩大,备受各方关注。竞赛面向会计学、财务管理等相关专业的学生,设置研究生组、本科组和高职组;以团体赛形式进行,设置校赛、知识赛、全国(省、自治区、直辖市)选拔赛和全国总决赛。竞赛每年选取不同案例企业，使学生接触企业鲜活案例，亲历企业实践、模拟管理和管理会计决策，与企业高管面对面"碰撞"，提升发现、分析、解决企业实际问题的能力，增强就业竞争力。竞赛通过以赛促练，以赛促学，积极为学生搭建学习与实践平台，激发学生的探索能力与求知欲。

12.2.2　参赛要求

由于各系列赛项内容不同，所以参赛对象、竞赛形式等也会有所差别。下面以创新创业竞赛中的创业计划赛道为例，介绍其相关的参赛要求。

1. 参赛对象

中国境内高等院校的全日制在校大学生（学籍属于中国境内高等院校），含研究生、本科生、高职高专学生及在华留学生等，不限专业。

2. 竞赛形式

竞赛为团体赛形式，设置创业组、创客组和在华留学生组。其中，创业组和创客组面向境内（不含港澳台）学生，参赛语言为中文；在华留学生组面向境外（含港澳台）学生，参赛语言为中文或英文。每个团队由3～5名全日制在校大学生（须为创业项目的实际成员）和1～2名指导教师组成，教师可指导多支团队，学生不可跨校组队，即每名学生只能参加1个团队，不可跨团队交叉组队。境内外学生不可混合组队。

（1）创业组与创客组

创业组与创客组设置知识赛、校赛、省级赛或全国预选赛、全国总决赛等阶段。

● 知识赛阶段：采用个人赛的形式，采用统一闭卷网络机考的方式进行。知识赛主要考核学生相关专业知识，知识赛合格（60分及以上）的参赛学生获得组队参加下一阶段竞赛的资格。

● 校赛阶段：各院校自行组织（形式自定），选拔团队参加下一阶段竞赛。

● 省级赛或全国预选赛阶段：采用团体赛的形式，由知识赛合格的学生（须为项目的实际成员）自行组成团队，参加省级赛或全国预选赛。

● 全国总决赛阶段：全国总决赛将分为两个阶段进行。其中，全国总决赛第一阶段以创新创业方案线上陈述和答辩赛形式进行。根据第一阶段评审结果，按参赛组别分别评选全国总决赛一、二、三等奖，同时选拔产生全国总决赛第二阶段即全国总决赛精英赛（以下简称"精英赛"）的入围团队，精英赛采用创新创业项目路演的方式进行，项目路演环节包括10分钟创新创业方案现场展示陈述和5分钟答辩。根据精英赛结果，最终产生本次竞赛对应组别的冠、亚、季军。

（2）在华留学生组

采用团体赛的形式，由在华留学生（含港澳台地区，须为项目的实际成员）自行组成团队，参赛语言为中文或英文。在华留学生组可直接参加全国总决赛。全国总决赛采用创新创业方案线上陈述和答辩赛形式进行，并评选全国总决赛一、二、三等奖。

3．竞赛组别

（1）创业组

创业组项目相关要求包括项目需要运营3个月以上，有团队、商业计划书，已形成具体的产品或服务，并有详细运营数据；参赛项目工商登记注册未满3年，且获机构或个人股权投资不超过天使轮；参赛申报人须为初创企业股东（企业实际控制人），同时须为普通高等学校在校学生。

（2）创客组

创客组项目相关要求包括项目尚未落地，但想法新颖独特，市场潜力巨大，已有较完善的商业模式和实施计划；参赛项目具有较好的创意和较为成型的产品原型或服务模式，在2024年1月1日前尚未完成工商登记注册（此为2024年的参赛要求）；参赛申报人须为普通高等院校在校学生（不含在职生）。

（3）在华留学生组

在华留学生组项目相关要求包括在华留学生组面向境外（含港澳台）学生，参赛语言为中文或英文，参赛项目可为创业类或创客类。

12.3　中国创新创业大赛

中国创新创业大赛是由科技部、财政部、教育部、中共中央网络安全和信息化委员会办公室、中华全国工商业联合会共同指导举办的一项以"科技创新，成就大业"为主题的全国性创业比赛。

中国创新创业大赛的指导委员会由创投领域的专业人士、企业家和行业专家组成。每一届赛事的内容基本相同，下面以第十三届中国创新创业大赛为例，介绍该赛事的具体内容。

12.3.1　大赛简介

中国创新创业大赛遵循政府引导、公益支持、市场助力原则，围绕发展高科技、实现产业化、加快形成新质生产力，搭建"政、产、学、研、用、金、服、城"多向对接交流平台，发现优质企业和团队，发掘源头创新与早期项目，促进科技成果转化，优化创新创业生态，服务产业基础再造和重大关键核心技术攻关，推动重点产业链高质量发展，支撑国家高新区、国家自创区建设，助力构建以科技创新为引领、以先进制造业为支撑的现代化产业体系，加快推进新型工业化和制造强国、网络强国建设。

工业和信息化部火炬高技术产业开发中心设立大赛办公室，负责大赛组织、统筹、指导和监督工作。大赛由地方赛、全国赛和专业赛组成。下面对中国创新创业大赛的专业赛进行介绍。

专业赛由牵头举办单位负责，与地方赛、全国总决赛相互独立，从中产生的优胜者不晋级全国行业总决赛。各专业赛单独举办，组织方案和服务政策将在官网进行公示，报名者应满足相关专业赛条件、遵循相关专业赛比赛规则。专业赛均不向参赛者收取任何费用。

各类专业赛主名称为"第十三届中国创新创业大赛××专业赛"（"×"为专业赛主题名称），可根据实际情况，冠以反映专业赛特点的副名称。专业赛的赞助单位可以冠名专业赛副名称，但不得在主名称前冠名。专业赛有以下7种。

（1）颠覆性技术大赛

颠覆性技术是"可改变游戏规则"的创新技术，具有另辟蹊径改变技术轨道的演化曲线和颠覆现况的变革性效果。颠覆性技术大赛聚焦对产业具有颠覆性影响的技术项目，挖掘具有战略性、前瞻性、创造性的技术方向，推动颠覆性技术创新与突破。

（2）创新挑战赛

创新挑战赛围绕关键核心技术，通过"揭榜比拼"方式，以需求为引导、企业为主体、市场为导向，组合创新资源，解决技术创新难题，创新项目形成机制，加强企业主导的产学研深度融合，提高科技成果转化和产业化水平。

（3）细分产业领域专业赛

细分产业领域专业赛聚焦未来制造、未来信息、未来材料、未来能源、未来空间和未来健康等新赛道，人工智能、生物制造、商业航天、低空经济等新增长引擎，人形机器人、新型显示、第三代互联网、先进高效航空装备、绿色智能船舶等标志性产品，突出关键核心技术方向，集聚并发掘一批高水平创新项目，引导社会资本支持产业科技创新。

（4）大中小企业融通专业赛

大中小企业融通专业赛以促进大中小企业协同创新创业、多方资源融会贯通的产业生态为出发点和落脚点，充分整合细分领域的产业资源，在大企业和中小企业之间开展精准对接和专业服务，鼓励大企业开放优势创新资源，为参赛的中小企业提供技术源头、资金支持、应用场景和产品市场等相关产业资源，探索形成企业创新联合体，推动建设产业链上中下游、大中小企业协同发展的产业生态。

（5）科技创新服务专业赛

科技创新服务专业赛聚焦科技创新服务新场景，以技术服务、人才服务、金融服务等为重点，发掘、支持从事科技创新创业服务活动的优质企业，提升科技服务专业化、国际化水平，推动建立新时期科技创新创业服务体系。

（6）技术融合创新专业赛

技术融合创新专业赛面向民用与国防双向应用技术开发的中小企业及团队，发掘和培育符合国家需求导向的技术融合创新生力军，搭建技术融合交流合作网络平台，促进市场机制驱动下的技术融合创新与资源整合。

（7）其他类型专业赛

12.3.2　参赛企业条件

1. 地方赛

（1）企业具有创新能力和高成长潜力，拥有知识产权且无产权纠纷，主要从事高新技术产品研发、制造、服务等业务。

（2）企业经营规范、社会信誉良好、无不良记录，且为非上市企业。

（3）企业2023年营业收入不超过2亿元。

2．全国赛

（1）企业参加地方赛并获评优胜企业。

（2）工商注册日期在2023年1月1日（含）之后的企业参加初创企业组比赛，其他企业参加成长企业组比赛。

（3）在往届大赛全国总决赛或全国行业总决赛中获得一、二、三名或一、二、三等奖的企业不参加本届大赛。

12.4　全国大学生电子商务"创新、创意及创业"挑战赛

全国大学生电子商务"创新、创意及创业"挑战赛（以下简称"三创赛"）是由教育部高等学校电子商务类专业教学指导委员会面向全国高校（含港澳台）举办的大学生竞赛项目，是教育部、财政部"高等学校本科教学质量与教学改革工程"重点支持项目。

12.4.1　大赛简介

三创赛是激发大学生兴趣与潜能，培养大学生创新意识、创意思维、创业能力和团队协同实战精神的学科性竞赛。参赛团队的数量从第一届的1500多支增加到第十四届的18万多支，参赛项目的内涵逐步拓展。三创赛的相关规则也在不断完善，保证了大赛更加公开、公平和公正。随着比赛规模越来越大，影响力越来越强，三创赛现已成为颇具影响力的全国性品牌赛事。

基于教育部落实国家"放管服"政策，从第十届三创赛开始，大赛主办单位由教育部高等学校电子商务类专业教学指导委员会转变为全国电子商务产教融合创新联盟和西安交通大学。2022年2月，西安交通大学牵头的教育部电子商务专业虚拟教研室获批以来，就把三创赛作为电子商务专业虚拟教研室的主要支持赛事，积极采取从环境营造到内容创新等多方面的举措。

第十四届三创赛分为常规赛和实战赛两类。常规赛包含《全国大学生电子商务"创新、创意及创业"挑战赛参赛指南》中的多个主题；实战赛包括跨境电商实战赛、乡村振兴实战赛、产学用（BUC）实战赛、商务大数据分析实战赛、直播电商实战赛。两类赛事都按校赛、省级赛和国赛三级赛事进行。

12.4.2　团队参赛细则

团队参赛细则主要包括参赛团队、参赛项目与作品两方面的内容。

1．参赛团队

参赛团队须是经教育部批准设立的普通高等学校的在校大学生（本科生、专科生、研究生均可，专业不限），经所在学校教务处等机构审核通过后方具备参赛资格。高校教师既可以作为学生队的指导老师，也可以作为师生混合队的队长或队员。

参赛团队每人可以同期参加一个常规赛和一个实战赛，但不能选择同一个项目。同

一团队如果参加两个比赛必须注册两个团队 ID 号，即需要使用不同的邮箱注册两个账号。参赛团队应包括 3～5 名学生，其中一名为队长；0～2 名高校指导老师，0～2 名企业指导老师。高校指导老师需在校赛开始之日前提交《团队高校指导老师承诺书》。参赛团队分以下两种。

（1）学生队，队长和队员须全部为全日制在校学生。

（2）师生混合队，队长必须为教师，队员中学生的数量必须多于教师。

此外，可以跨校组队，队长负责注册团队账号，队长和每个队员须各自填写本人所在学校名称。队员的身份信息的真实性由队长负责。大赛提倡参赛队员合理分工、学科交叉、优势互补。

2. 参赛项目与作品

大赛提倡参赛项目的选题多元化，促进创新意识、创意思维的增强和创业能力的提高，项目作品选题可以来自行业、企业的需求，也可以由参赛团队自拟。

三创赛的参赛项目都应该是原始创新的项目，但根据是不是第一次参赛而分为两类。

（1）首次参赛。项目是第一次参赛（本项目在报名时没有参加过其他任何公开比赛，并且从报名参加本届三创赛的校赛、省级赛直到参加国赛时也没有参加过其他任何公开比赛）。

（2）非首次参赛。项目不是第一次参赛，但在满足下列 3 个附加条件时可以参赛。

- 提交的本届《项目报告书》对原参赛项目作品做了明显的再创新。
- 提交原参赛项目作品。
- 提交本届《项目报告书》与原参赛项目作品的比较说明（对迭代创新的主要内容给予说明）。

参赛团队必须在本校校赛结束后 3 个工作日内在大赛官网完成《项目报告书摘要》上传，否则三创赛对该团队的成果不能确认。摘要内容须包括项目背景、意义、主要内容、主要成果及该项目在创新、创意及创业 3 个方面的标志性内容，字数在 100～300 字。

> **小贴士**
>
> 参赛团队在官网报名时填写的团队名和作品名内容应当充满正能量、符合主旋律，不能含有色情、暴力和低俗等内容，更不能与中华人民共和国法律相抵触。大赛拒绝虚假信息和与事实不符的证据、材料等内容。

12.4.3　赛事安排

三创赛分校赛、省级赛和国赛 3 个级别，参赛团队必须在前一级竞赛中胜出才可获得下一级竞赛的参赛资格，不能跨级参赛。

1. 校赛

举办校赛的高校应在大赛报名开始后尽快组建好校赛组委会，争取社会（政府、企业等）的支持，对本校参赛团队和指导老师给予指导、支持和帮助，通过鼓励政策、保障措施等激励学生和教师参赛。

校赛组委会须将《校赛计划书》在校赛开始 10 个工作日前提交省级赛组委会。校赛组委会对本校校赛所有参赛团队及其作品必须按照大赛规则进行合规检查，对不合规者不允许参赛，否则产生的后果将由校赛组委会负责。合格的《校赛计划书》是经省级赛组委会审核通过的，并报三创赛组委会秘书处备案。

校赛组委会须按照《校赛计划书》，在校赛截止日期前，参照三创赛竞赛规则和评分表完成校赛，并在校赛结束后5个工作日内将校赛成绩和名次（常规赛中每个学校校赛推荐到省级赛的团队数最多为15支）录入官网。获奖名单公示（在本校官网上公示）5个工作日，如有异议，由该校校赛组委会解决，并在本校官网上做相应修正。

2．省级赛

省级赛承办单位须在大赛官网上注册申请承办资格，并提交省级赛承办申请书和省级赛承办单位及负责人承诺书。三创赛组委会收到申请后，直接或间接（通过省级赛竞赛专家委员会等）考察申请单位的经费、场地、组织等方面条件，据此确定审核结果。如果审核通过，三创赛组委会秘书处会在官网上公示省级赛承办单位授权书。

省级赛承办单位应积极争取社会（政府、企业等）的支持，对参赛学校给予尽可能的指导、支持和帮助，通过鼓励政策、保障措施等激励学生和教师参赛。省级赛承办单位应主动与本省（自治区、直辖市）教育厅高教处汇报沟通省级赛事宜，努力争取教育厅支持，通过教育厅发文鼓励所在赛区高校积极报名参加比赛。

省级赛组委会需在规定时间内组织省级赛。赛前须组织评委培训，然后组织封闭式的分组赛和开放式的终极赛（决出前3名和其他特等奖的名次）。在省级赛结束后两个工作日内，将省级赛新闻报道稿件提交至三创赛组委会秘书处。在省级赛结束后5个工作日内，将竞赛成绩、名次录入大赛官网。在省级赛结束后10个工作日内，上传省级赛工作总结（模板可在大赛官网"资料下载"处下载）。省级赛成绩公示7个工作日，如有异议，由省级赛组委会解决，并在三创赛官网上做相应修正。省级赛的终极赛应有录像存档，并发送给三创赛组委会秘书处备查。

省级赛承办单位在收到三创赛组委会给予的参加国赛团队的指标数后，立即按省级赛排名收集晋级国赛的团队和作品信息，对团队和作品进行合规检查，并在5个工作日内将合规作品及相关资料按照要求提交至三创赛组委会秘书处。秘书处将对晋级团队作品进行二次合规检查，违规项目将被取消晋级资格。

3．国赛

国赛承办单位应在三创赛组委会授权后，在三创赛组委会的指导下，在新一届三创赛启动仪式举办前组建好国赛组委会，商讨确定三创赛国赛工作方案。

国赛组委会应在国赛开始前45天将Word版国赛计划书（组织机构、评审专家组、竞赛方式、日期和地点等）上报三创赛组委会秘书处，经三创赛组委会审查通过（有必要时需要承办单位再修改）后方可实施，并严格按计划书执行。

国赛组委会应在规定时间内，按照竞赛规则，组织封闭式的分组赛和开放式的终极赛，其中终极赛需要决出名次（实战赛待定）。常规赛国赛承办单位要组织第十四届三创赛启动仪式、国赛的开幕式和闭幕式。国赛结束后1个工作日内，国赛组委会要将竞赛成绩（评委评审表、小组成绩汇总表、终极赛评委评审表、汇总成绩表等）扫描发送给三创赛组委会，并将国赛的新闻宣传稿件、总结报告等上报给三创赛组委会秘书处备案。国赛的分组赛和终极赛均要录像存档并提交给三创赛组委会秘书处备查。

国赛结束后，获奖名单将在三创赛官网公示7天，如有异议，由国赛组委会解决，并在三创赛官网上做相应修正。

12.4.4　评分细则

下面对三创赛的评分细则进行介绍，以帮助广大参赛者更好地做准备。三创赛的评分细则如表12-3所示。

表12-3　三创赛的评分细则

评分项目 （5项积分制）	评分说明	常规赛分值	实战赛分值
创新	参赛项目具备了明确的创新点：在新产品、新技术、新模式、新服务等方面至少有一个明确的创新点	0～25	0～15
创意	参赛团队进行了较好的、创新性的项目商务策划和可行性分析。商务策划主要是对业务模式、营销模式、技术模式、财务支持等进行的设计。项目可行性分析主要是对经济、管理、技术、市场等方面的可行性分析	0～25	0～15
创业	参赛团队开展了一定的实践活动，包括但不限于：创业的准备、注册公司或与公司合作、电商营销等，参赛团队需要提供相应的佐证材料。对于实战赛，创业的内涵和打分的依据见附件（由合作企业给出，三创赛组委会认可）	0～25	0～45 （三级赛比赛时现场评委对此项不打分，由合作企业统一打分）
演讲	团队成员组织合理、分工合作、配合得当；服装整洁，举止文明，表达清楚；有问必答，回答合理	0～15	0～15
文案	参赛团队提交的文案和演讲PPT逻辑结构合理，内容介绍完整、严谨，文字、图表清晰通顺，附录充分	0～10	0～10
合并得分		0～100	0～100

12.5　本章练习

1. 中国国际大学生创新大赛的特色是什么？其对于参赛项目有哪些具体要求？
2. 全国高校商业精英挑战赛有哪些系列赛项？
3. 参加中国创新创业大赛的企业应具备哪些条件？

第 13 章

大赛案例分析

大三学生王松在老师的指导下，选择了一个不错的项目，准备参加中国国际大学生创新大赛。通过对大赛章程进行简单了解后，王松意识到，组建团队是当前的首要任务。于是，王松邀请本学院的其他两位同学共同参加比赛，三人组建了团队。由于团队的参赛项目科研性强，成员们遇到问题时很难找到现成的解决方案，需要自己想办法。因此，在项目启动的前期，每个成员都感觉自己像是在瞎忙，什么成果都没有。但是随着成员们逐渐深入了解项目所在行业，并积极学习一些新技术，他们最初遇到的问题现在都有了解决方案。半年后，团队的项目成熟了。

大赛启动报名后，王松登录全国大学生创业服务网完成了报名。在校级初赛阶段，王松通过路演向评委充分展示了项目重点，并从背景分析、市场需要、竞争对手、财务预测、未来规划等方面详细阐述项目，得到评委们的一致好评，团队也顺利获得进入省级复赛阶段的资格。成功晋级后，在指导老师的带领下，团队开始为参加省级复赛做准备，并解决目前项目可能存在的问题，对计划书和PPT也进行了完善。有了初赛的经历，此次复赛中，王松更加自信，在答辩过程中，语言表达简明扼要，条理清晰。但事与愿违，评委们认为团队的项目可行性不够高，团队最终还是没能进入总决赛。

王松觉得虽然此次比赛的结果没有达到预期，但对自己来说，这是一个开阔视野的好机会。经过比赛的历练，王松的管理能力、沟通能力、演说能力都有很大的提升。同时，这次经历也为王松以后的发展指明了方向。

扫一扫

参考答案

讨论

1. 该团队未能进入总决赛的原因是什么？
2. 参加大赛之前，作为参赛人员需要做哪些准备？
3. 在项目展示与答辩环节，参赛人员应如何应对？

13.1　中国国际"互联网+"大学生创新创业大赛案例——"铭义科技"项目

铭义科技——铝电解电容器制造领军者（以下简称"铭义科技"项目）在第八届中国国际"互联网+"大学生创新创业大赛的高教主赛道中获得铜奖，该赛道重点关注参赛项目的商业性、团队情况、创新性和社会效益4个方面。"铭义科技"项目不仅实现了技术突破，而且在商业模式、营销战略、公司战略等方面也有出众的表现。下面对铭义科技进行介绍。

13.1.1　案例简介

"铭义科技"项目是由铭义科技这家公司主导的，铭义科技作为一家创新型企业，致力于在铝电解电容器制造领域突破国际技术壁垒，通过自主研发的核心技术——电解液注入技术，有效解决了我国在该领域长期面临的"卡脖子"问题。这项技术的研发灵感来源于电池制造过程。经过5年研究和上百次实验，铭义科技成功找到电解液的黄金配比，将传统的电解液含浸时间从3分钟缩短至3秒，使得电容器生产效率提升近60倍，良品率从行业平均值85%提升至99.3%，显著降低了生产损耗和安全隐患，为我国电容器生产行业带来颠覆性的变革。

项目团队在铭义科技的带领下，不仅在技术上取得重大突破，还与武汉理工大学等高等学府合作，拥有自己的研发室及外部合作实验室，确保研发工作的深度和广度。铭义科技已获得中国科学院的科技查新报告，以及多项实用新型和发明专利，其技术先进性得到了权威认证。铭义科技还不断探索超级电容器等新技术，以保持技术领先和产品创新。

在市场方面，铭义科技准确把握电容器行业在全球信息化、新能源等下游应用领域快速增长的机遇。中国作为全球最大的电容器市场，铭义科技通过技术革新，不仅满足了国内日益增长的需求，更是在全球市场中占有一席之地。随着生产线的成功搬迁和扩展，铭义科技的产值迅速增长，展现出强劲的增长潜力。此外，铭义科技还积极承担社会责任，预计在未来几年内为社会提供数千个工作岗位，为缓解就业压力贡献力量。

在管理团队与运营策略方面，铭义科技集合来自知名企业的高级顾问，他们为铭义科技提供了丰富的商业实战经验和战略指导。同时，铭义科技通过线上定制系统、电子商务平台等营销手段，紧密连接消费者，提升品牌影响力，拓展销售渠道。

13.1.2 案例分析

下面将对"铭义科技"项目的商业计划书进行分析，分析内容包括产品与技术、市场与竞争、商业模式、营销战略、组织结构、财务规划与投资策略、风险管理策略7个方面。

1. 产品与技术

铭义科技主导的"铭义科技"项目，主要聚焦于铝电解电容器的电解液注入技术的创新，突破了传统电解液注入技术的限制，通过精准的电解液配比和高效的注入方式，实现电容器生产效率和良品率的大幅提升。图13-1所示为"铭义科技"项目的产品优势（部分）。

在电解液注入技术的研发上，项目团队没有局限于电容器制造的传统技术框架内，而是跳出固有思维，借鉴电池生产中的技术，这正是发散思维的典型应用。通

3.2.2 产品优势

▲ **电解液注入技术**

将传统电容器含浸时间从3分钟缩短至3秒钟，生产效率提升近60倍。

在电容器的工作过程中，电解液和额定电压是其主要影响因素，我们的生产线从根本上提升了其效率和质量。我们采用的是经多次实验验证后，在100摄氏度的环境下透光率最大及耐电压性能最强的电解液，在生产线中采用自动化器械。

▲ **零废液污染**

对于电解液精准注入后剩余的极少数废液，先向电解液废液中加入吸附性粉末和铅盐，进行混合操作之后得到混合浆料，再向浆料中加入碱性调剂剂，用于调节浆料的 pH 值，然后进行过滤和脱水操作，最终进行生物降解，使其通过渗透装置变为纯净水后排放，实现零废液污染。

图13-1 "铭义科技"项目的产品优势（部分）

过跨领域知识的融合与创新，研发团队不仅缩短了生产时间，提高了生产效率，还显著提升了产品的良品率，延长了其使用寿命，这些都是发散思维在解决实际问题中的应用。

在创新方法上，研发团队采取了系统的研发策略。研发团队通过对乙二醇、二甘醇、

硼酸丙三醇聚酯、葵二酸铵等多种物质的深入研究，最终找到电解液的黄金配比。这一过程中，研发团队不仅利用了现代分析技术和实验方法，还注重团队合作，汇集多名行业专家和业内人士的智慧。这种综合性的创新方法，确保了研发过程的科学性和高效性。

此外，铭义科技在技术创新上不断追求卓越。通过优化生产工艺，铭义科技成功将电解液含浸时间从3分钟缩短至3秒钟，生产效率提升了近60倍。同时，良品率也从行业平均值85%提升至99.3%，这大大减少了生产过程中的损耗。这种对技术细节的精细把控和不断优化的精神，体现出铭义科技在创新上的执着和追求。

2．市场与竞争

项目团队对市场与竞争进行了详细的分析，分析内容包括行业痛点、竞品分析、市场需求等，市场与竞争分析（部分）如图13-2所示。

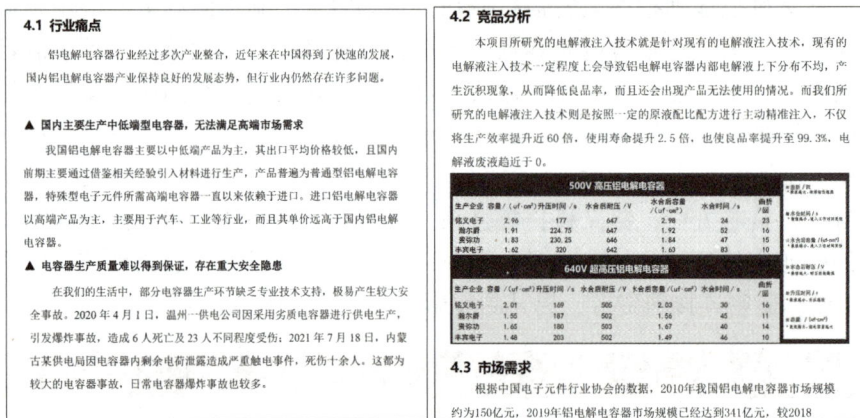

图13-2　市场与竞争分析（部分）

"行业痛点"主要围绕着电容器制造领域对进口高端产品的依赖、生产质量和安全性的提升需求等方面展开。铭义科技的电解液注入技术突破，不仅解决了"卡脖子"技术难题，还通过大幅提高生产效率、降低损耗、提升产品质量和安全性，有效回应了这些行业痛点。

"竞品分析"揭示出，虽然日本企业在高端市场仍占有重要位置，但中国厂商通过技术革新，正逐步缩小与国际巨头的差距。铭义科技凭借其独特的技术优势，不仅在市场中占据一席之地，还对行业格局产生积极影响。

市场需求方面，数据显示出中国铝电解电容器市场保持持续增长态势，智能终端、5G通信、新能源汽车等行业的需求激增，为铭义科技提供广阔的市场空间。在此背景下，铭义科技通过技术创新，把握下游市场快速发展的契机，进一步提升其在市场中的竞争力。

3．商业模式

铭义科技设计了一个适合自身发展的商业模式，如图13-3所示。该模式不仅具有良好的市场适应性，还展现出强大的发展潜力和行业引领能力。从铭义科技的商业模式中可以提炼出3大要素即价值主张、核心资源、收入来源，它们的内容如下。

（1）价值主张。铭义科技的价值主张集中在为客户提供高性能、低成本的电容器原件，以及技术支持，帮助客户提升其产品在市场上的竞争力。通过提高生产效率和产品质量，铭义科技为下游制造商提供明显优于竞争对手的配件，有助于他们在激烈的市场竞争中脱颖而出。

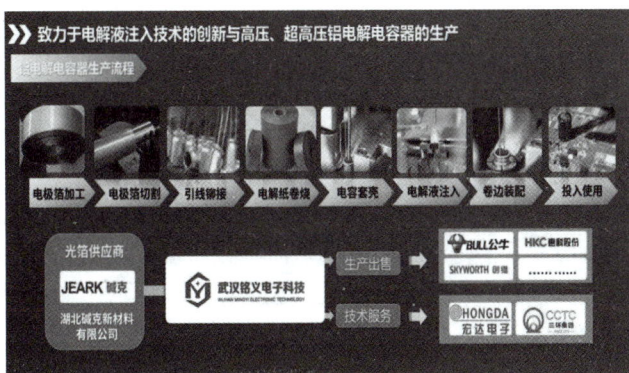

图13-3　铭义科技的商业模式

（2）核心资源。铭义科技与多家重要企业建立合作关系，这些合作伙伴构成了铭义科技的关键资源。同时，铭义科技依托武汉理工大学材料复合新技术国家重点实验室和三峡大学材料与化工实验室等研发场所，为技术创新提供坚实的基础。

（3）收入来源。铭义科技的盈利结构不仅包括产品销售的直接收益，还涉及技术服务费等间接收益。通过提高生产效率和良品率，铭义科技能以更低的成本生产出更优质的产品，从而在价格上形成优势，增加利润空间。同时，技术授权服务为铭义科技开辟新的盈利途径，提升了其商业模式的多样性。

4. 营销战略

铭义科技展示了其有效的营销战略，包括整体营销计划、营销渠道等内容，营销战略（部分）如图13-4所示。

图13-4　营销战略（部分）

铭义科技的营销战略体现了从市场渗透到品牌建设的阶段性规划，其通过整合线上线下资源，精准定位市场，强化品牌形象，有效利用合作伙伴网络，实现市场快速扩张。同时，铭义科技注重对产品与技术创新的持续投入，确保在竞争激烈的市场中保持领先地位。其营销战略充分考虑了市场发展阶段、客户需求变化及竞争态势，展现出全面且具有前瞻性的市场战略思维。

5. 组织结构

铭义科技采取以质量管理为关键职能的组织结构，如图13-5所示。这一结构帮助总经理制定质量规划和组织、协调、综合、督促企业各部门、各级的质量管理活动；把质量保证体系各方面的工作纳入经营计划轨道，提高质量管理的计划性。

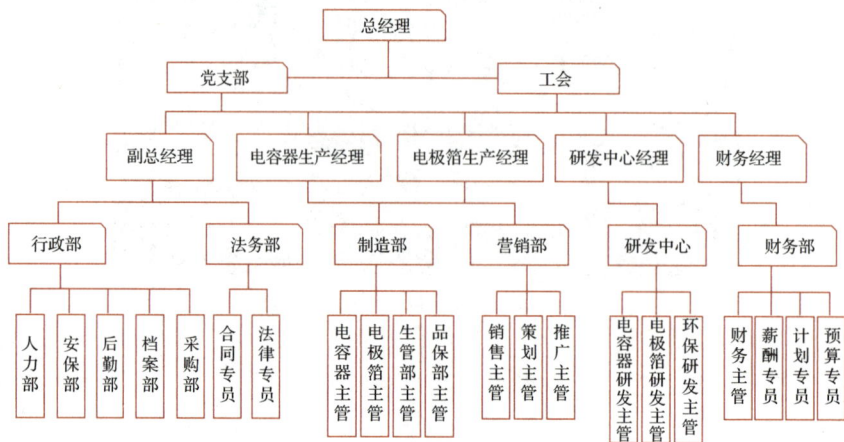

图13-5　铭义科技的组织结构

6. 财务规划与投资策略

铭义科技的财务规划与投资策略体现了其在资金管理和长期发展方面的深思熟虑，主要内容包括资金分配、财务状况等。铭义科技通过精细的财务规划、审慎的投资决策、有效的风险管理措施以及灵活的融资策略，确保企业的稳健发展。

7. 风险管理策略

铭义科技详细阐述自己将要面临的市场风险、管理风险等并制定了相应的对策，如图13-6所示，展示出其对风险识别、评估、应对的全面考量，体现了其在风险管理方面的系统性和前瞻性。

图13-6　风险管理策略

铭义科技在风险管理方面采取了一种综合性的、多层次的策略。其不仅关注对风险的识别和评估，更侧重于制定和执行有效的应对措施，同时构建了坚固的内部控制体系，营造风险管理文化，确保在复杂多变的市场环境中稳定发展，有效应对各种潜在威胁，持续创造价值。这种策略为铭义科技的长远发展提供了重要的保障。

13.2　全国高校商业精英挑战赛案例——“仰望星空——星空料理”项目

“仰望星空——星空料理”项目在2023年全国高校商业精英挑战赛“中图科信杯”品牌策划竞赛全国总决赛暨（新加坡）全球品牌策划大赛中国地区选拔赛中获得一等奖，该赛事重点考察参赛团队对品牌要素（如品牌名称、标识、象征物、广告语等）的理解和应用。团队对“仰望星空——星空料理”项目的品牌策划与定位，以及创新性和可持续性进行了充分的展示和说明，并通过数据说明该项目的可行性和盈利性。下面对“仰望星空——星空料理”项目进行分析。分析内容包括该项目的品牌战略、营销策略、竞争对手、产品与服务、市场与销售、财务计划6个方面。

1．品牌战略

“仰望星空——星空料理”以独特的黑暗料理、红色料理和复古料理为核心，旨在满足大学生群体对“猎奇”体验的需求。该项目的短期目标聚焦于提升餐厅知名度与顾客交互体验，打造全国首家样板旗舰店，提升区域知名度；中期目标是巩固市场并扩大销售网络，通过加盟裂变方式加速扩张，建立完整高效的营销体系，塑造品牌文化和企业文化；长期目标则是进一步开发新市场和提升品牌知名度，占据新兴餐饮市场份额，具备较高的顾客信任度，品牌战略如图13-7所示。

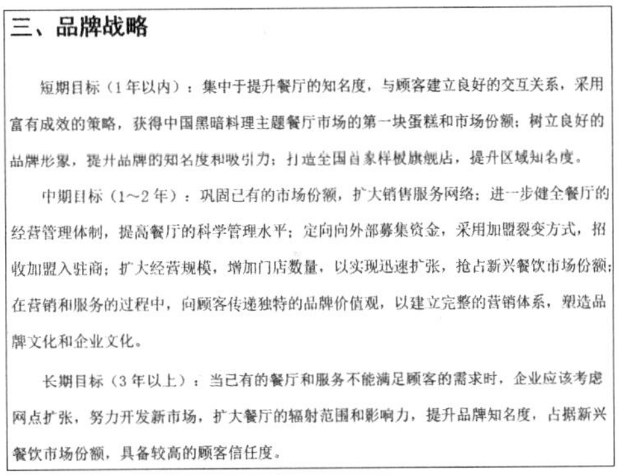
三、品牌战略

短期目标（1年以内）：集中于提升餐厅的知名度，与顾客建立良好的交互关系，采用富有成效的策略，获得中国黑暗料理主题餐厅市场的第一块蛋糕和市场份额；树立良好的品牌形象，提升品牌的知名度和吸引力；打造全国首家样板旗舰店，提升区域知名度。

中期目标（1～2年）：巩固已有的市场份额，扩大销售服务网络；进一步健全餐厅的经营管理体制，提高餐厅的科学管理水平；定向向外部募集资金，采用加盟裂变方式，招收加盟入驻商；扩大经营规模，增加门店数量，以实现迅速扩张，抢占新兴餐饮市场份额；在营销和服务的过程中，向顾客传递独特的品牌价值观，以建立完整的营销体系，塑造品牌文化和企业文化。

长期目标（3年以上）：当已有的餐厅和服务不能满足顾客的需求时，企业应该考虑网点扩张，努力开发新市场，扩大餐厅的辐射范围和影响力，提升品牌知名度，占据新兴餐饮市场份额，具备较高的顾客信任度。

图13-7　品牌战略

该项目的品牌价值观强调服务和创新，通过差异化竞争策略，为顾客提供超越期待的服务体验，以形成独特的品牌优势。

2．营销策略

在营销策略上，针对项目不同的发展阶段，团队采取灵活多变的策略以适应市场变化和满足项目在不同阶段的需求。例如，初期采用传统宣传与新媒体宣传结合的方式，如发放宣传单、张贴海报，同时利用社交媒体平台进行宣传，包括QQ、微信、贴吧等，通过创意内容吸引目标群体。

项目进入发展阶段后，团队通过赞助学生活动、建立官方网站、开发O2O新零售模式等策略，进一步扩大项目的影响力。采用网络线上模式，通过小程序推广、积分兑换、推广员制度等增加顾客黏性；采用实体店线下模式则通过实体店体验与线上互动互补，提高顾客体验和销售量。图13-8所示为项目不同发展阶段的详细营销策略，展现了该项目未来的市场前景和发展潜力。

六、营销策略

1. 第一阶段：2022 年 6 月—2022 年 12 月。第一阶段我们主要的营销目的就是通过宣传，使更多的人知道我们的餐厅并且有到我们餐厅就餐的欲望。基于此，我们的宣传方式就需要有创意，能够抓住顾客眼球。

（1）发放宣传单、张贴海报。在湖北经济学院的食堂、校门口、教学楼等地发放宣传单、张贴海报，这会在一定程度上吸引顾客。

（2）网络平台宣传。在这个信息发达的时代，网络社交平台是获取信息量最大的平台，因此我们在餐厅开业前半个月就在QQ、微信、贴吧，以及论坛上发布宣传视频及图片。这种方法既能够方便信息的传播，也可以在一定程度上看到人们的反应，同时也比较节省资金。

2. 第二阶段：2023 年 2 月—2023 年 3 月。在这个阶段，我们会增加一些新的营销手段，使我们的餐厅得到充分的宣传。

（1）赞助学生活动。在这个阶段，我们可以拿出一定的宣传资金赞助学生活动也可以和一些学校社团合作，进一步增强餐厅在学生中的影响力。

（2）初步建立自己的网站。在这一阶段，我们会初步建立立网站，在网站上发布餐厅的发展状况、理念、宗旨、特色等，这样便于顾客方便快捷地了解我们的餐厅。

3. 第三阶段：2023 年 4 月—2024 年 1 月。在餐厅发展的第三阶段，我们主要会采取O2O 新零售模式。

（1）网络线上模式。在这一阶段，为了更好更有效地推广宣传我们的餐厅，我们将以新媒体为媒介推出广告，会进一步完善我们餐厅的网站，同时完善线上点餐模式，吸引顾客浏览并注册小程序，建立顾客基础，使更多顾客知道并了解我们餐厅，以进一步扩大顾客数量，增加顾客黏性。每周促销，就要开启低价抢购、团购、砍价、优惠券、转发赚钱、积分兑换等多种模块，打造专业的小程序，为餐厅提供全方位的网络营销服务。并且我们的推广会员制度，可以让每一个会员既可享受商家优惠，又可通过转发商家活动获得收益积分，然后使用小程序的商城进行积分兑换等，提高会员的消费体验感。

（2）实体店线下模式。线下店铺成为线上小程序的体验店，双渠道一起提高周转率、提高效率，虽然店铺和小程序各自核算收入和投入，但相互之间他产生促进效应。基于此，我们星空料理餐厅可以进行"每周促销"，为餐厅提供线上线下结合的营销推广服务，我们可以通过在小程序发起营销活动引流到门店，由此增加门店的销售量，增加门店的客流量。顾客通过我们开发的小程序，在商城使用手机下单，下单的顾客可以根据自身情况选择快递上门或者门店自提等服务方式。

图 13-8　营销策略

3. 竞争对手

目前，武汉市较有特色的主题餐厅有很多，但没有黑暗料理主题餐厅。在此背景下，团队采用SWOT分析法对项目本身进行了深入分析，如图 13-9 所示。

优势	1. 提供专业营养配餐、营养咨询服务 2. 为关注饮食的人提供一个交流的平台 3. 人力资源优势与选址优势 4. 黑暗料理配餐市场属空白市场，餐厅议价能力高
劣势	1. 早期品牌优势较弱 2. 营养配餐效率较低，成本较高 3. 技术、资金等不够：打通营销渠道遭遇阻力；内部管理经验不足，人力资源的稀缺性可能将制约公司及品牌的长期发展 4. 连环式服务流程的风险大
机会	1. 政治：逐渐优化的政治环境促进餐饮业的健康发展 2. 经济：中国经济快速增长 3. 社会文化：大学生具有追求新鲜事物的特点，与其他消费者群体相比多了许多的情感因素 4. 技术：不断发展的技术如加快餐饮业前进的脚步
威胁	1. 政治：相关政策有待完善 2. 经济：餐饮业存在"大鱼吃小鱼"的问题 3. 社会文化：公司对黑暗料理营养的认识不够及顾客谈判力提高 4. 技术：无专利保护，易于被模仿
结论	1. 抓住机遇发展壮大公司及优化品牌核心服务。 2. 加大对黑暗料理的营养的宣传，公司及品牌的宣传 3. 积极改进，使配餐流程更高效、更安全 4. 维持和开发人力资源，为公司及品牌的发展储备人才 5. 完善管理，向规范化、标准化、集团化方向发展 6. 良好的发展前景，能够对武汉餐饮业经济产生积极的影响

图 13-9　项目分析

由分析可知，项目应发挥其主题新颖和目标市场明确的优势，抓住市场和文化趋势带来的机会，同时积极克服内部管理、资金和技术等方面的劣势，防范外部环境的威胁，这样才能确保项目稳健发展，实现长期的市场竞争力和品牌价值提升。综上所述，该项目虽面临一定的挑战，但凭借独特的市场定位和明确的发展路径，结合有效的策略调整，有望在竞争激烈的餐饮市场中脱颖而出，实现可持续发展。

🎯 **小贴士**

企业要在市场中生存与壮大，必须时刻保持警觉，密切关注竞争对手的动态。

4. 产品与服务

"仰望星空——星空料理"项目通过产品与服务分析，详细规划了产品品种、服务特色以及如何通过这些元素吸引目标顾客等内容。这一规划充分凸显了创新与文化融合的独特性，也体现了产品的精致性、独特性，以及餐厅与顾客情感的深度连接。

项目主打3种料理：黑暗料理、红色料理与复古料理。黑暗料理，以

扫一扫

产品与服务

高校食堂中的创新料理为基础，通过奇异的食材组合和独特的味道，满足大学生对新奇事物的探求心理，不仅在菜品的造型和器皿上追求独特，连菜名都充满趣味性，以吸引年轻群体。红色料理，则是通过风格各异的革命时期菜系，让顾客在品味中感受到历史的沉淀，传承革命精神，强化爱国情怀，营造一种特殊的用餐体验。复古料理，复原古代宫廷佳肴，弘扬中华传统美食文化，体现对古人在饮食艺术上的尊重，同时也是民族文化复兴的一种展现形式。

在服务方面，项目强调顾客的深度参与和情感联结。顾客可以亲自参与料理的制作过程，如黑暗料理的创意搭配、红色料理的历史背景了解，以及复古料理的文化传承体验，让每一次用餐都成为一次独特的文化之旅。此外，为了增加顾客的就餐乐趣，餐厅还会在顾客离开时赠送与所体验料理相关的卡通钥匙扣作为纪念，这种贴心的服务旨在加深顾客对品牌的印象，加强与顾客情感联结。

5．市场与销售

团队在深入剖析市场与销售领域时，制订了一份市场计划。通过详尽的市场调研，团队了解到光谷步行街拥有庞大的客流量，其中大学生占据了较大比例。这一发现不仅揭示了光谷步行街巨大的市场潜力，更为公司及品牌带来了庞大的目标消费者群体。

在综合分析后，团队决定采取多元化的销售策略。一方面，通过直销方式，直接与顾客建立联系，为其提供个性化、定制化的服务；另一方面，利用互联网的力量，积极开展网络销售，拓宽销售渠道，提高品牌知名度。同时，团队还制定了详细的运营策略，如图13-10所示。该策略涵盖了销售策略的具体执行步骤，以确保每一项工作都能得到妥善落实。

图13-10　运营策略（部分）

6．财务计划

在财务计划方面，团队提供了项目从初创至稳定运营各个阶段的财务状况，包括投资分析、成本预算、利润预测等。这些有说服力的业务增长数据，不仅有助于吸引投资者的兴趣，也为企业管理团队提供了明确的财务目标与操作指南，确保项目在面对市场波动和不确定性时，能够灵活调整策略，实现长期发展目标。

扫一扫

财务计划

🎯 **小贴士**

团队在进行财务预算时，应基于深入的市场调研和清晰的价值主张，制定可靠且详细的财务预算。一般来说，预测内容应该涵盖收入、成本、利润等关键指标，以此来增强投资人对项目的信心。

13.3　全国大学生电子商务"创新、创意及创业"挑战赛案例——"即取及'食'"项目

"即取及'食'"项目在第十三届全国大学生电子商务"创新、创意及创业"挑战赛传统赛道的全国总决赛中荣获二等奖，该赛事重点关注参赛项目在互联网中所发挥的作用，如互联网与传统行业深度融合的创新模式，互联网与教育、医疗、交通、金融、消费生活的深度融合，等等。

"即取及'食'"项目由加菲（武汉）科技有限公司运营，将传统楚菜文化与新型预制菜行业完美结合，致力于美食文化的传承与创新。该项目专注于楚菜预制菜的研发、生产和销售，通过精准的市场定位，结合HPP超高压核心技术与现代先进工艺，推动预制菜的标准化。下面对"即取及'食'"项目进行介绍。

13.3.1　案例简介

"即取及'食'"项目是加菲（武汉）科技有限公司运营的将传统楚菜文化与新型预制菜行业有机结合的美食文化传承创新项目，是一个以数字化赋能楚菜预制菜产业发展的项目，专注于楚菜预制菜的研发、生产和销售。项目基于精准的C端市场定位，研发经典楚宴名菜的预制菜产品，采用HPP超高压核心技术，应用现代先进工艺，推进预制菜的标准化；同时整合预制菜的产业链，依托电子商务渠道优势，加强销售与营销互动，推进传统楚菜和预制菜产业的融合升级和传承创新。

在明确项目的宏伟蓝图与深远意义后，团队深入细化了项目的多维度定位策略，涉及市场定位、消费者定位、产品定位及渠道与营销策略4个核心层面。

（1）市场定位：项目以湖北省为核心市场，辐射华中地区，逐步向全国乃至国际市

场拓展，初期聚焦湖北省内，利用楚菜文化的深厚底蕴和地缘优势，依托便捷的供应链体系，满足本地及周边消费者的需求。

（2）消费者定位：项目涵盖多层次需求，包括追求高品质楚宴体验的家庭、追求便捷高效的上班族，以及注重健康的低热量饮食需求者。

（3）产品定位：项目定位于高品质、健康营养、传统风味的预制菜，强调品牌塑造，优化消费者体验，建立多元化产品线以适应不同消费场景。

（4）渠道与营销策略：项目采用直销与品牌营销结合的模式，直销确保渠道控制与成本效益，品牌营销侧重绿色健康理念；通过线上线下多渠道推广，树立绿色、时尚的品牌形象，同时注重产品设计与整体策划，以优质产品满足市场需求，推动楚菜文化的传承与创新。

13.3.2　案例分析

下面对"即取及'食'"项目进行分析，分析内容包括市场痛点、核心技术、宏观和微观环境、营销策略、团队组建、融资方案、销售预测、风险与对策8个方面。

1. 市场痛点

了解市场痛点是企业精准定位、创新产品和制定有效市场策略的关键。在"即取及'食'"项目中，市场痛点主要体现在外卖菜品品质、排队等餐体验感、产品价格与性价比、预制菜行业问题等方面，如图13-11所示。团队需要深入了解市场痛点，并针对消费者的需求和期望，提供高品质、多样化、个性化的产品和服务，以满足消费者的需求，赢得市场份额。

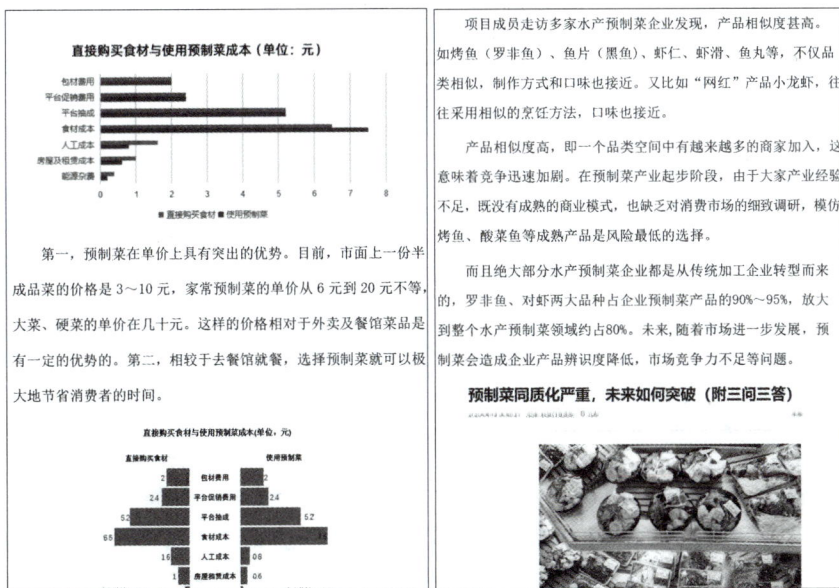

图13-11　市场痛点分析（部分）

2. 核心技术

团队提出了将超高压HPP加工技术与"器+食+云"理念相结合的创新模式。项目通过先进的HPP加工设备（器），对食品进行高效、安全的处理；结合智能化的食品追溯系统（云），实现食品从生产到销售的全程可追溯；最终为消费者提供高品质、高安全性的食品（食）。这一模式既突破了传统食品加工的局限，又顺应数字化、智能化的潮流，为楚菜预制菜产业带来前所未有的发展机遇，同时也为企业构建了独特的竞争优势。

（1）超高压HPP技术是食品加工领域的一项革命性创新，它能够在室温或接近室温的条件下，通过施加高达数千个大气压的高压，有效杀灭细菌和病毒，同时最大限度地保留食物的自然风味、色泽、质地和营养成分，满足了消费者对食品高品质的需求。

（2）"器+食+云"理念则是超高压HPP技术的延伸和创新应用，它将智能硬件（器）、预制菜产品（食）与云端数据服务（云）紧密结合。在智能化设备的支持下，通过云端存储的厨师食谱，消费者可根据个人喜好调整烹饪参数，设备则依据预设的温度曲线自动完成烹饪，实现"傻瓜式"操作，极大地简化了烹饪过程，节省了时间和精力。这一模式不仅提升了消费者的烹饪体验，还通过云端的数据反馈机制，持续优化产品和服务，形成良性循环，推动预制菜行业的智能化升级。

3．宏观和微观环境

团队进行创业环境分析时，采用SWOT分析法、PESTEL分析法等系统性的方法，结合宏观与微观两个视角，以全面理解"即取及'食'"项目所处的市场背景和可能的发展机遇，宏观和微观环境分析（部分）如图13-12所示。通过这种综合性的分析，团队能够清晰地识别出项目的机会与挑战，为后续的市场策略制定、产品开发、营销推广和风险管理奠定坚实的基础。

第三章　市场分析

3.1　宏观环境

3.1.1　餐饮业环境

人均GDP的不断增加，带动了居民收入水平的持续提升，相关数据显示，2020年我国餐饮业市场规模达4万亿元，同比下降15.4%，2021年餐饮业市场规模逐步恢复，上升到4.7万亿元，同比增长18.6%，这在一定程度上为我国预制菜市场提供了消费基础，预计在短期之内中国预制菜行业将会不断增长。

国内冷链物流技术和相关设备的逐渐完善，为餐饮食材的运输和仓储提供了良好的保障。根据北京研精毕智的调研，2021年我国冷链物流总额达到8万亿以上，同期冷链物流市场规模达4586亿元，国内冷链物流市场主体在3万家以上，冷链物流总量突破3亿吨，推动了中国预制菜行业的标准化发展。

在政策方面，近几年国内相关部门陆续出台了一系列预制菜产业支持政策，比如《反食品浪费工作方案》《绿色食品产业"十四

3.2　微观环境

3.2.1　供应商

截至2022年12月底，我国预制菜相关品牌全年累计完成31起融资，合计披露融资金额超7亿元。

在区域分布上，山东、河南、江苏分别现存0.77万家、0.59万家、0.55万家预制菜相关企业，排名前三。在城市分布上，深圳、长春、潍坊分别现存1945家、1732家、1394家预制菜相关企业，领先其他城市。

3.2.2　竞争者对手

参与者对手业态多样：预制菜行业凭借快速发展的趋势以及较大的市场潜力，吸引了众多企业。企业一般根据自身的优势，选择不同的方式进入该行业，除安井食品、海欣食品、千味央厨、味知香、海霸王国际、好得睐、新雅食品、鲜美来等专业预制菜企业外，还包括通过横向延伸

图13-12　宏观和微观环境分析（部分）

（1）宏观环境分析

团队首先审视了整体的餐饮业环境，注意到随着人均GDP的攀升和居民收入的增加，餐饮市场规模显著增长，这为预制菜产业提供了肥沃的土壤。尤其是在国家政策的积极引导下，如《反食品浪费工作方案》和《绿色食品产业"十四五"发展规划纲要》等文

件的发布，为预制菜产业的健康发展指明了方向；同时，冷链物流的快速完善和技术升级，进一步保障了预制菜从生产地到餐桌的安全性与新鲜度，为预制菜产业标准化和规模化发展铺设了道路。

在市场趋势方面，消费者对健康、快捷饮食的需求日益增长。预制菜作为安全、便捷的饮食选项，其市场规模迅速扩大，这表明预制菜产业有巨大的发展潜力。

（2）微观环境分析

团队深入探讨了与项目直接关联的供应商、竞争格局、冷链物流3个关键要素。在供应商方面，行业内部的融资活跃，众多企业步入预制菜赛道，山东、河南、江苏等地的企业尤为集中，这为项目寻找合作伙伴、优化供应链提供了丰富的资源选择。

在竞争格局上，预制菜市场呈现出参与者多元化的特征。专业预制菜企业与跨界餐饮品牌不断发展，竞争激烈，这也映射出市场的活力。冷链物流作为预制菜行业的生命线，随着相关技术的飞速进步和成本的降低，不仅提升了配送效率，还有效保障了产品品质，为项目提供了强有力的后勤保障。

4．营销策略

在当今社会，生活节奏的加快使得消费者对于便捷、高效的产品和服务的需求日益增长。预制菜作为满足这一需求的重要选择，本身就承载了一个与现代生活方式紧密相连的品牌概念。团队选择"线上+线下"的营销方式，是基于对当前市场趋势的深入分析和对消费者行为的精准把握，营销策略的内容（部分）如图13-13所示。

5.3.3 短视频营销

随着互联网技术的发展和短视频平台的兴起，观看短视频已经成为消费者日常网络活动的重要组成部分。短视频营销优势突出，所以我们将通过短视频营销的方式，将我们的相关短视频推送给目标消费者，吸引消费者消费。短视频的成本低廉，互动性更高，传播得更广更快。我们还可对投放数据进行分析和预测，为下一次的短视频营销提供决策依据。

5.3.4 跨界营销

根据不同的消费者群体之间所拥有的共性和联系，通过融合、渗透的营销方式，相互赋能，共享和引流消费者群体，为消费者提供更深刻的品牌印象，并提升品牌的知名度。跨界营销不是为了走捷径，而是整合双方的优势资源，互相赋能。

5.4 线下营销

刚建立的网店可能没有人关注，应多开展促销，或以成本价多卖一些东西，也可以利用一些家常菜开展促销，消费者在选择这些产品的时候，也会关注店里的其他产品。网店里的产品要时常更新，给消费者新鲜感。打造好的信誉，让消费者帮忙推广。好的服务，能给消费者留下好的印象，请他们把有需要购买同类产品的朋友介绍过来。一般来说，我们把售前售后服务做好，可以吸引新的消费者来购买产品。

5.4.2 体验门店

开展楚菜预制菜+社区专题宣传活动，采取媒体宣传、设置预制菜安全健康提示牌、举办专题讲座、发布公益广告等方式，广泛宣传与预制菜健康卫生有关的内容。同时，督导食品经销商切实落实各项要求，对预制菜质量做出承诺。定期向社会公布预制菜监管和质量检测有关情况，使预制菜得到社会广泛认可。

扫一扫

营销策略
详情

图13-13 营销策略的内容（部分）

第一，线下营销能够直接触及目标消费者，通过实体店铺、活动推广等方式，让消费者通过亲身体验了解预制菜的优势，形成直观的品牌印象。这种面对面的交流方式有助于提升消费者的信任感，增强品牌的亲和力。

第二，线上营销则利用新媒体的广泛覆盖性和互动性，突破了地域限制，实现了品牌信息的快速传播。通过社交媒体、短视频平台等新媒体渠道，团队能够与消费者进行实时互动，了解消费者的需求和反馈，从而不断优化产品和服务。同时，线上营销还能够借助大数据分析，精准定位目标消费者群体，提高营销效率。

团队选择"线上+线下"的营销方式，旨在通过全方位、立体化的营销布局，使项目的市场潜力最大化。线下营销为品牌打下坚实的基础，线上营销则进一步扩大品牌的影响力，二者相互补充，共同提升品牌竞争力。

5. 团队组建

团队拥有明确的目标，激励成员超越自我，共同追求卓越成就。同时，团队成员年轻有活力，勇于创新，责任感强，技术与能力兼备，合作默契，彼此间高度信任，共同构建了团队成功完成任务的坚实基石。

此外，团队有鲜明的组织架构，如图13-14所示。企业由最高权力机构——股东会，企业管理中枢——董事会，企业业务执行人员——经理，企业监督机构——监事会构成。董事会下设1名总经理和4名副总经理分别管理规划发展部、综合业务部、财务部、市场营销部、人力资源服务部五大部门。这样的架构彰显了团队在管理上的成熟度，以及对项目长远发展的深思熟虑，无疑增加了投资者对项目成功实施的信心。

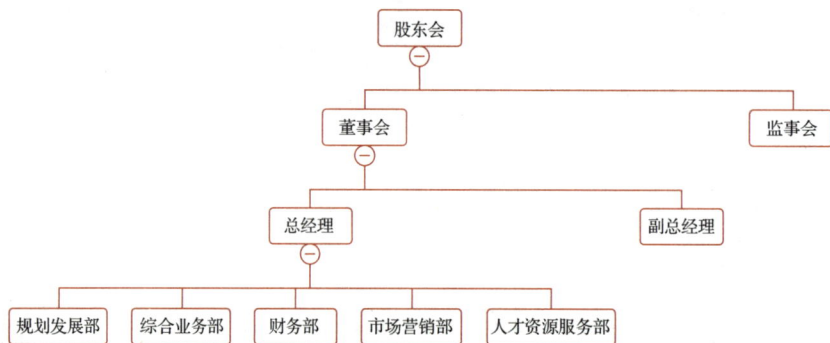

图13-14 组织架构

6. 融资方案

项目开展时，货源的购入以及后期自营仓库的建立，开展线上云仓处理技术以及线下运营合作均需要融资。

项目初期总投资约50万元。团队以项目作为抵押，向银行机构申请贷款10万元，占项目总投资的20%（反映了团队利用项目资产获取资金的能力）；吸引企业入股约20万元，占项目总投资额的40%（不仅增加了资金，还可能带来合作伙伴的资源和市场渠道）。此外，武汉大学生创业可申请3万～50万元的创业补贴，企业向当地政府申请20万元的创业补贴，占项目总投资的40%（这部分资金无须偿还，降低了财务成本），团队成员出资1万元（虽然金额不大，但体现了团队成员对项目的信心）。

该融资方案结合债务融资（银行贷款）、权益融资（企业入股）和政府补助，形成多元化的资金组合，既减轻了单一融资渠道的压力，又利用政府补贴降低融资成本，同时通过引入外部投资，引入新的资源和管理经验，增强了项目的竞争力和市场响应能力，体现了团队对项目融资的周密考虑和风险控制能力。

7. 销售预测

团队主要聚焦于预制菜的市场前景和增长潜力进行深入分析，根据现有数据，预制菜市场规模预计到2026年将突破10720亿元。这表明预制菜行业正处于快速发展阶段，具有巨大的市场潜力。该行业的快速发展主要由以下两个方面推动。

第一，经济复苏带来的整体市场活力增强和居民收入的稳步增加，为预制菜消费提供更为坚实的基础。

第二，消费者对便捷、健康饮食的需求日益增加，这为预制菜市场带来巨大的发展机遇。在快节奏的生活背景下，越来越多的消费者开始寻求既方便又健康的饮食。预制菜凭借其方便快捷、营养丰富的特点，成为众多消费者的首选。此外，随着健康饮食理念的普及，消费者对预制菜的营养价值和安全性也提出了更高的要求，这进一步推动了预制菜市场的健康发展。

8. 风险与对策

团队对"即取及'食'"项目可能面临的风险进行了深入预测，风险包括产品生命周期风险、食品安全监管风险、食品管理的法律风险等内容，并针对这些风险提出了相应的对策，产品生命周期风险与对策（部分）如图13-15所示，以确保项目的稳健发展与合规运营。

9.1 产品生命周期风险及对策

1. 导入期。在该阶段，产品的消费者比较少，知名度低，与市场同类别的产品相比竞争力弱，项目寻找愿意合作的上游供货商以及下游销售商的难度较大。该阶段存在的风险主要在于供销两个方面的合作难以确立，项目难以打开广阔的销售市场，销售点销量不高时，囤积时间过长的预制菜产品需要更换，增加项目损失。对此，主要的应对方式就是确保产品质量，加大宣传推广，及时获取市场最新信息，开展优惠活动，以达成与商家的合作和产品的销售。

2. 成长期。在该阶段，产品的销量大大增加，项目已有相对稳定的供货商，消费者对于产品的质量接受程度也不尽相同。该阶段存在的风险可能是供不应求，市场范围扩大，更大的地缘范围内消费者对产品需求不尽相同。应对方式是加大信息资源获取方面的投入，通过多种方式获取不同地区准确的预制菜产品供求信息、适度壮大项目团队，合理配置和优化资源，争取与尽可能多的发展机会。

对策

1. 导入期营销策略：由于预制菜本身具有前期利润较低的特性，加之导入期各项投入成本较高，因此在新产品进入市场时应使其保持低价格，同时不做大的促销。低价格有助于市场快速接受产品；少促销又能使企业减少开支，降低成本，以弥补低价格造成的低利润或者亏损。在广告投入策略上，在进入目标市场的先期阶段，不贸然做大规模的广告投入，而是试探性地对目标市场中较小范围的消费者做小规模的广告宣传，再根据市场的反应决定后期广告投入的力度、深度和广度。在产品投入期的市场传播策略中，为广泛吸引消费者的眼球，在品牌产品投入特定地域之前，抓住先机，做好铺垫式宣传。除广告外，应采用软文、新闻、产品展会等多种途径进行宣传。在传播内容上，要按照USP理论，围绕产品卖点进行有效传播，以便产品迅速打开市场。通过对产品优势、特点等进行介绍，培育出该产品的消费先驱，即前期购买者。

图13-15 产品生命周期风险与对策（部分）

第一，针对产品生命周期风险，团队充分考虑了产品从市场引入到退出的全过程。在项目初期，团队通过市场调研和消费者分析，确定了目标市场和产品定位，并制定了相应的营销策略。随着产品进入成长期和成熟期，团队将不断调整和优化产品策略，包括更新产品线、提升产品质量和服务水平，以保持产品的市场竞争力。在产品进入衰退期后，团队将提前规划产品的退出策略，确保资源得到合理分配和产品有序退出市场。

第二，在食品安全监管风险方面，团队高度重视食品安全问题，通过强化内外部监督机制，建立了多层次的监管体系。团队将严格遵守法律法规，确保食品从采购、加工到销售的每个环节都符合标准。同时，团队还建立了严格的食品安全检测机制，对食品进行定期检测和抽检，确保食品的质量。此外，团队还将加强与供应商的合作，确保原材料的来源可靠和质量可控。

整体而言，"即取及'食'"项目展现了团队在风险管理上的全面性与前瞻性，为预制菜行业的可持续发展提供了有益的参考。

扫一扫
风险与对策
详情

13.4　本章练习

1. 假如你准备参加中国国际大学生创新大赛，你应如何撰写商业计划书？
2. 能够赢得评委或投资者青睐的商业计划书应该包括哪些要点？
3. 图13-16是全国大学生电子商务"创新、创意及创业"挑战赛某获奖项目的策划方案，（此处只提供了部分内容，详细内容请扫码观看），认真阅读此方案，尝试对其内容进行分析，分析内容包括市场定位和目标消费者群体、产品差异化、技术实现与创新点、供应链管理等。

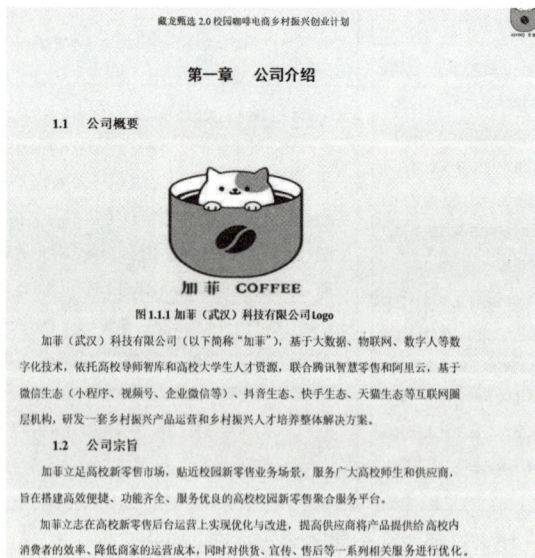

图13-16　策划方案（部分）

扫一扫
策划方案
详情